LES PROMESSES DU LANGAGE

DU MÊME AUTEUR

Les géographies de l'esprit, Paris, Payot, 1996

La langue source de la nation, messianismes séculiers en Europe centrale et orientale (du XVIIIe au XXe siècle), en collaboration avec Pierre Caussat et Dariusz Adamski, Sprimont, Mardaga, 1996

Le malin génie des langues, *Nietzsche, Heidegger, Rosenzweig*, Paris, Vrin, 2000

Nietzsche, Cahier de l'Herne (éd.), Paris, L'Herne, 2000

Traductions :

F. Nietzsche, *Écrits autobiographiques de jeunesse 1856-1869*, suivi d'un essai : « Amitié, lecture et écriture », Paris, PUF, 1994

G. W. Leibniz, *L'Harmonie des langues*, présentation, traduction et commentaire, Paris, Le Seuil, 2000

F. Rosenzweig, *Foi et Savoir, autour de l'Etoile de la Rédemption*, en collaboration avec Marc de Launay et Gérard Bensussan, présentation et traduction, Paris, Vrin, 2001

PROBLÈMES ET CONTROVERSES

Directeur : Jean-François COURTINE

LES PROMESSES DU LANGAGE

Benjamin, Rosenzweig, Heidegger

par

Marc CRÉPON

PARIS
LIBRAIRIE PHILOSOPHIQUE J. VRIN
6, Place de la Sorbonne, Ve
2001

Imprimé in France

ISSN 0249-7875

ISBN 2-7116-1520-0

Pour Rodica

REMERCIEMENTS

Je ne peux dissocier ce livre des recherches partagées aux Archives Husserl, depuis plusieurs années, avec Marc de Launay, et des nombreuses conversations amicales qui les accompagnent, au fil des textes. Qu'il soit ici le premier remercié. Ma gratitude va aussi à tous ceux qui, par leurs invitations, leurs suggestions, leurs conseils ont nourri la réflexion : Jocelyn Benoist, Gérard Bensussan, Astrid von Busekist, Barbara Cassin, Jean-François Courtine, Michel Espagne, Didier Franck, Michèle Cohen-Halimi, Pierre Hassner, Dominique Janicaud, Fabio Merlini, Jean-Luc Nancy, Jean-François Nordmann et Fréderic Worms. Merci enfin à Alain Pernet pour son aide précieuse, au moment de l'achèvement.

INTRODUCTION

LES MYSTÈRES DU LANGAGE

> Les langues imparfaites, en cela que plusieurs, manque la suprême : penser étant écrire sans accessoires, ni chuchotements mais tacite encore l'immortelle parole, la diversité, sur terre, des idiomes empêche personne de proférer les mots qui, sinon se trouveraient, par une frappe unique, elle-même matériellement la vérité [1].

Dans un texte de jeunesse, intitulé « l'art pour tous » (1862), Mallarmé opposait le philosophe et le poète dans les termes suivants : tandis qu'il est conforme à l'essence de la philosophie que le premier cherche à donner à son travail la diffusion la plus large possible et que ses textes, écrits en conséquence, aient pour but de faire des adeptes, c'est, de la part du second, une méconnaissance de la poésie que de vouloir obtenir l'admiration et la reconnaissance d'un large public [2]. À vouloir se rendre accessible, la poésie perd la part de mystère qui la dérobe à un commerce utilitaire, qui interdit aussi de l'identifier à une science ou une doctrine qu'on pourrait enseigner. Il faut donc déplorer qu'elle n'ait pas suffisamment le souci de se doter d'une langue qui rende impossible de tels usages – « une langue immaculée,

1. Mallarmé, « Crise de vers », in *Œuvres complètes*, La Pléiade, Paris, Gallimard, 1945, p. 363-364.

2. Cf. Mallarmé, « L'art pour tous », éd. cit., p. 259 : « Qu'un philosophe ambitionne la popularité, je l'en estime. Il ne ferme point les mains sur la poignée de vérités radieuses qu'elles enserrent ; il les répand et cela est juste qu'elles laissent un lumineux sillage à chacun de ses doigts. mais qu'un poète, un adorateur du beau inaccessible au vulgaire, – ne se contente pas des suffrages du sanhédrin de l'art, cela m'irrite, et je ne le comprends pas. L'homme peut être démocrate, l'artiste se dédouble et doit rester aristocrate ».

– des formules hiératiques dont l'étude aride aveugle le profane et aiguillonne le patient fatal[1] ». Cette distinction aurait pu être parfaitement anodine, elle pourrait n'être que l'expression classique, déjà présente dans les textes de Nietzsche, d'une aversion profonde pour la démocratisation de l'art, l'idéal de l'art pour tous, si elle n'avait pour présupposé l'opposition entre deux rapports à la langue, ou encore entre deux pratiques, l'une poétique et l'autre philosophique, du langage.

Et ce n'est pas un hasard si, quelques 30 ans plus tard, dans un essai intitulé « Contre l'obscurité » (1896), Proust revient sur cette opposition, dans le cadre d'une polémique contre les « obscurités » du symbolisme et en inverse les termes. Lorsque la poésie cultive une certaine obscurité de la langue et dans la langue – comme semble l'exiger Mallarmé –, elle usurpe une fonction exclusivement dévolue à la philosophie : celle de s'adresser à ce qu'il nomme, par opposition à la sensation et l'imagination, nos « facultés logiques ». L'obscurité n'est pas une condition nécessaire pour libérer le langage de sa fonction instrumentale et en révéler la part cachée et secrète ou l'essence perdue. Elle est un droit de la philosophie qui procède de la nécessité où se trouve le philosophe de parler « une langue spéciale », dans laquelle « les termes ont une valeur à peu près scientifique[2] » qui n'est pas spontanément connue de tous. Mais les mots qu'il utilise n'ont pas, pour autant, de pouvoir particulier de révélation. Ils sont de purs signes dont le trait distinctif est leur absence d'affinités particulières avec notre sensibilité, notre imagination – et plus précisément avec tout ce qui noue la langue, de façon originelle et mystérieuse, à ces facultés. L'obscurité de la philosophie est donc liée aux spécificités techniques de la langue spéciale et, pour tout dire, construite, qu'elle parle et qu'elle écrit; c'est une obscurité sans mystère.

À l'inverse, ce que la poésie est censée faire entendre, c'est un certain mystère des mots – un mystère que justement, il s'agit de ne pas confondre avec une quelconque obscurité artificielle et qui, pour cette raison, doit être distingué de toute construction intellectuelle. Sacrifier au mystère de la poésie ne consiste pas à rendre la langue obscure, à l'arracher à ses usages quotidiens, intelligibles et compréhensibles par tous, mais à s'initier au lien originel qui existe entre la langue et notre sensibilité et notre imagination – à explorer un pouvoir d'évocation qui s'est inscrit dans la langue de façon immémoriale, et qui ne nécessite pas d'artifices grammaticaux et sémantiques, d'inventions verbales particulières ni une syntaxe torturée pour être réveillé et distingué de l'usage instrumental de la langue. Son travail consiste bien davantage à exhumer ce qui a été enfoui, à dégager ce

1. Mallarmé, *op. cit.*, p. 257.

2. Proust, « Contre l'obscurité », in *Écrits sur l'art*, Paris, Flammarion, GF, 1999, p. 96.

que le commerce ordinaire des mots a obscurci : des affinités, des harmonies – comme si, dans l'usage quotidien, « nous » étions dépossédés de ce que la langue, « notre » langue, a de propre, de maternel ou de natal, et que la poésie avait à charge de le réapproprier.

> Les symbolistes seront sans doute les premiers à nous accorder que ce que chaque mot garde, dans sa figure ou dans son harmonie, du charme de son origine ou de la grandeur de son passé, a sur notre imagination et notre sensibilité une puissance d'évocation aussi grande que sa puissance de stricte signification. Ce sont ces affinités anciennes et mystérieuses entre *notre langue maternelle* et notre sensibilité qui, au lieu d'un langage conventionnel, comme sont les langues étrangères, en font une sorte de musique latente que le poète peut faire résonner en nous avec une douceur incomparable. Il rajeunit un mot en le prenant dans une vieille acception, il réveille entre deux images disjointes des harmonies oubliées, à tout moment il nous fait respirer avec délices le parfum de *la terre natale*[1] [...] Le poète renonce à ce pouvoir irrésistible de réveiller tant de belles au bois dormant en nous, s'il parle une langue que nous ne connaissons pas, où des adjectifs, sinon incompréhensibles, au moins trop récents pour ne pas être muets pour nous, succèdent dans des propositions qui semblent traduites, à des adverbes intraduisibles[2].

Si l'on suit Proust dans son raisonnement, trois choses seraient à déduire, quant à la langue des philosophes, de ce procès d'une confusion possible entre poésie et philosophie :

– Son usage serait strictement conventionnel, les mots se réduisant à des signes qui n'ont pas de puissance d'évocation, en dehors de la signification que leur reconnaît cette convention.

– Nous userions de la langue spéciale des philosophes, comme on use d'une langue étrangère – c'est-à-dire d'une langue qui n'est pas « maternelle ». Lorsque nous traduisons de notre « langue maternelle » dans une langue étrangère, nous perdons, avec les mots de l'autre langue, tous les rapports, les affinités que les mot que nous traduisons évoquaient encore dans la langue de départ. Écrivant la langue des philosophes (quand bien même ce serait avec les mots de notre langue), nous serions confrontés à un semblable phénomène de traduction. Les règles de leur usage philosophique déposséderaient les mots de leur histoire mystérieuse, pour ne pas dire intime – au profit d'une autre histoire exclusivement technique.

1. Nous soulignons.
2. Proust, *op. cit.*, p. 96.

– Par le jeu de cette traduction, nous perdrions enfin, par nécessité et sans que cela porte préjudice à la philosophie, quelque chose de natal, un lien ténu et naturel entre la langue et le sol natal.

À cet écrit très polémique, Mallarmé ne se priva pas de répondre, quelques mois plus tard, dans un bref article intitulé « Le mystère dans les lettres » – un essai qui consonne avec l'ensemble intitulé « Crise de vers », plusieurs fois repris dans les années qui précèdent. Reprocher aux poètes symbolistes leur obscurité, c'est ne pas savoir lire – c'est, plus exactement, se montrer incapable de distinguer deux point de vue sur la langue : le point de vue ordinaire et le point de vue littéraire. Seul le premier a pour exigence une intelligibilité immédiate et terminale. Il inscrit l'usage de la langue dans une temporalité qui ne peut différer la compréhension. Il faut que les mots disent ce qu'ils ont à dire, dans l'instant où ils sont prononcés et que, sitôt dits ou écrits, sitôt entendus ou sitôt lus, chacun puisse passer à autre chose[1]. À l'inverse, rien n'est plus immédiatement intelligible, dans le point de vue littéraire sur la langue, que l'impossibilité de s'en tenir à cette intelligibilité de surface et la nécessité de différer, de repousser toujours davantage la compréhension, comme si les mots alors n'avaient d'autre fonction que de se dérober à ce qu'ils pourraient ou devraient signifier. L'obscurité alors n'a rien d'artificiel. Elle est appelée par la langue, elle-même, pour mettre les mots à distance des choses. Elle est l'expression d'un combat jamais achevé entre cette disparition des choses et leur tendance à toujours reprendre le pas sur les mots.

Mais d'où vient la nécessité d'une telle lutte ? Jusque dans les réactions hostiles qu'il suscite (comme la charge de Proust), le point de vue littéraire implique une opacité, une obscurité, une énigme ou un mystère qui sont non seulement ceux de la langue, mais aussi ceux de l'homme lui-même, dans son rapport au langage. Parce que les mots résistent à toute compréhension immédiate, nous découvrons que notre rapport au monde, à nous-mêmes autant qu'aux autres, est plus complexe que notre usage ordinaire du langage ne nous le ferait croire. Autant dire que cette lutte est nécessaire, parce qu'avec elle l'exercice de la parole se trouve renvoyé à ce que l'essence et l'existence de l'homme ont d'insondable.

> Il doit y avoir quelque chose d'occulte au fond de tous, je crois décidément à quelque chose d'abscons, signifiant fermé et caché,

1. Cf. Mallarmé, « Le mystère dans les lettres », éd. cit., p. 384 : « Quant à une entreprise qui ne compte pas littérairement – / la leur – / d'exhiber les choses à un imperturbable premier plan, en camelots, activés par la pression de l'instant, d'accord – écrire dans le cas, pourquoi, indûment, sauf pour étaler la banalité ; plutôt que tendre le nuage, précieux, flottant sur l'intime gouffre de chaque pensée, vu que vulgaire l'est ce à quoi on décerne, pas plus, un caractère immédiat ».

> qui habite le commun : car, sitôt cette masse jetée vers quelque trace que c'est une réalité, existant, par exemple, sur une feuille de papier, dans tel écrit – pas en soi – cela qui est obscur : elle s'agite, ouragan jaloux d'attribuer les ténèbres à quoi que ce soit, profusément, flagramment[1].

Reste la question suivante : si l'essence du mystère est de différer l'intelligibilité, ou plutôt d'en inscrire le délai au cœur même de ce qui est compris, qu'est-ce qui se trouve ainsi reporté, voire suspendu dans le point de vue littéraire sur la langue – dans ce que Mallarmé appelle encore l'état « essentiel » de la parole[2] ? C'est d'abord ce que nous pensons savoir des mots eux-mêmes – les certitudes (avec lesquelles nous vivons quotidiennement) qui concernent leur essence et leur fonction, tout ce que nous croyons connaître du langage, chaque fois que nous nous exprimons : par exemple, que c'est un instrument qui nous sert à raconter des histoires, à décrire des objets, à communiquer nos pensées.

Cela vaut pour les mots de notre langue, dans leur usage ordinaire. Mais qu'en est-il des mots d'une *autre* langue – une langue qui n'est pas la « nôtre » et dont l'apprentissage exige à la fois « le double effort de la mémoire et de l'intellect[3] » et une démarche scientifique pour orienter cet effort ? Pour poser la question autrement, si les mystères du langage se dérobent à nous chaque fois que nous « communiquons », par défaut de distance entre les mots et les choses, la connaissance savante d'une langue, à plus forte raison quand elle est « étrangère », ne suffit-elle pas à réintroduire cette distance, à redonner aux mots le pas perdu sur les choses ? On sait que cette question ne fut pas étrangère à Mallarmé, qu'il dût d'abord l'expérimenter pour lui-même, et qu'il la formula ensuite dans un ouvrage didactique qui ne peut être tout à fait détaché de son expérimentation poétique : *Les mots anglais*. Que savons-nous des langues lorsque nous les étudions en philologue et en linguiste ? Comment les mots nous parviennent-ils ? Dans un décalage certain avec l'usage banal et quotidien de notre langue maternelle. Car, autant que nous ayons la pratique d'une langue étrangère, la capacité de communiquer avec elle, de nous faire comprendre, cette capacité ne saurait se substituer à la connaissance savante. L'exigence de savoir implique un autre rapport aux mots. L'ordre dans lequel nous les apprenons, les moyens que nous mettons en œuvre pour les retenir font apparaître une dimension qui disparaît, en temps

1. Mallarmé, « Le mystère dans les lettres », éd. cit., p. 383.

2. Cf. « Crise de vers », éd. cit., p. 368 : « Un désir indéniable à mon temps est de séparer comme en vue d'attributions différentes le double état de la parole, brut ou immédiat ici, là essentiel ».

3. Mallarmé, *Les mots anglais*, éd. cit., p. 901.

ordinaire, dans notre usage de la langue « maternelle » : leur historicité. Dès lors que nous nous intéressons à leur genèse passée, à leur histoire oubliée, les mots reprennent donc un peu d'autonomie par rapport aux choses auxquelles ils étaient inféodés.

> Un pareil fouillis de vocables rangé dans les colonnes d'un lexique, sera-t-il appelé là arbitrairement et par quelque hasard malin : point ; chacun de ces termes arrive de loin, à travers les contrées ou les siècles, à sa place exacte, isolé celui-ci et cet autre mêlé à toute une compagnie. *Magiquement*[1], si, pour notre esprit, qui représente, en cet instant, je suppose, un vocabulaire aux mille feuillets blancs, ces mots, instruits par une main habile à donner une nouvelle représentation de leur genèse passée, surgissaient et se fondaient ou luttaient, et s'excluaient ou s'attiraient, comme ils le firent jadis ; vous vous identifierez avec la langue qu'ils composent aujourd'hui, vous la posséderiez en homme. Tant d'actes complexes et bien oubliés, recommençant avec docilité, pour vous seul, attentif à leur histoire : but des plus nobles et tout philosophique ; simple puis fondé sur cela qu'à un certain âge où dans l'ère présente on n'apprend un peu qu'à force de comprendre, ou en saisissant quelques relations entre beaucoup de choses[2].

La philologie donne ainsi la possibilité d'une « appropriation de la langue » qui n'a plus rien à voir avec celle qui est la nôtre dans son utilisation « commerciale » banale : une appropriation qui en fait apparaître l'hétérogénéité constitutive. Et c'est ce qui fait sa magie. C'est ainsi que, lorsque nous réfléchissons sur la formation des mots, nous pouvons distinguer, nous dit Mallarmé, trois procédés. D'abord la plupart des mots d'une langue donnée sont issus de langues ou d'idiomes antérieurs – preuve que les langues ne sont pas fabriquées, décrétées ou proclamées, preuve aussi qu'elles ne sont jamais l'invention exclusive et la propriété d'un peuple donné. D'autres vocables sont tirés, de façon artificielle, des langues plus anciennes dont est dérivée la langue concernée. Ce sont des mots à usage savant, comme, par exemple, ceux qui sont formés à partir de racines grecques ou latines. D'autres enfin résultent de la greffe d'une langue sur une autre, une implantation massive, comme celle d'une partie de la langue française dans la langue anglaise.

Soit, mais tout ceci constitue-t-il une approche suffisante des mystères du langage ? Tout l'intérêt des *Mots anglais* est de montrer le contraire. Entre les mots et en chacun d'eux, il existe un jeu, irréductible à toute approche savante de la langue. Et c'est ce jeu dont la conscience est

1. Nous soulignons.
2. Mallarmé, *Les mots anglais*, éd. cit., p. 900.

nécessaire, si l'on veut, précisément, rendre ses droits au mystère du langage[1]. Ce jeu, dans lequel s'inscrit, pour une bonne part, la poétique de Mallarmé, il serait vain de prétendre en proposer ici une compréhension exhaustive. Seule une lecture et une écoute attentive de ses poèmes (et non simplement de ses textes théoriques, à supposer que cette distinction soit légitime) pourrait en donner l'idée. On rappellera simplement deux choses :

– Il tient à la matérialité, plus encore qu'à l'histoire des mots. Ou plutôt, la connaissance (théorique) de ce jeu et la pratique poétique qu'il appelle permettent de découvrir dans cette matérialité une autre histoire plus originelle encore. Ce jeu, c'est celui qui donne aux mots leur musique ; ce sont tous les rapports complexes qui se sont instaurés (et qu'il s'agit sans doute de retrouver) entre le son et le sens. Le comprendre exige qu'on remonte des mots eux-mêmes aux lettres qui les composent, au pouvoir d'évocation des 24 lettres de l'alphabet. Cette histoire, c'est celle, originelle et mystérieuse, de l'accouplement du son et du sens qui, loin d'être arbitraire, répond à un désir secret d'harmonie, à un accord avec le monde que l'inversion du rapport entre les mots et les choses (la domination des secondes sur les premiers) avait fait disparaître. Exhiber et pratiquer ce jeu, c'est donc non seulement donner aux mots la visibilité que leur rapport aux choses leur avait fait perdre[2], mais c'est aussi reconduire le langage à ce qu'il y a eu de plus mystérieux et de miraculeux dans sa formation (qu'aucune histoire savante ne permet de saisir). Par la même occasion, c'est ramener l'homme, comme être de langage, à l'un des mystères de son existence[3].

– Cet accord originel n'est pas à la portée de spéculations abstraites sur la nature du langage. Quand bien même il existerait un jour une science du jeu induit par les 24 lettres de l'alphabet, une exploration systématique, dans toutes les langues, de leur pouvoir de signification, cette science ne serait toujours pas à la mesure des mystères du langage. Il ne suffit pas, en effet, de savoir qu'il existe une harmonie entre les sons et le sens, il faut encore découvrir comment cette harmonie peut s'imposer à nouveau. C'est

1. Cf. Mallarmé, *Les mots anglais*, éd. cit., p. 919 : « Ce qu'on appelle du jeu, il en faut, dans une mesure raisonnable, pour réussir quelque chose comme ce travail complexe et simple : trop de rigueur aboutissant à transgresser, plutôt que des lois, mille intentions certaines et mystérieuses du langage ».

2. Voir, à ce sujet, Maurice Blanchot : « Le mythe de Mallarmé », in *La Part du feu*, Paris, Gallimard, 1949, p. 39 : « Sons, rythme, nombre, tout cela qui ne compte pas dans la parole courante, devient maintenant le plus important. C'est que les mots ont besoin d'être visibles, il leur faut une réalité propre qui puisse s'interposer entre ce qui est et ce qu'ils expriment. Leur office est d'attirer le regard sur eux-mêmes pour le détourner de la chose dont ils parlent. Seule leur présence nous est gage de l'absence de tout le reste ».

3. Voir, sur ce point, Bertrand Marchal : *La religion de Mallarmé*, Paris, José Corti, 1988.

pourquoi, elle est le privilège du poète. Celui-ci, en effet, ne se contente pas d'inventorier un passé immémorial de la langue, il projette cette harmonie dans l'avenir – dans l'à-venir de la langue elle-même. L'accord originel du langage et du monde ne se manifeste que dans le mouvement que la poésie donne au langage, celui-là même qui diffère la signification, qui ajourne la compréhension. Il n'existe que dans le rythme qu'elle donne à la versification. C'est ainsi que les sciences qui ont les mots pour objet (la linguistique et la philologie) sont toujours en retard sur ce que le poète sait du langage, sinon en théorie, du moins dans sa « pratique littéraire » – c'est-à-dire sur ce qu'il anticipe dans la(les) langue(s). La poésie promet ce que la science n'est pas en mesure de faire attendre : la réconciliation des langues avec l'absolue signification des 24 lettres de l'alphabet.

> Au poète ou même au prosateur savant, il appartiendra, par un instinct supérieur et libre, de rapprocher des termes unis avec d'autant plus de bonheur pour concourir au charme et à la musique du langage qu'ils arriveront comme de lointains plus fortuits : c'est là ce procédé inhérent au génie septentrional et dont tant de vers célèbres nous montrent tant d'exemples, l'allitération[1]. Pareil effort magistral de l'imagination désireuse, non seulement de se satisfaire par le symbole éclatant dans les spectacles du monde, mais d'établir un lien entre ceux-ci et la parole chargée de les exprimer, touche à *l'un des mystères sacrés ou périlleux du langage*[2], et qu'il sera prudent d'analyser seulement le jour où la Science, possédant le vaste répertoire des idiomes jamais parlés sur la terre, écrira l'histoire des lettres de l'alphabet à travers tous les âges et quelle était presque leur absolue signification, tantôt devinée, tantôt méconnue par les hommes, créateurs des mots : mais il n'y aura plus, dans ce temps, ni Science pour résumer cela, ni personne pour le dire[3].

Les mystères du langage ne relèvent donc pas d'un savoir théorique. Ils font l'objet d'une révélation qui ne se manifeste que dans un travail de la langue sur elle-même, un travail dans lequel s'efface la personne du poète. Et ce travail, auquel l'auteur de *Crise de vers* donne donc le nom de versification, se produit chaque fois que, par extension, le pouvoir euphonique d'une consonne s'étend à toute une phrase – ce qui fait dire à Mallarmé que « le vers est partout dans la langue[4] ».

Du même coup, on saisit mieux en quoi les mystères de la langue sont aussi ceux de l'existence et pourquoi la poésie est, comme Mallarmé

1. En capitales, dans le texte.

2. Nous soulignons.

3. Mallarmé, *Les mots anglais*, éd. cit., p. 921.

4. Mallarmé, « Réponse à l'enquête de Jules Huret sur l'évolution littéraire », éd. cit., p. 869.

l'écrira à Léo d'Orfer « l'expression, par le langage humain ramené à son rythme essentiel, du sens mystérieux des aspects de l'existence » – une expression qui « doue d'authenticité notre séjour[1] ». Mettre au jour le pouvoir d'évocation des lettres de l'alphabet et les rythmes qu'il ordonne dans le langage, c'est renvoyer l'usage de la langue à une intention mystérieuse qui n'est pas celle de l'information ou de la communication. Ce n'est pas simplement, et sans doute pas essentiellement, pour nous entendre les uns des autres que nous sommes doués de parole, mais pour pouvoir manifester un jour (dans un temps à venir) notre accord avec le monde. S'il est vrai que la versification donne aux mots un autre sens[2], un sens qui reste obscur à tous ceux qui réclament une intelligibilité immédiate, un sens accordé aux sonorités induites par la consonne initiale, ce n'est pas de façon arbitraire et pour le plaisir simple de jouer avec les mots. Mais parce que, hors cette attention au rythme de la langue, nous n'avons aucun moyen de saisir véritablement qui nous sommes, aucun espoir de percer un jour le secret de notre existence. Reconnaître les mystères du langage implique donc une véritable foi dans la langue, une dévotion, sans réserve, envers ce qu'elle donne à attendre. C'est pourquoi le don d'authenticité qu'elle laisse espérer (une authenticité qui n'est pas immédiate) est un don à venir – une (la) promesse du langage.

> Un homme peut advenir, en tout oubli – jamais ne sied d'ignorer qu'exprès – de l'encombrement intellectuel chez les contemporains; afin de savoir, selon quelque recours très simple et primitif, par exemple la symphonique équation propre aux saisons, habitude de rayon et de nuée; deux remarques ou trois d'ordre analogue à ces ardeurs, à ces intempéries par où notre passion relève des divers ciels : s'il a, recréé par lui-même pris soin de conserver de son débarras strictement une piété aux vingt-quatre lettres comme elles se sont, par le miracle de l'infinité, fixées en quelque langue la sienne, puis un sens pour leurs symétries, action, reflet, jusqu'à une transfiguration en le terme surnaturel, qu'est le vers; il possède, ce civilisé édennique, au-dessus d'autre bien, l'élément de félicités, une doctrine en même temps qu'une contrée. Quand son

1. Mallarmé, *Correspondance*, éd. de Bertrand Marchal, Paris, Gallimard, 1995, p. 572.

2. Cf. Mallarmé, « Crise de vers », éd. cit., p. 368 : « Le vers qui de plusieurs vocables refait un mot total, neuf, étranger à la langue et comme incantatoire, achève cet isolement de la parole : niant, d'un trait souverain, le hasard demeuré aux termes malgré l'artifice de leur retrempe alternée en le sens et la sonorité, et vous cause cette surprise de n'avoir ouï jamais tel fragment ordinaire d'élocution, en même temps que la réminiscence de l'objet nommé baigne dans une neuve atmosphère ».

initiative, ou la force virtuelle des caractères divins lui enseigne de les mettre en œuvre[1].

Dans cette configuration vertigineuse qui restitue la langue à sa promesse, quelle place la philosophie se voit-elle réservée ? Relève-t-elle de cet « encombrement intellectuel », de cette approche superficielle (des mots, mais peut-être aussi de l'existence) qui instrumentalise la langue ? Proust, dans « Contre l'obscurité », la cantonnait dans une langue particulière, une quasi-langue étrangère qui n'a d'effectivité que dans la mesure où elle s'adresse à des facultés particulières : « les facultés logiques ». Mais il avait soin, aussi, de souligner que la poésie doit se garder de l'idée et, avec elle, de toute métaphysique. Ce qu'elle saisit de l'existence ne trouve d'écho que dans notre sensibilité et notre imagination. La philosophie ne se trouvait donc dépossédée d'aucune de ses prérogatives intellectuelles. L'essence de l'existence restait son domaine. Avec Mallarmé, son statut devient nettement plus problématique. S'il est vrai que seul un point de vue littéraire sur la langue doue l'existence d'authenticité et que toute autre approche en manque le caractère mystérieux, quel sera, ou quel devra être le point de vue des philosophes non seulement sur le langage en général, mais aussi sur la langue qu'ils écrivent (*leur* langue) ? La philosophie sera-t-elle vouée, par essence, à rester étrangère aux mystères du langage ? Une telle question suppose que les philosophes ne s'interrogent pas seulement sur ce qu'ils savent de la langue. Si l'on en croit ce qui précède, elle ne saurait trouver une réponse suffisante dans une simple « philosophie du langage » – une science supplémentaire. Elle exige encore que ceux-là qui écrivent de la philosophie se demandent ce qu'ils font eux-mêmes avec la langue et dans la langue – ce qu'ils attendent d'elle. Est-elle un simple instrument de communication, dont on s'attachera à régler, le plus efficacement possible, les embarras et les imperfections, pour exprimer ses pensées le plus justement ? Ou, là aussi, le lieu et l'objet d'une promesse qui n'a rien à voir avec cet usage ?

Dans *Crise de vers*, Mallarmé énumère quelques usages du langage qui relèvent de ce rapport ordinaire, instrumental et banalisé, à la langue :

> Narrer, enseigner, même décrire, cela va et encore qu'à chacun suffirait peut-être pour échanger la pensée humaine, de prendre ou de mettre dans la main d'autrui en silence une pièce de monnaie, l'emploi élémentaire du discours dessert l'universel reportage dont, la littérature exceptée, participe tout entre les genres d'écrits contemporains[2].

1. Mallarmé, « La musique et les lettres », éd. cit., p. 646.
2. Mallarmé, « Crise de vers », éd. cit., p. 368.

Si l'on veut bien admettre que l'essentiel de ce que la philosophie propose relève de ces catégories (narrer, enseigner, décrire), auxquelles il faudrait rajouter prescrire, autant dire que, pour l'essentiel, elle reste étrangère aux mystères du langage. Des attentes inscrites dans un point de vue littéraire sur la langue, des espérances dont un « autre rapport » au langage serait porteur, elle ne connaîtrait rien – obsédée par une connaissance de l'objet qui consiste à le décrire et à le juger, par le récit d'événements singuliers et par la diffusion d'une doctrine.

Et pourtant, Mallarmé ne pouvait le soupçonner, de son vivant déjà (notamment dans l'œuvre de Nietzsche – son contemporain[1]) elle était hantée par cette promesse, et elle n'allait jamais cessé de l'être depuis lors. Et ce, pour au moins deux raisons :

– Déjà, le fait que la philosophie soit écrite dans une langue particulière présente, pour les philosophes, une étrange contradiction qu'ils ne peuvent ignorer. Sans doute, ils revendiquent pour elle, à juste titre, une vocation universelle. Ils entendent s'adresser à tous, indépendamment des frontières et des appartenances reconnues. Mais, dès la première page qu'ils écrivent, dès les premières lignes, ils sont pris dans une langue dont l'histoire et la géographie restreignent, d'entrée de jeu, le cercle de leurs auditeurs possibles. Parce qu'ils écrivent dans une langue particulière, ils sont tributaires des traductions, des transferts, des passages qui arrachent leur discours à la particularité d'un contexte – qui le dérégionalisent ou le déterritorialisent. Mais il peuvent aussi, à l'inverse, choisir la fermeture, replier l'adresse de leur propos sur une communauté donnée (une communauté qu'il s'agirait d'éduquer dans *sa* langue et grâce à elle), jouer la carte de son ancrage dans un sol, dans une « culture », voire lui inventer des responsabilités à l'égard de cet ancrage ou de cet enracinement – c'est-à-dire « nationaliser » la(leur) philosophie.

La particularité de la langue appelle donc des stratégies. Elle n'est pas un instrument indifférent que le philosophe utilise, de façon neutre, sans s'interroger sur sa portée et sur sa spécificité – un instrument auquel n'importe quel autre pourrait être substitué. Trois stratégies peuvent être distinguées. La première s'identifie à un devoir de défense, de promotion, de développement d'un « patrimoine linguistique ». À défaut d'être sensible aux « mystères » du langage, au sens où l'entendait Mallarmé, les philosophes ont conscience que la langue recèle un trésor qui mérite au moins d'être préservé, quand il ne s'agit pas de l'inventorier ou de le protéger. Ce serait, par exemple, le cas de Leibniz, de Lessing ou de Herder – mais aussi de certains auteurs du romantisme allemand, comme Adam

1. Ils se sont tous les deux éteints à 56 ans, le premier en 1898, le second en 1900.

Müller[1]. C'est encore celui de Nietzsche qui, dans des textes écrits à Bâle, comme les cinq conférences intitulées *Sur l'avenir de nos établissements d'enseignement*, déplore que la langue allemande soit insuffisamment enseignée dans les lycées et qu'une telle carence compromette la chance pour l'Allemagne de retrouver la voie d'une culture authentique. Plus près de nous enfin, c'est une fonction que s'octroient les philosophes, chaque fois que, pour des raisons réelles ou fantasmées, ils imaginent la culture et la langue, auxquelles ils s'identifient, menacées. Dans ces différents cas de figure d'une seule et même stratégie, ce qui distingue la langue d'un instrument indifférent est le sentiment, plus ou moins tragique, de son insuffisante appropriation[2]. Pour ces philosophes-défenseurs de *leur* langue, celle-ci n'est jamais suffisamment bien parlée ou écrite. Elle est toujours contaminée (ou susceptible de l'être) par des mots étrangers, menacée par des invasions, dans sa pureté et son intégrité. Or cette fragilité invoquée n'est rien d'autre que la conscience de son caractère périssable. Si la langue est une propriété impossible; si, n'étant jamais sûr de la posséder suffisamment, des philosophes, comme le jeune Nietzsche[3], demandent toujours davantage de garanties, de nouveaux titres de propriété (sous la forme d'une véritable sacralisation), c'est que les langues, comme les cultures et comme les peuples, sont mortels. En dernier ressort, c'est donc cette mortalité (dans laquelle se retrouve ou se pressent celle du peuple ou de *la* culture – d'*une* culture supposée homogène et identique à elle-même) qui interdit aux philosophes de voir dans la langue un simple système de communication.

C'est aussi la conscience de ce caractère périssable qui donne à la seconde stratégie sa dimension propre. Celle-ci consiste à revendiquer pour la langue, prise dans sa particularité, un statut d'exception. Si elle n'est pas un instrument indifférent, c'est que, pour faire de la philosophie, toutes les langues ne sont pas équivalentes. À supposer qu'on veuille conserver l'idée (suggérée par Proust) que, chaque fois qu'on philosophe, on traduit de sa langue maternelle dans une langue spéciale (quasi-étrangère), toutes les langues ne se prêtent pas aussi aisément à cette traduction, à cette invention d'une autre langue à l'intérieur de la langue. Ou plutôt cette autre langue, cette langue d'arrivée, n'est pas indifférente à la langue de départ. Parmi les

1. Cf. l'édition que nous avons donné de ces textes dans Pierre Caussat, Marc Crépon, Dariusz Adamski, *La langue, source de la nation, messianismes séculiers en Europe centrale et orientale (du XVIIe au XXe siècle)*, Sprimont, Mardaga, 1996; ainsi que Leibniz, *L'Harmonie des langues*, textes présentés, traduits et annotés par Marc Crépon, Paris, Le Seuil, 2000.

2. Cf. chapitre 8.

3. Nietzsche, par la suite, revient sur cette sacralisation de l'allemand. Voir, à ce sujet, notre ouvrage : *Le malin génie des langues*, Paris, Vrin, 2000, chapitre premier; ainsi que le chapitre 2 du présent ouvrage.

langues, certaines seraient plus philosophiques que d'autres, parce qu'elles auraient une prédisposition naturelle qui rendrait cette exigence de traduction intra-linguistique minimale, pour ne pas dire quasi superflue. C'est évidemment à la langue grecque que ce privilège fut le plus souvent reconnu – et à celles pour lesquelles on put revendiquer (et construire), fût-ce par le biais de la traduction, un apparentement avec le grec. Ainsi Heidegger peut-il écrire à propos du mot οὐσία :

> Οὐσία n'est point une expression artificielle, frappée seulement en philosophie, mais elle appartient au discours et à la langue quotidiens des Grecs. La philosophie s'est bornée à recueillir un mot de la langue préphilosophique. Or que cette transposition ait pu s'opérer pour ainsi dire spontanément et sans étonnement, cela nous oblige à supposer que la langue *préphilosophique* des Grecs était déjà *philosophique*. Et il en est bien ainsi : l'histoire du mot fondamental de la philosophie antique n'est qu'un document *privilégié* qui nous prouve que la *langue grecque* est *philosophique*, autrement dit qu'elle n'a pas été investie par de la terminologie philosophique mais philosophait elle-même en tant que langue et que configuration de langue. Et autant vaut de toute langue authentique, naturellement à des degrés divers. Ce degré se mesure à la profondeur et à la puissance de l'existence d'un peuple et d'une race qui parle la langue et existe en elle. Ce caractère de profondeur et de créativité philosophique de la langue grecque, nous ne le retrouvons que dans notre langue allemande[1].

Les langues devraient donc être distinguées suivant des critères, dont la valorisation fait elle-même l'objet d'une construction philosophique particulière : la pureté, l'antiquité, la continuité d'un développement ininterrompu, des affinités particulières comme celles que Heidegger, à la suite des romantiques allemands, suppose entre l'allemand et le grec. Ce sont de telles qualités, de telles richesses et de tels atouts qui sont censés permettre, à partir d'une langue particulière donnée, le développement d'une langue philosophique[2]. Pour philosopher, il existe donc des langues d'exception. Mais, comme le suggère le texte cité plus haut, ce caractère exceptionnel ne se réduit pas à la langue. Il rejaillit sur le peuple qui la parle, en lui assignant, là encore, une place d'exception dans l'histoire. Il en reflète ou en révèle la grandeur, la profondeur, le génie, etc. La non-

1. Heidegger, *De l'essence de la liberté humaine, introduction à la philosophie*, trad. fr. : Emmanuel Martineau, Paris, Gallimard, 1987, p. 57-58, [*Vom Wesen der menschlichen Freiheit : Einleitung in die Philosophie*, Gesamtausgabe, 31, Francfort sur le Main, Klostermann, 1994, p. 50-51].

2. L'une des constructions philosophiques les plus significatives, à cet égard, reste, bien sûr, celle de Fichte, dans les *Discours à la nation allemande*.

indifférence du philosophe pour le caractère particulier de sa langue prend alors une tout autre dimension. Elle investit sa propre pensée d'une mission historique universelle – que celle-ci soit pensée en termes de salut, de renaissance, ou même de révolution. Elle apporte une caution supplémentaire à l'idée que cette philosophie, écrite à un moment donné de l'histoire – moment de crise ou de péril qui appelle un renversement, un retournement ou un tournant –, dans cette langue propre, à nulle autre comparable, appartient au destin singulier d'un peuple donné. Alors, c'est le défaut d'éternité de *cette* langue, de *ce* peuples et de *cette* culture qui se trouve conjuré. Prôner le caractère exceptionnel d'une langue, c'est l'immortaliser … au sens où l'immortalité signifie : trouver dans l'histoire une place (sa place) d'exception.

Tels sont donc les deux premiers types de stratégie, par lesquelles le philosophe fait savoir que la langue (sa langue) n'est pas un instrument indifférent. Ces deux types ont en commun de refuser l'exigence d'un passage, d'un transfert, d'un échange qui contourneraient l'écueil de la particularité (du lien de la langue avec *une* culture et *une* histoire – particulière ou universelle). Au contraire, ils font de ce lien un motif d'attachement, en lui apportant toutes sortes de cautions. Ils exacerbent les appartenances. Ils les transforment en devoir pour faire de la particularité d'une langue déterminée une dimension ontologique de l'écriture philosophique et de son adresse, ils exigent un ré-enracinement dans la langue, qui est en même temps un attachement au sol natal. Ils résolvent donc la contradiction entre la vocation universelle de la pensée et la particularité de la langue (voir d'un public « nationalisé ») par le choix d'un repli. Mais surtout, à supposer que l'on veuille faire de la notion de « génie de la langue » le fil conducteur qui relie ces deux stratégies, elles le déclinent toujours au singulier. C'est toujours d'*Une* langue qu'il s'agit, identique à elle-même, unique et homogène. La défense d'une langue et la construction scientifique et théorique de son exceptionnalité ont en commun l'idée que, parmi toutes les langues, il en existe une ou plusieurs (ce n'est jamais le cas de toutes) dont le génie particulier donne aux peuples qui les parlent leur raison d'être – les justifie et leur donne même la dimension d'*une* essence. Mieux, elles sont l'instrument privilégié de l'essentialisation ou de la substantialisation d'une communauté. C'est ainsi que la germanité, la roumanité[1], l'italianité, etc., entendues comme des essences ou des « substances de peuple », ne se laissent jamais définir sans une référence particulière à ce qui fait la singularité irremplaçable et l'exceptionnalité de la langue.

1. Cf. notamment, Constantin Noica, *Rostirea filozofică romanesc* [*Le Dire philosophique roumain*], 1970.

C'est pourquoi il existe une autre stratégie – affranchie de cette superstition du génie (qui est, en même temps une superstition de la singularité et de l'identité appropriée, de l'*un-identité*) – une stratégie qui donne droit à la pluralité des langues, à l'exigence des passages et des traductions. Confrontée à tous les fantasmes de l'appropriation, consciente des différentes formes de violence (de domination et de colonisation) qu'engendre cette impossible « éternisation », elle a pour premier objectif de désapproprier « l'appartenance linguistique », de la libérer de toute référence à un sang, un sol ou une histoire collective. Ce qui suppose, peut-être, d'inventer, à partir de la langue dans laquelle la philosophie s'écrit, avec tout ce que cela comporte de pesanteurs historiques, voir politiques et idéologiques, une autre langue – une langue venue d'ailleurs, nourrie d'autres langues et d'autres cultures. Nul doute que c'est là le geste que tente d'accomplir Nietzsche, en écrivant *Ainsi parlait Zarathoustra*[1]. C'est aussi une telle stratégie qui lui inspire, dans les dernières années de sa vie lucide, la demande, maintes fois répétée, de traductions, comme cette lettre à jean Bourdeau :

> À propos du texte sur Wagner, on me dit qu'il est à ce point pensé en français qu'on ne saurait le traduire en allemand. – Les œuvres décisives, riches d'une décision au regard de laquelle la brutale démonstration de calcul de la politique actuelle pourrait s'avérer n'être qu'une erreur de calcul sont bonnes à imprimer. À présent, *Ecce Homo ou comment l'on devient ce que l'on est* va paraître. Plus tard : l'inversion de toutes les valeurs. Mais ces œuvres elles aussi devraient être traduites en français et en anglais, car en dernier ressort je ne veux pas faire dépendre mon destin d'aucune mesure de police impériale… Ce jeune empereur n'a jamais entendu parler de ces choses, où nous autres commençons seulement à entendre quelque chose : otite, déjà presque métaotite[2].

À défaut d'écrire dans une langue universelle, la solution serait donc d'écrire dans une langue qui n'appartient à personne (une langue que personne ne peut prétendre contrôler ni récupérer, aucune autorité et aucune police de la pensée). Parce qu'elle déjouerait toute forme d'appropriation, parce qu'elle ne se laisserait assimiler par aucune culture (comme la « culture française » ou la « culture allemande »), mieux parce qu'elle serait, en elle-même et par elle-même, une remise en question insistante de l'idée même de culture, comme unité identitaire et homogène, pour toutes ces raisons, l'œuvre philosophique, écrite et pensée dans cette langue singulière, serait un appel, une provocation à la traduction.

1. Cf. chapitre 1.

2. Nietzsche, lettre à Jean Bourdeau, à Paris, Turin, autour du 17 décembre 1888, trad. fr. : Catherine Perret *in Dernières lettres*, Éditions Rivages, 1989, *Sämtliche Briefe*, *KSA*, vol. 8, p. 534.

– Telle est donc la première raison qu'à la philosophie d'être hantée par la langue dans laquelle elle s'écrit : régler le problème de l'appartenance et de l'appropriation, dire ce qui est à elle et à qui elle est, mais aussi d'où elle vient, tout aussi bien où elle « s'enracine » et d'où elle se « déracine » – ce qui revient à déclarer, parfois, avec qui ou avec quoi elle est en guerre (comme, par exemple, les causes ou les instruments du déracinement). Elle suffirait à répondre à ce que Proust avance, de la langue des philosophes, dans « Contre l'obscurité ». Mais on est loin encore des mystères mallarméens du langage. Et, de fait, à s'en tenir au paradoxe d'une vocation universelle écrite dans une langue particulière, on manque peut-être ce qui, plus profondément encore, marque le rapport de la philosophie à la langue. Quelles que soient leurs divergences (et leurs motifs politiques), les stratégies évoquées plus haut ont, en effet, un point commun qui les dépasse. Elles nouent le rapport au temps. Elles mettent en évidence une attente qui n'est pas forcément la même, mais qui est toujours marquée du sceau d'une promesse et d'une espérance. Des langues, dans les langues et avec elles, quelque chose est attendu. La question était : pourquoi leur langue, la langue dans laquelle ils écrivent, quelle que soit la façon dont ils s'imaginent se l'approprier ou en exigent la désappropriation » suscite-t-elle autant l'attention des philosophes, pourquoi est-elle susceptible de les engager dans des invocations ou des rejets passionnés ?

La réponse est : parce qu'elle est (ou serait) la clef de l'avenir. Parce que, de la façon qu'on a d'être dans la langue, et, plus généralement, du rapport que chacun entretient avec le langage humain dépendrait ce que l'avenir *nous* réserve. Mais qui ce « nous » désigne-t-il ? Et quel est cet avenir ? Le caractère problématique de la première question [de qui parlent les philosophes quand ils disent « nous » ?] est le signe que ce deuxième motif d'un attachement à la langue, celui de l'attente et de la promesse, n'efface pas le premier, celui de la communauté. Il montre que la question politique de l'appartenance, de l'identité et de l'identification, se trouve prise dans un problème plus large, qui est celui de l'avenir – de ce qui nous attend et de ce que nous pouvons attendre. Qu'il s'agisse de Nietzsche, de Heidegger, de Kraus, de Benjamin ou de Rosenzweig [auxquels sont consacrés la plupart des chapitres de cette étude], ils ne butent pas obstinément sur la (leur ou les) langue(s) pour la seule raison qu'il leur faudrait se demander à quelle communauté ils s'adressent, mais parce que, confrontés, d'une façon ou d'une autre, à la troisième question critique : « que pouvons-nous espérer », ils cherchent dans le langage le lieu et la forme de cette espérance.

S'il est vrai qu'il existe pour la philosophie trois ordres de discours (la description, la prescription, et le programme, l'annonce ou la prophétie), c'est le troisième de ces ordres qui reconduit ces différents philosophes aux mystères mallarméens du langage et des langues. Lorsque Mallarmé écrit : « Un homme peut advenir, en tout oubli – jamais ne sied d'ignorer qu'exprès – de l'encombrement intellectuel chez les contemporains [...][1] », trois choses, rappelons-le, peuvent être notées. D'abord, il s'agit d'une annonce qui, sans être pour autant prophétique, indique une orientation possible de l'avenir. Voilà, nous dit Mallarmé, ce que l'avenir pourrait nous réserver, ce que nous pourrions en attendre, voilà quelles promesses renferme notre langage, pour peu que nous sachions l'entendre. Ensuite, cette advenue est un salut et une libération délibérée : l'utilisation instrumentale du langage n'est pas seulement un détournement de son essence, elle est aussi, par sa constance et son insistance, par l'exigence accrue d'une intelligibilité et d'une efficacité immédiates, une véritable forme d'oppression. Entendre ce que nous disent les lettres de l'alphabet suppose donc, comme on l'a vu, le renversement d'un réel rapport de force, une lutte qu'atteste, entre autres, la syntaxe torturée du *Mystère dans les lettres*[2]. Enfin, cette annonce concerne le langage à un double titre : elle révèle l'irréductibilité de la langue à sa fonction de communication ; et en même temps, elle exprime ce que la piété et la dévotion qu'on saura rendre au miracle (par lequel les 24 lettres de l'alphabet expriment infiniment notre accord avec le monde) permettent d'attendre du langage (accessoirement d'une langue particulière) : « l'élément de félicités, une doctrine, en même temps qu'une contrée[3] ». Une contrée, c'est-à-dire une terre promise.

Voir dans la (ou les) langue(s) – dans une certaine façon d'entendre, d'écouter, de parler ou d'écrire cette (ou ces) langue(s), de la (ou les) traduire – une terre promise constitue pour Nietzsche, Kraus, Heidegger, Benjamin, Rosenzweig et peut-être aussi Derrida la réponse commune à la question : « que nous est-il permis d'espérer ? ». En dépit de nombreuses divergences (celles-là mêmes que les stratégies analysées plus haut ont eu à charge de mettre au jour), elles répondent toutes aux trois motifs mallarméens qu'on vient d'évoquer :

– Elles ne dissocient jamais ce qu'elles peuvent dire de l'avenir, sous une modalité ou une autre (annonce, prophétie, programme, voir déclaration apocalyptique), d'une réflexion sur la (ou les) langues.

– Elles instruisent toujours à un moment ou à un autre, le procès de certains usages du langage, et plus généralement d'un certain rapport à la langue

1. Voir *supra*.

2. C'est ce que rappelle, avec beaucoup de force, Gérard Macé dans « Mallarmé mort en miroir », in *Ex libris*, Paris, Gallimard, 1980, p. 86 : « Il impose à son langage une sourde violence, rappel de la lutte ouverte en lui, entre parler quotidien et poésie – c'est-à-dire aussi entre la langue natale et l'anglais, le naturel et l'arbitraire, la philologie et la fiction ».

3. Mallarmé, *op. cit.*, p. 647.

(instrumentalisation, corruption journalistique, bavardage, commerce). Le négatif (chute, malheur, misère, mal, catastrophe, apocalypse) a donc toujours à voir avec le langage. Ce qui signifie que, sans correction de ce rapport, sans sa rectification ou son renversement, il n'y a pas d'espérance possible.

– Elles dessinent toutes, pour cette raison, pour le langage et dans les langues, un horizon, jamais le même, qu'on sera tenté d'appeler messianique ou prophétique.

C'est à une réflexion critique sur ces différents horizons que le présent essai voudrait contribuer. Il est difficile d'en dresser une typologie. Dès lors qu'elle n'engage pas seulement le rapport du philosophe au langage en général, ni même à telle ou telle langue, mais plus profondément à sa *propre* langue, à ce qu'il invente dans la langue (pour sauver le langage ?, pour se sauver – dans les deux sens du terme ?), c'est, à chaque fois, à une signature singulière que nous renvoie cet horizon. Nietzsche, Kraus, Rosenzweig, Benjamin, Heidegger ou Derrida n'illustrent pas des cas de figure. Ils ne se rangent sous aucune catégorie, et il est probable que ce qu'ils disent (et ce qu'ils font avec la(les) langue(s)) est toujours trop complexe pour pouvoir s'identifier *stricto sensu* à l'une ou l'autre des stratégies exposées plus haut.

On dégagera donc seulement le faisceau de questions qui servira de fil conducteur aux analyses qui vont suivre. Si, avec le langage, quelque chose est promis, qu'est ce que cette promesse présuppose de l'identité ou de la non-identité à soi de la (des) langue(s) ? Fait-elle de la(des) langue(s) une(des) unité(s) homogènes, dont l'identité et l'intégrité seraient garanties par la pureté sémantique et la correction grammaticale ? Cette identité à soi, avec ce qu'elle implique de « caractères reconnus[1] » est-elle la condition pour qu'elle(s) se révèle(nt) un instrument de salut ? Comment cette promesse intègre (assume, dépasse, ou joue) la pluralité des langues ? Par exemple, si l'horizon est celui de la traduction, est-ce à un langage pur ou une langue sainte (auxquels toutes seraient reconduites) que la promesse doit être référée ? Est-ce avec leur garantie transcendante que quelque chose comme une harmonie des langues sera exhibée ? Ou faut-il dire que la traduction a pour espoir de faire apparaître le caractère constitutivement hétérogène et pluriel de toute langue, une harmonie immanente (faite d'échanges, d'emprunts, d'imports et d'exports) qui fait l'économie de toute transcendance pour désigner ce que les langues partagent et ce qu'on partage avec elles ?

1. Cf. *supra*.

CHAPITRE PREMIER

PRENDRE LA PAROLE

LES PROMESSES DE ZARATHOUSTRA

Si l'on reprend les trois questions que Kant formulait dans un passage célèbre de la *Critique de la raison pure* : « Que puis-je connaître ? », « que dois-je faire ? », « que m'est-il permis d'espérer ? », c'est certainement la troisième (qui est en même temps celle de l'annonce, de la promesse et de la prophétie – sans que ces termes puissent, bien sûr, être confondus) qui constitue, pour la pensée de Nietzsche, l'épreuve la plus difficile à surmonter. Sans doute, à chacune de ces questions, Nietzsche apporte-t-il une réponse critique qui consiste d'abord à en rendre la formulation impossible en ces termes. Il montre comment le problème de la connaissance ne peut se réduire à l'analyse critique de ses conditions de possibilité théoriques, mais doit prendre en considération l'instinct qui pousse à la recherche de la vérité. De même, le problème de la morale n'est pas celui des conditions d'universalité et d'objectivité de l'impératif, mais celui de sa généalogie. Enfin, toute pensée de l'histoire qui assigne à l'avenir des fins déterminées, qui programme, prévoit, oriente – qui promet en même temps qu'elle donne à espérer – abrite un ressentiment contre le temps qui constitue peut-être la dernière et la plus tenace ombre de Dieu sur la Terre. Comment comprendre alors le souci nietzschéen de donner au livre qu'il tiendra jusqu'à la fin pour son *opus magnum* : *Ainsi parlait Zarathoustra* le statut d'une annonce, la dimension prophétique d'un cinquième Évangile ?

> J'ai aujourd'hui une *bonne nouvelle* à vous annoncer (*etwas Gutes zu melden*) : j'ai fait un pas décisif – et je pense, en outre, un pas qui doit vous être utile à vous aussi. Il s'agit d'une petite œuvre (à peine une centaine de pages imprimées) dont le titre est

> Ainsi parlait Zarathoustra
> Un livre pour tous et pour personne
> Il s'agit d'une « poésie » ou d'*un cinquième Évangile*[1] ou de quelque chose pour lequel il n'existe pas encore de nom : de loin la plus sérieuse, mais aussi la plus gaie de mes productions et accessible à tous. Aussi, je crois qu'elle produira un effet immédiat[2].

N'est ce pas reconduire – sous une autre forme, qui n'est plus celle de la téléologie des philosophies de l'histoire, mais d'un messianisme prophétique – tout ce qui avait été détruit ?

Mais ce que comporte cette idée d'annonce, c'est moins une révélation qu'une rédemption (une *bonne* nouvelle, quelque chose de *bon* – la nouvelle d'un salut). Aussi la question pourrait-elle se formuler dans les termes suivants : à supposer que Nietzsche soit parvenu à renoncer à l'idée que la philosophie avait quelque chose à révéler, qu'en est-il de l'idée si problématique qu'elle aurait pour tâche ou pour mission d'apporter, de promettre, de faire espérer (à un peuple, à une civilisation, à l'humanité tout entière, à une élite déterminée, à qui au juste ?) un salut ? Á l'idée que la philosophie aurait encore quelque chose ou quelqu'un à sauver ? Et si tel est le cas, comment une telle espérance et/ou une telle promesse (la dimension prophétique que Nietzsche prête à *Ainsi parlait Zarathoustra*) s'accordent-elles à la pensée de l'éternel retour ? Mais est-ce vraiment de promesse et d'espérance qu'il s'agit ?

LES FIGURES NIETZSCHÉENNES DU HÉROS, DU GÉNIE ET DU RÉDEMPTEUR

Or cette question, il est impossible de la poser sans s'interroger sur les mises en scènes de la parole, les prises de parole qui traversent cette œuvre, de part en part. Qui parle, au nom de qui et de quoi ? Telle est sans doute la question méthodologique qu'il faut toujours adresser aux textes de Nietzsche pour comprendre ce qu'il est en train de faire. C'est aussi celle, sans doute, que Nietzsche n'a jamais cessé de poser lui-même, et de plus en plus, jusque dans l'ultime récit de soi, la mise en scène de son œuvre et de sa parole dans *Ecce Homo*. Enfin, les figures qui sont les plus récurrentes,

1. Nous soulignons.

2. Nietzsche, lettre du 13 février 1883 à Ernst Schmeitzner, in Friedrich Nietzsche : *Sämtliche Briefe*, *Kritische Studienausgabe*, Berlin-New York, Walther de Gruyter, 1975-1984, vol. 6, p. 327. Je remercie Peter Sloterdijk d'avoir attiré mon attention sur cette correspondance, au cours d'une conférence donnée à Lille en novembre 2000. La réponse qui lui fut adressée, à cette occasion, fut la toute première mouture de ce texte. Elle a été reprise dans cette première version dans un numéro des *Cahiers philosophiques*, dirigé par Michèle Cohen-Halimi et consacré à Nietzsche, à paraître prochainement.

qu'il les exauce ou qu'il les fustige, celles du prêtre, mais aussi du génie ou de l'artiste, du moraliste, du philosophe ou du savant sont toujours les figures d'une prise de parole publique. Elles sont récurrentes, mais pas nécessairement simultanées, de sorte que leurs occurrences dessinent à l'intérieur de l'œuvre un parcours dans lequel se reflète ce travail de soi sur soi (« Deviens celui que tu es ! »), indissociable de tous ces livres, du besoin et du désir de les écrire. Comme si Nietzsche n'avait cessé de se poser la question : « Qui suis-je, moi qui prends la parole ? Le plus grand philologue du siècle (c'est-à-dire un grand savant), le porte-parole, le héraut d'une nouvelle culture, à l'écoute des génies (c'est-à-dire le thuriféraire de Schopenhauer et Wagner), un psychologue, un moraliste, le fondateur d'une nouvelle religion, l'auteur du dernier livre sacré, celui qui aura coupé en deux l'histoire de l'humanité ?

Choisir de présenter *Ainsi parlait Zarathoustra*, comme une « bonne nouvelle », un « cinquième évangile », c'est donc d'abord jouer une figure contre un autre : celle du Rédempteur, contre celle du génie et du héros. Nietzsche le dit explicitement dans l'*Antéchrist*, lorsqu'il expose son intérêt pour le type psychologique du Rédempteur :

> Ce qui m'intéresse, moi, c'est le type psychologique du Rédempteur (*der psychologische Typus des Erlösers*). Il pourrait bien, malgré les Évangiles, être contenu dans les Évangiles, fût-ce totalement mutilé et surchargé de traits étrangers[1].

Pour Nietzsche, en effet, cette analyse psychologique ne peut être juste qu'à la condition de distinguer, à la différence de Renan, le Rédempteur d'un génie et d'un héros. Mais le génie et le héros ne sont pas seulement les notions qu'utilisait Renan pour caractériser la vie de Jésus, ils sont aussi deux figures qui, dans le parcours philosophique de Nietzsche, ont eu une importance considérable : le héros grec en tant que référence de l'homme supérieur, le génie en tant que héraut de la culture, porte parole d'une culture authentique, seul en mesure de la sauver de son déclin. Dans les fragments posthumes contemporains des *Considérations inactuelles* (dont deux, au moins, sont écrites à la gloire de ceux que Nietzsche reconnaît alors comme de véritables génies : Schopenhauer et Wagner), c'est précisément le génie qui constitue un modèle, c'est lui qui est censé redonner à la culture le sens qu'elle n'aurait jamais du perdre : celui de la domination de l'art sur la vie. Se mettre en scène comme l'annonciateur d'une bonne nouvelle, c'est donc accuser une distance sans retour avec cette figure, dont

1. Nietzsche, *L'Antéchrist*, § 29, in *Œuvres complètes*, Paris, Gallimard, tome VII, p. 188, *Kritische Studien Ausgabe* (désormais KSA), Berlin-New York, Deutscher Taschenbucher Verlag, Walther de Gruyter, 1967-1977, vol. 6, p. 199.

Nietzsche rappelle à la même époque que *La Naissance de la tragédie* fut écrite sous l'emprise de sa superstition : le génie.

Mais qu'est-ce qui distingue le Rédempteur, l'annonciateur d'une bonne nouvelle d'un héros et d'un génie ? Deux choses essentiellement. La première est que, contrairement au héros, le Rédempteur ne mène aucun combat, il n'est pas engagé dans un conflit violent qui impliquerait que des ennemis soient désignés, mais aussi qu'une durée soit prise en compte, un processus long et laborieux, dont l'issue ne serait pas immédiate. Cette inaptitude à la violence, à la résistance sur une longue distance constitue même pour Nietzsche le trait distinctif de tout ce qui est « évangélique ». L'idée de rédemption traduit une « répression instinctive de tout sentiment d'antipathie, d'hostilité, d'exclusion, de distance[1]. »

> Que signifie la « bonne nouvelle (*frohe Botschaft*) » ? La vraie vie, la vie éternelle est trouvée, – elle n'est pas promise, elle est là, elle est en vous : vie dans l'amour, sans exception et sans exclusive, sans aucun sentiment de distance. [...] faire de Jésus un héros ! Et quel contresens aussi que ce mot de « génie » (*was für ein Mißverständnis ist gar das Wort "Genie"*) ![2].

La seconde est qu'à la différence du génie, la figure du Rédempteur n'a rien à voir avec une conception de l'esprit née de la culture. L'idée de Rédemption se situe au delà de la culture, mieux elle est au-delà de la réalité, elle procède d'un habitus physiologique qui se traduit par « une haine instinctive de la réalité ». L'un et l'autre de ces traits distinctifs se conjuguent pour écarter du « type du Rédempteur » toute forme de fanatisme[3] – ce qui écarte d'entrée de jeu tous les travestissements politiques de l'idée de rédemption. Sans doute cette analyse psychologique est-elle postérieure de quelques années à cette lettre du 13 février 1883, mais elle ne fait que confirmer le tournant que marque la figure de Zarathoustra dans la perception qu'a Nietzsche de sa propre prise de parole. Néanmoins, l'*Antéchrist* pousse encore plus loin l'analyse du Rédempteur. Sa figure, en effet, se complique du fait qu'elle n'a pas traversé les siècles intacte. Même dans les Évangiles, elle est déjà altérée, de sorte que ce qui s'est perpétué à travers elle relève davantage de la caricature que d'une authentique figure de « sauveur ». L'histoire de l'Occident peut alors être relue comme celle des métamorphoses caricaturales de l'idée même de rédemption, et le

1. *Ibidem*, § 30, *op. cit.*, p. 189, KSA, 6, p. 200-201.
2. *Ibidem*, § 29, *op. cit.*, p. 188, KSA, 6, p. 200.
3. Cf. Nietzsche, *op. cit.*, p. 191, KSA, 6, p. 203 : « La bonne nouvelle (*die gute Botschaft*) est justement qu'il n'y a plus d'oppositions ; que le Royaume des Cieux appartient aux enfants : la foi qui s'impose ici n'est pas une foi de haute lutte, elle est ici même, elle est originelle, elle est comme une candeur enfantine restituée à l'esprit ».

paradigme de l'Évangile n'inaugure rien d'autre que cette série de déformations.

> Ce monde étrange et malade dans lequel nous introduisent les Évangiles, – un monde qui semble tiré d'un roman russe, et où la lie de la société, la névrose et l'enfantine idiotie semblent s'être donné rendez-vous – il ne peut de toute façon qu'avoir caricaturé ce type. Pour pouvoir seulement y comprendre quelque chose, les premiers disciples, en particulier, durent d'abord transposer dans leur propre vulgarité un être perdu dans les symboles et l'insaisissable. Pour eux, ce type n'a eu d'existence qu'une fois pressé au moule de formes plus connues… Le prophète, le Messie, le Juge futur, le maître de morale, le thaumaturge, saint Jean-Baptiste – autant d'occasions de se méprendre sur ce type[1].

Or cette série de formes, c'est aussi celle que, dans les dernières années de sa vie lucide, Nietzsche identifie au type du décadent. Á terme, cette histoire se confond donc avec celle de la décadence. C'est pourquoi, passer du registre des génies, des porte-parole d'une culture authentique, des hérauts de Schopenhauer et Wagner à celui du Rédempteur, revient à reconnaître et assumer pleinement cet héritage qu'à l'époque du *Zarathoustra*, Nietzsche ne désigne pas encore de ce terme, mais dont la figure est déjà présente. Écrire un évangile, c'est se situer à l'intérieur d'une série. Et c'est cela qui différencie, en dernier ressort, l'annonciateur de « la bonne nouvelle » de l'individu génial. La position du second est forcément une position d'exception et d'extériorité. Entre lui et ceux auxquels il s'adresse, la distance est insurmontable – ce qui donne à sa mise en scène le caractère d'une histoire monumentale. Au contraire, celui qui écrit un « cinquième Évangile » sait qu'il provient de ce mouvement même, qu'il est un terme de la série, qu'il n'échappe pas à la maladie dont il apporte la guérison.

La question se poserait alors dans les termes suivants : Zarathoustra est-il encore une caricature du Rédempteur (comme le sont le Messie, le Juge futur, le maître de morale, etc.), ou au contraire celui dont la prise de parole n'a plus rien de caricaturale ? Et, au-delà même de ce livre : *Ainsi parlait Zarathoustra*, elle pourrait sans doute être encore élargie : jusqu'à quel point la pensée de Nietzsche peut-elle prétendre apporter une « bonne nouvelle », sans sombrer dans la caricature du salut ? C'est-à-dire sans retomber dans le piège des prophéties, des promesses, des annonces fracassantes ?

1. *Ibidem*, p. 190, KSA, 6, p. 201-202.

Les paroles rencontrées

Ces questions ne sont pas extérieures à l'œuvre de Nietzsche. Au contraire, elles constituent l'objet même des deux premiers livres de *Ainsi parlait Zarathoustra* – la condition de ce qui, dans les livres suivants, se présentera comme l'exposé d'une doctrine, à supposer que ces mots puissent encore convenir. Rarement, en effet, une pensée, ne ce sera autant attachée à mettre en scène les conditions de sa prise de parole. Ce qui distingue Zarathoustra de tous les porte-parole d'une doctrine philosophique quelconque (tous ceux que la philosophie a pu mettre en scène dans des dialogues ou des récits) est qu'il ne parle pas sans s'être confronté aux différentes modalités de la parole publique qui caractérisent son époque. Sa parole n'existe que par opposition avec toutes celles qui se présentent alors comme une leçon, de sagesse, de vertu, de courage, un enseignement, une exhortation, voir une annonce. Les villes et les paysages qu'il parcourt sont ainsi des lieux saturés de parole, hantés par des personnages qui cherchent à consoler ou à convaincre, sages, orateurs, prêtres, prophètes, faux rédempteurs qui usent et abusent du langage – une galerie de portraits qui permettent un diagnostic du temps présent dans ces usages mêmes. Pour Zarathoustra, parler n'est donc possible qu'à la condition de créer une situation de parole et d'écoute différente. Il lui faut inventer un discours qui ne se laisse replier sur aucun de ceux qui dessinent les traits d'une culture déterminée – la « culture allemande », et peut-être plus généralement la culture chrétienne, de la fin du dix-neuvième siècle. Autant dire qu'un diagnostic s'impose, un examen rigoureux de ces prises de paroles (avec lesquelles les discours de Zarathoustra ne veulent pas être confondus) – un diagnostic qui prend la forme d'une analyse psychologique et généalogique.

Car ce qui les caractérise est d'abord leur pouvoir de séduction. Ainsi Zarathoustra lui-même avoue-t-il du sage qui prêche l'activité du jour comme garante du sommeil nocturne :

> Un charme (*Zauber)* émane de sa chaire elle-même. Ce n'est pas en vain que les jeunes gens viennent s'asseoir aux pieds de ce prédicateur de vertu.
> Sa sagesse consiste à veiller afin de bien dormir. Et en vérité, si la vie n'avait point de sens (*keinen Sinn*) et que je dusse faire choix de quelque absurdité, c'est ce genre d'absurdité que je préférerais, moi aussi (*der wählenswürdigste Unsinn*) [...].

> Pour tous ces illustres sages en chaire, la sagesse était un sommeil sans rêves ; ils ne connaissaient pas à la vie de sens plus relevé (*keinen bessern Sinn des Lebens*)[1].

D'où résulte cette séduction ? La réponse de Nietzsche est d'une grande lucidité. C'est l'absence apparente de sens de la vie qui livre ceux qui y souscrivent aux charmes de toutes sortes de paroles. Ou encore, pour le dire dans des termes dont Nietzsche fera un peu plus tard un thème majeur de sa pensée, la multiplication des prises de parole (des faux prophètes, des sages, des maîtres de vertu) trouve sa raison d'être dans le nihilisme contemporain. Mais, pour que le diagnostic soit complet, trois remarques doivent être faites.

– De tels discours sont d'abord contradictoires en eux-mêmes. La croyance dans l'absence de sens de la vie recouvre, en effet, une méconnaissance et un mépris du corps. Les hommes ne prêtent une oreille favorable à ces multiples prises de parole que parce qu'elles leur prêchent une libération du corps, dans laquelle ils voient la suppression d'un fardeau. Or c'est pourtant à leur corps que s'adressent ces paroles, c'est lui qu'elles séduisent. Elles séduisent un corps malade qui n'est pas prêt à entendre une autre parole que celle qui l'invite à renoncer à soi-même. Ceux qui prêtent l'oreille aux maîtres de vertu, aux professeurs de sagesse, aux contempteurs du corps s'imaginent que cette parole s'adresse à leur esprit seul et que celui-ci ne dépend pas du corps, ou du moins qu'il a le pouvoir d'en faire abstraction. Ce faisant, ils oublient que l'esprit, l'âme, l'intelligence ne sont qu'une seule et même fonction de ce corps qu'ils rejettent et sans lequel la parole ne serait pas même audible.

> Cette petite raison que tu appelles ton esprit, ô mon frère, n'est qu'un instrument de ton corps (*Werkzeug deines Leibes*), et un bien petit instrument, un jouet de ta grande raison.
> Tu dis « moi », et tu es fier de ce mot. Mais il y a quelque chose de plus grand, à quoi tu refuses de croire, c'est ton corps et sa grande raison ; il ne dit pas mot, mais il agit comme un Moi [...].
> Il y a plus de raison dans ton corps que dans l'essence même de ta sagesse. Et qui sait pourquoi ton corps a besoin de l'essence de ta sagesse[2] ?

D'où l'appel d'une parole. Le discours des « prédicateurs de la vertu » ou des « contempteurs du corps » dessine en creux les exigences que devra s'imposer Zarathoustra s'il ne veut pas être confondu avec eux. Il ne pourra

1. Nietzsche, *Ainsi parlait Zarathoustra* (désormais *APZ*) trad. : Paul Mathias, Paris, Flammarion, 1996, p. 67, KSA, 4, p. 34.
2. Nietzsche, *APZ*, p. 72, KSA, 4, p. 39-40.

faire comme si ses mots étaient l'émanation d'un pur esprit ou d'une sagesse toute intellectuelle. Sa parole devra porter en elle les marques de sa restitution au corps. Il lui faudra créer les conditions d'une autre écoute, en s'affirmant comme la voix du corps.

> Écoutez plutôt, mes frères, la voix du corps sain. C'est une voix plus honnête et plus pure.
> Il tient un langage plus honnête et plus pur (*Redlicher redet und reiner*), le corps sain, accompli, bâti à l'équerre ; et il parle du sens de la terre[1].

Comment parler plus honnêtement et plus purement ? Comment tenir un discours qui ne puisse être replié sur aucune de ces prises de parole qui font comme si l'esprit seul parlait et comme s'il s'adressait seulement à de purs esprits ? La quête de Zarathoustra (dans les deux premiers livres) – avec ses épreuves et ses silences, ses accès de joie et de découragement, n'a peut-être pas d'autre sens que de répondre à ces questions.

– La seconde remarque qui s'impose concerne le caractère exhaustif de cet inventaire critique des prises de parole. C'est de tout ce qui se donne comme une parole publique et, plus précisément, (nous y reviendrons) de toute parole qui promet quelque chose ou qui veut donner de l'espérance que le discours de Zarathoustra doit se démarquer. Et cela vaut aussi pour les orateurs politiques, pour ceux qui annoncent un bonheur futur ou une égalité à venir[2]. C'est même à leur sujet (Nietzsche leur réserve le nom de « tarentules ») que l'enquête psychologique est poussée le plus avant. Elle consiste à diagnostiquer sous le désir d'égalité et l'aspiration à la justice un esprit de vengeance – à trouver donc, sous les mots qui séduisent, ceux qui disent la vérité des sentiments qui inspirent ces discours. Là encore, une condition est donnée à la parole de Zarathoustra. Elle devra résister à l'analyse psychologique la plus aiguë. Elle devra être insoupçonnable, autrement dit exempte de tout ressentiment. Et c'est à ce compte qu'elle ne pourra se confondre avec aucun discours politique.

1. Nietzsche, *APZ*, p. 71, KSA, 4, p. 38.

2. Cela vaut d'autant plus que si l'« enseignement de Zarathoustra » porte sur un vouloir nouveau, ce vouloir ne doit, en aucun cas, être confondu avec ce qui se prêche ailleurs comme volontarisme politique, à commencer par le volontarisme étatique : « la confusion de toutes les langues du bien et du mal, voilà le signe que je vous donne, telle est la marque de l'État. En vérité, c'est un symptôme de la volonté de mourir. En vérité, c'est une invite aux prédicateurs de mort », (*APZ*, p. 88, KSA, 4, p. 62). C'est dire si toute récupération politique, et sectaire (au sens propre du terme) de la pensée de Nietzsche ne fait que confirmer les appréhensions que l'auteur du *Zarathoustra* pouvait nourrir et qu'il s'était attaché à mettre en scène dans les rencontres et les discours de Zarathoustra.

> Mes amis, je ne veux pas être mêlé ni confondu avec d'autres. Il en est qui prêchent ma doctrine de vie, et qui sont en même temps des prédicateurs d'égalité et des tarentules [...].
> Je n'entends pas qu'on me mêle, qu'on me confonde avec ces prédicateurs d'égalité. car la justice me dit, à moi, que les hommes ne sont pas égaux. Et il ne faut pas qu'ils le deviennent[1].

– La troisième remarque est que cette exhaustivité dessine en réalité le portrait d'une culture. Prêtres, professeurs de vertu, vieux sages, orateurs ne sont que les différentes figures d'un même « pays de la culture (*Land der Bildung*)[2] ». En ce sens, sous un autre mode (dont il nous reste à penser la spécificité), Nietzsche reprend ici la critique qu'il avait développée dans les quatre *Considérations inactuelles* et dans *Humain, trop humain*. Sauf qu'il leur donne alors une voix – et que cette voix caricaturale dessine en creux la place de la sienne. Mais qu'est-ce qui caractérise cette culture (dans les voix qui s'identifient à elle)? Essentiellement le fait qu'elle soit irrémédiablement tournée vers le passé. S'il est vrai que ces discours se présentent toujours comme des paroles d'avenir, que la leçon, l'enseignement, le prêche, le discours politique prétendent avoir le regard tourné vers l'avenir, cette prétention est illusoire. Ils sont tributaires d'un héritage qui les ancre dans le passé. Quand ils parlent du futur, que ce soit sous la forme d'une annonce, d'une promesse, ou d'une prédiction (de récompense, de rétribution, de bonheur futur, ou, à l'inverse, de châtiment et de catastrophe à venir), les mots mêmes qu'ils utilisent, les formules usagées (avec tous les présupposés qu'elles recouvrent, le ressentiment qu'elles cachent, contre la vie, contre le temps) en inversent la temporalité. Elles s'inscrivent toujours dans la répétition immuable de ce qui a été, dans la reproduction aveugle et désordonnée de ce qui s'est sédimenté.

> Tout gribouillés des signes du passé (*mit den Zeichen der Vergangenheit*), ces signes eux-mêmes barbouillés de signes nouveaux (*mit neuen Zeichen*), vous avez bien réussi à vous mettre à l'abri de tous les augures (*vor allen Zeichendeutern*) [...].
> À travers vos voiles, nous voyons transparaître le bariolage de tous les temps et de tous les peuples ; toutes les coutumes et toutes les croyances s'expriment en tohu-bohu par vos gestes[3].

Être un signe de l'avenir et non plus un signe du passé, tel est finalement ce qui manque le plus à tous les discours que Zarathoustra croise ou a croisés sur son chemin – quand bien même ils se donnent eux-mêmes

1. Nietzsche, *APZ*, p. 145, KSA, 4, p. 129-130.
2. Nietzsche, APZ, p. 164, KSA, 4, p. 153.
3. Nietzsche, *APZ*, p. 165, trad. modifiée, KSA, 4, p. 153-154.

comme tournés vers le futur. C'est pourquoi leur temps est révolu[1]. Mais c'est aussi ce qui définit, plus que toute autre condition, le défi que doit relever sa propre parole – un défi qu'il ne cesse de proclamer, qui ponctue même plusieurs de ces rencontres. Mais comment prononce-t-on ou écrit-on une parole d'avenir ?

La parole prophétique

Que la question soit difficile (peut-être même la plus difficile), ce sont les doutes, les accès de découragement, les souffrances de Zarathoustra qui en apportent le témoignage. Et si Zarathoustra souffre et même parfois désespère, c'est que la distance qui le sépare de ces différents maîtres de la parole n'est pas si grande qu'il ne court pas le risque de s'identifier (ou d'être identifié) à eux. Significatif est, à cet égard, son rapport, plus complexe qu'on ne le croit d'ordinaire, aux prêtres. Sans doute, ceux-là sont des ennemis, mais des ennemis intimes, dont l'égarement même est cause de douleur. « Mon sang, dit Zarathoustra, est apparenté au leur (*mein Blut ist mit dem ihren verwandt*)[2] ». Et si tel est le cas, c'est qu'ils annoncent un salut, c'est qu'ils se croient sauvés par un Rédempteur. Avec Zarathoustra, les prêtres ont en commun de croire à une parole qui sauve. Sauf que le salut qu'ils proposent est une illusion et qu'il repose sur des mots mensongers.

> J'ai compassion et j'ai toujours eu compassion d'eux ; ils sont à mes yeux des prisonniers et des réprouvés. Celui qu'ils appellent leur Sauveur les a liés de chaînes.
> Chaînes des valeurs fausses et des mots mensongers (*falscher Werthe und Wahn-Worte*) ! Hélas ! Qui viendra les sauver de leur Sauveur (*Ach daß Einer sie noch von ihrem Erlöser erlöste*)[3] ?

Mais il faut aussi mentionner, dans le deuxième livre, une rencontre encore plus décisive : celle du prophète, dont la parole apocalyptique, la langue du désastre, constitue l'une des épreuves les plus difficiles que Zarathoustra ait à surmonter. À défaut de reconnaître dans les paroles de salut que propose une culture donnée une raison d'espérer, la tentation la plus grande est, en effet, de céder au désespoir. Ce n'est pas tout de dénoncer le caractère nihiliste des prêches, des fausses promesses. Encore

1. Cf. Nietzsche, *APZ*, p. 68, KSA, 4, p. 34 : « Aujourd'hui encore, il existe des gens qui ressemblent à ce prédicateur de vertu, et tous ne sont pas aussi honnêtes ; mais leur temps est révolu (*ihre Zeit ist um*). Et ils ne resteront pas longtemps debout ; les voilà déjà couchés ».
2. Nietzsche, *APZ*, p. 134, KSA, 4, p. 117.
3. Nietzsche, APZ, p. 134, KSA, 4 ; p. 117.

faut-il que cette dénonciation ne conduise pas elle-même à une forme de nihilisme plus aiguë encore. Avant d'en venir à l'exposé de l'éternel retour, dans le troisième livre, la rencontre du prophète occupe donc une position stratégique. Elle désigne le nihilisme comme un cercle et elle précise ce que doit être la parole de Zarathoustra.

À quelles conditions une parole est-elle une parole d'avenir ? À la condition d'abord de sauver, de préserver des fausses figures de la rédemption – de celles qui reposent sur des mensonges, des mésinterprétations, des maladies – autant d'éléments dont cette nouvelle parole fera le diagnostic. Autant dire qu'elle devra se doter d'une langue critique – une langue qui ne fait aucune concession au passé, qui ne laisse rien passer des échappées du présent dans un passé de langue révolu. C'est pourquoi la critique portera d'abord sur la langue elle-même, une langue dont Zarathoustra n'hésite pas à dire qu'elle a été « empoisonnée »[1]. Critiquer, cela veut dire alors : ravir les mots (*die Worte nehmen*[2]), comme on confisque les jouets qui apportent la consolation. Une telle confiscation, véritable épuration du langage, désappropriation des mots qu'on s'était appropriés (et dans lesquels on s'était aliéné) est la condition minimale d'une nouvelle écoute.

Mais la critique ne suffit pas. Ou plutôt, la langue ne sera telle que si elle est, en même temps, créatrice. La garantie de l'avenir (la certitude de ne pas retomber dans les ornières, les vieilles formules du passé), c'est l'exigence de création qui la donne. Et ce pour au moins trois raisons :

– La première est que seul le souci de créer une nouvelle langue donne à la parole la certitude de ne pas retourner la volonté contre elle-même. La création est donc synonyme d'un nouveau vouloir et, à ce compte, d'un nouveau rapport au corps, d'une nouvelle façon de rendre le corps présent à même la langue, de faire entendre, dans la langue, cette voix et ce vouloir du corps que la parole des prêtres, des sages et autres ermites dérobait. Mieux, la création (comme engendrement de formes nouvelles) est un impératif parce qu'elle est le seul remède au refus de vouloir, à cette lassitude de la volonté qui est, en même temps précisément, une lassitude de l'évaluation et de la création. Face au nihilisme, à la tentation de dénier tout sens à la vie, il ne peut y avoir d'autre vouloir qu'un vouloir créateur.

1. Cf. *APZ*, p. 140, trad. modifiée, KSA, 4, p. 123 : « Zarathoustra est venu pour que vous, mes amis, vous vous dégoûtiez des vieilles paroles (*der alten Worte*) que vous avez apprises des menteurs et des fous. Pour que vous vous lassiez des mots de "récompense" et de "rétribution", de "châtiment" et de "juste vengeance", pour que vous vous lassiez de dire : « une action est bonne quand elle est désintéressée ».

2. *Ibidem*.

> Vouloir est délivrance, tel est la vraie conception du vouloir et de la liberté ; voilà l'enseignement de Zarathoustra.
> Ne plus vouloir, ne plus juger, ne plus créer ! Oh ! Puisse cette grande lassitude me demeurer toujours étrangère ! Dans la recherche de la connaissance, je n'éprouve jamais que le plaisir de ma volonté, occupée à engendrer, à grandir ; et si ma connaissance conserve en moi son innocence, c'est parce qu'elle garde toujours la volonté d'être féconde[1].

– La seconde concerne la forme même de la prophétie. Celle-ci, en effet, ne peut être qu'une parole radicalement nouvelle. Autrement dit, il existe une incompatibilité impérative entre tout ce qui se donne comme culture (tout ce qu'on s'est déjà approprié) et le type de bouleversement que, par essence, un discours prophétique doit engendrer[2]. Si celui-ci n'est pas, dans sa forme même, entièrement nouveau, ce qu'il annonce ou professe ne l'est pas davantage – c'est forcément quelque chose de déjà connu et entendu, repéré et identifié – qui ne nécessitera aucune forme nouvelle d'écoute. C'est pourquoi, le prophétique n'est audible et crédible que s'il est intrinsèquement inappropriable. Zarathoustra en a conscience qui repère à de mauvaises formes d'écoute, c'est-à-dire au repli de l'audition et de l'interprétation de sa parole sur du déjà connu, l'inadéquation ou les insuffisances de son discours. Au fil de son parcours, nombreux sont les êtres rencontrés (les faux disciples) qui n'ont pas d'autre fonction que de mettre en scène les tentatives souvent les plus rusées pour s'approprier ce qui est inappropriable (le nain) – pour coller le nouveau au passé, ou même pour recoller les morceaux du passé, à l'aide de sa parole. Le travail de Zarathoustra consiste alors toujours à redonner au prophétique ses droits, à remettre de la distance entre ce qu'il dit et ce que tel ou tel croit avoir compris et croit pouvoir traduire dans sa propre langue. Créer revient ainsi à placer l'à-venir sous le signe d'une connaissance inassimilable – à maintenir sous tension une vérité qui excède toujours ce qu'on croit posséder. C'est ici qu'il faut citer un long passage du discours intitulé précisément : « De la rédemption (*von der Erlösung*) » :

> Et mon regard a beau se reporter du présent au passé, partout il ne retrouve que débris, tronçons, hasards horribles – et nulle part des hommes.

1. Nietzsche, *APZ*, p. 130, KSA, 4, p. 111.

2. Cf. Nietzsche, *APZ*, p. 126-127, trad. modifiée, KSA, 4, p. 106-107 : « Je suis des routes nouvelles (*neue Wege*), une parole nouvelle (*eine neue Rede*) m'a été donnée. Pareil à tous les créateurs, je suis las des langues anciennes (*der alten Zungen*). Mon esprit refuse de courir plus longtemps sur des sandales usées. Pour moi, tous les langages (*alles Reden*) sont trop lents ».

> Le présent et le passé de cette terre – hélas ! mes amis – c'est pour *moi* le plus intolérable ; et je ne pourrais vivre si je n'étais aussi le voyant de ce qui viendra.
> Le voyant, le voulant, le créateur, l'avenir et le pont qui mène à cet avenir – hélas ! l'infirme aussi qui se tient à l'entrée du pont – Zarathoustra est tout cela.
> Et vous aussi, vous vous demandez souvent : Zarathoustra, qu'est-il pour nous ? Comment le désignerons-nous ? » Et comme moi vous ne vous répondez qu'en vous posant des questions nouvelles
> [...]
> Je passe parmi les hommes comme parmi des fragments d'avenir – de cet avenir dont j'ai la vision.
> Et tout mon rêve et tout mon effort, c'est de réunir et d'assembler en un tout ce qui n'est que débris, énigmes et horribles hasards[1].

– Rassembler les hommes, les solitaires qui errent, comme « des fragments d'avenir », c'est la troisième raison qui impose à la parole de Zarathoustra d'être créatrice. Parmi les points qui induisent une étrange proximité entre ses discours et ceux des sages, des prêtres, des faux prophètes, voir des orateurs politiques, il y a le fait qu'elles se veulent toujours créatrice de communauté. Ce qu'elles dessinent dans l'avenir, ce dont elles font l'objet d'une promesse et le contenu d'une espérance, c'est un « nous » à venir – un « nous » dont le rassemblement possède en lui même et par lui même quelque chose de salvateur. Une Église ? Un Royaume ? Un peuple ? Une assemblée de compagnons ? Zarathoustra, quant à lui, le dit explicitement à ses amis : le Surhumain n'adviendra que sous la forme d'une telle communauté[2]. Et ce n'est pas la moindre croyance que son discours cherche à communiquer que la foi dans ce rassemblement à venir.

Mais une telle foi (dès lors que la proximité existe) implique à nouveau que la confusion avec toute forme de communauté existante (toutes celles dont les restes sédimentés dessinent le paysage culturel présent) soit écartée. Quel est ce « peuple » que Zarathoustra appelle de ces vœux ? Qu'est-ce qui transforme les hommes du passé en compagnons d'avenir ? La réponse de Zarathoustra reprend ce que soulignait déjà le § 377 du *Gai*

1. Nietzsche, *APZ*, p. 186, KSA, 4, p. 179.

2. Cf. Nietzsche, *APZ*, p. 118, KSA, 4, p. 100-101 : « Veillez et prêtez l'oreille, ô solitaires ! Du fond de l'avenir viennent à nous des brises aux mystérieux battements d'ailes, et quiconque a l'oreille fine perçoit la bonne nouvelle (*gute Botschaft*). Solitaires d'aujourd'hui, qui vivez à l'écart, un jour vous formerez un peuple (*ein Volk*) ; vous qui vous êtes élus vous-mêmes, vous donnerez naissance à un peuple élu (*ein auserwähltes Volk)* ; et de ce peuple naîtra le Surhumain. En vérité, la terre deviendra quelque jour un séjour salutaire (*eine Stätte der Genesung*). Déjà un parfum nouveau l'enveloppe, une odeur salubre – et une nouvelle espérance (*eine neue Hoffnung*) ».

Savoir, intitulé « Nous autres, sans patrie ». Le « nous » à venir ne se laisse replier sur rien de connu, parce que ceux qui sont appelés, par la parole prophétique, à se rassembler doivent être sans appartenance, sans autre lien que leur refus des discours usés et leur foi dans la création de nouvelles valeurs. La parole se doit d'être créatrice, parce que seule une création (l'invention de nouvelles formes) peut créer une écoute qui engendre un tel détachement. La parole créée exige de celui qui la prend une disponibilité totale que lui-même attend, en retour, de celui qui l'entend Tout autre discours, quand bien même il prétendrait ouvrir sur l'avenir, ne fait que renforcer des liens qui existent déjà : la famille, la patrie, l'église, etc. Il reproduit des relations qui appartiennent au passé.

Pour Zarathoustra, comme pour Nietzsche, c'est cette quête d'une double disponibilité (la sienne et celle des « compagnons » ou « amis ») qui s'identifie au destin. Devenir celui qu'on est, pour reprendre l'injonction dont Nietzsche se fit très tôt une règle de vie, cela signifie : ne garder par devers soi aucun de ces attachements qui ancreraient encore l'annonce de l'avenir dans un passé cultivé, ressassé ou regretté, un passé qu'on voudrait corriger ou dont on voudrait se venger. Les liens familiaux, sociaux, politiques, dans leur perfectibilité même, sont de ceux qu'on ne cesse d'amender, sur lesquels on ne cesse de faire retour, pour les améliorer, les réformer, les rendre un peu plus vivables. La communauté que Nietzsche appelle de ses vœux, portée par un élan créateur, par un nouveau vouloir, résolument tournée vers l'avenir, n'exige aucun amendement, aucune réforme, aucun perfectionnement.

> Hélas ! Où pourrais-je encore monter dans ma nostalgie ? Du haut de tous les sommets je cherche du regard le pays de mes pères et de mes mères (*Vater-und Mutterländern*).
> Mais je n'ai trouvé de patrie (*Heimat*) nulle part, je ne suis jamais qu'un passant dans toutes les villes, et en partance sur tous les seuils.
> Ils me sont étrangers, ils me sont une dérision, ces hommes d'à présent vers qui mon cœur, naguère, m'appelait, et je suis banni de toutes les patries, des pays des pères et des mères.
> Je n'aimerai donc plus que *le pays de mes enfants* (*Kinder Land*). l'île inconnue au cœur des mers lointaines ; c'est sur elle que je mettrai le cap, sans me lasser.
> Je réparerai dans la personne de mes enfants le fait d'avoir été l'enfant de mes pères ; et je dédommagerai tout l'avenir – de *ce* présent[1].

1. Nietzsche, *APZ*, p. 167, KSA, 4, p. 155.

Telles sont donc les conditions (et les ambitions) que s'impose la parole de Zarathoustra (et que Nietzsche impose à son livre) pour qu'elle soit une parole qui sauve – pour qu'elle suscite cette foi « évangélique » qui devrait renverser le cours du monde : Être une création inouïe qui emporte, comme un torrent, toutes les attaches, les liens du passé, à commencer par toutes les vieilles formules, théologiques, politiques et autres, de la rédemption.

La langue de Zarathoustra est-elle à la mesure de ces ambitions – est-elle aussi inouïe qu'elle le dit [1] ? Nul doute que Nietzsche eut, à chaque page, le souci d'inventer une langue à l'intérieur de la langue allemande, de donner à Zarathoustra (et de se donner à lui-même) une langue propre, que nul ne pourrait entendre sans rompre avec tout ce qui le rattachait à des siècles de culture chrétienne. Et c'est d'une telle rupture (de sa contagion) qu'elle devait porter la promesse. Ce qu'il devait traduire dans la langue allemande ne se connaissait pas d'équivalent.

Mais cette question (qui est celle du style du livre) n'est pas la seule. Il reste à se demander si le contenu même de la doctrine – ce que Zarathoustra entend « enseigner » aux hommes pour les guérir de leurs fausses espérances, des promesses et des attentes mensongères – est compatible avec l'idée même de prophétie. Dans les deux premiers livres, ainsi que nous l'avons vu, tout le travail de Zarathoustra est de donner à sa parole la dimension d'une bonne nouvelle – d'une annonce de l'avenir. Dans les deux suivants, cette bonne nouvelle se justifie par l'énoncé d'une doctrine : la pensée de l'éternel retour, du retour identique du même – une pensée « salutaire » (dès lors qu'elle guérit du ressentiment contre le temps). Toute la question alors est de savoir s'il n'y a pas là une contradiction [2] entre deux approches du temps, entre la pensée la plus lourde et la vocation ou la destination que Nietzsche lui assigne [3]. Si la pensée du retour éternel de

1. Ou plutôt : que Nietzsche l'écrit lui-même, notamment dans *Ecce Homo*. Rappelons qu'il distingue, du point de vue de la langue, la parole que Zarathoustra s'adresse à lui-même et celle qu'il adresse aux autres. mais dans chacun de ces deux cas, c'est l'invention, la création qui sont mises en avant. Ainsi de ses discours : « la sentence frémissante de passion ; l'éloquence faite musique ; des éclairs lancés à l'avance vers des futurs jusqu'alors insoupçonnés. la plus puissante invention symbolique connue jusqu'alors est pauvre et enfantine comparée à ce retour de la langue au naturel du langage imagé (*diese Rückkehr der Sprache zur Natur der Bildlichkeit*) », *in* Nietzsche : *Œuvres philosophiques complètes*, Paris, Gallimard, tome VIII, p. 313, KSA, KSA, 6, p. 344. Mais aussi de la parole qu'il s'adresse à lui-même : « Quelle langue un tel esprit parle-t-il lorsqu'il se parle à soi seul ? La langue du *dithyrambe*. Je suis l'inventeur du dithyrambe. », *ibidem*, p. 315, KSA, 6, p. 345.

2. Nous nous proposons de revenir, dans un essai ultérieur, sur cette contradiction.

3. Ce n'est pas un hasard si, dans son essai : « Qui est le Zarathoustra de Nietzsche », (*in Essais et conférences*), Heidegger, qui met l'accent sur la délivrance du sentiment de vengeance, occulte délibérément la dimension prophétique mise en scène dans les deux

l'identique supprime notre sentiment de vengeance (notamment contre le temps), ne doit-elle pas aussi supprimer toute attente, fût-elle messianique, toute prophétie d'une époque nouvelle, et même d'une communauté nouvelle? À commencer par l'espérance d'une rupture radicale, d'une coupure de l'histoire de l'humanité en deux.

Pour le dire plus brutalement, pouvons-nous lire la pensée de l'éternel retour comme le contenu d'une promesse, sans que cette pensée se trouve *ipso facto* vidée de tout contenu?[1] Ou encore, est-il nécessaire de lui donner une telle dimension – c'est-à-dire de vouloir lui assigner à tout prix une place dans l'histoire, de la charger d'une mission rédemptrice – pour qu'elle suscite une nouvelle écoute? Tout se passe comme si la voie d'une parole prophétique (une bonne nouvelle, un cinquième évangile) était celle qu'avait choisie Nietzsche, dans l'espoir d'une telle écoute, mais aussi dans la conscience chaque jour accrue de ses exigences. Et cette voie impliquait la mise en scène toujours plus dramatique de sa propre pensée, l'affirmation répétée de sa dimension historique[2], la déception aussi de mesurer, année après année, l'impossibilité, pour cette pensée, de tenir la promesse dont (presque à l'encontre d'elle-même) elle se trouvait investie.

premiers livres. (À part une lecture du discours intitulé « Les tarentules », c'est du reste essentiellement sur des passages des deux derniers livres qu'il concentre ses analyses).

1. Ce serait là l'objet d'un autre texte qui, participant d'une réflexion à venir sur les langues de la promesse (et non plus seulement les promesses du langage) se demanderait dans quelle mesure la pensée de l'éternel retour relève d'une telle langue.

2. Un autre metteur en scène de la vocation « messianique » de sa propre pensée dirait « destinale ».

CHAPITRE II

LA LANGUE, OMBRE DE DIEU [1]

NIETZSCHE ET LA PROMESSE DES LANGUES

LA QUESTION DU NATIONALISME

Il se pourrait bien que le discours historique, politique – mais surtout philosophique – que les philosophes tiennent eux-mêmes sur la particularité des langues (sur la diversité des langues comme langues maternelles) soit l'une des « maladies philosophiques », (pour parler comme Wittgenstein) les plus durables. C'est en tout cas un domaine dans lequel la clarté nous fait défaut. Encore faut-il ajouter que cette maladie n'a rien de proprement philosophique. Ces discours, en effet, sont susceptibles de prendre deux formes : – celui d'une description prétendument objective qui ne se réduit pas à l'énoncé de la grammaire ; – celui d'une déclaration d'attachement ou d'allégeance (mais aussi d'une profession de foi, et d'une promesse de fidélité).

Deux types de problèmes se posent :

– Celui des limites de la description, dès lors qu'elle excède les possibilités de la grammaire – les limites, en quelque sorte, d'un méta-langage qui ne concerne pas les langues, en général, ou le langage, mais chaque langue en particulier. Comment peut-on dire d'une langue qu'elle est belle, expressive, profonde – à plus forte raison qu'elle est plus belle ou plus expressive qu'une autre ?

– Celui de la portée de l'affection ou de l'attachement. Que cherche-t-on à faire quand on proclame qu'on est attaché à sa langue maternelle, ou encore qu'on fait confiance à cette langue – parce qu'elle est maternelle –, ce

1. Une première version de ce texte a été éditée dans les *Cahiers de la villa Gillet*, septembre 2000, n°11.

qui signifie aussi qu'on ne doit pas la trahir. Quelle est la nature de cet acte de foi qui sacralise la langue ? Et, à l'inverse, que signifie le renoncement à cet acte, la rupture avec ce sentiment quasi-religieux de déférence et de respect envers la langue ?

Si l'œuvre de Nietzsche doit être convoquée pour aborder ce problème, c'est qu'elle présente, de façon exceptionnelle, un parcours unique, de l'acte de foi à sa rupture. Parler du nationalisme, dans cette œuvre, ce n'est donc pas faire l'inventaire exhaustif des textes de Nietzsche, au demeurant peu nombreux, sur la nation – ce n'est pas non plus, ce qui serait déjà plus légitime, repérer les nombreux passages dans lesquels, surtout dans les dernières années, il fustige la fureur nationaliste de ses contemporains. C'est bien davantage comprendre comment et pourquoi se fait et se défait dans cette œuvre le lien entre le sort de la civilisation (*Kultur*) et le destin d'une langue et d'un peuple singuliers, fussent-ils introuvables.

C'est aussi saisir la nature profondément religieuse de ce lien. Trois points, en effet, méritent d'être notés, à titre indicatif. – La sacralisation de la langue a pour support l'élection du peuple qui la parle. Elle présente, à ce compte, une version sécularisée du motif biblique du peuple élu. – Cette sécularisation trouve, elle-même, son origine dans le nihilisme, et elle constitue une tentative catastrophique pour en sortir – une fausse sortie qui retarde d'autant l'avènement de ce que Nietzsche appelle « la grande politique ». – Divers domaines peuvent se trouver, de ce fait, re-sacralisés : le passé (et ses grandes dates), le territoire (et ses lieux de mémoire), le patrimoine national. Dans le cas de Nietzsche, c'est uniquement de la langue qu'il s'agit – ce qui suffit à interdire tout amalgame, toute projection abusive.

Qu'on touche avec ces trois points – indépendamment de toute lecture de Nietzsche – à l'essence du nationalisme, il appartient, à Franz Rosenzweig de l'avoir montré, (au moins pour le premier et le troisième) dans une des célèbres lettres de sa controverse avec Rosenstock :

> Le sens du nationalisme, c'est que les peuples ne se contentent plus de croire qu'ils sont d'origine divine (croyance qu'avaient déjà les peuples païens), mais aussi qu'ils sont *en marche vers Dieu*. Comme cette croyance est le lot de toutes les nations modernes, il était inévitable que 1789 fût suivi par 1914-1917 ; et bien d'autres “de … à” ne manqueront pas de suivre[1].

1. *Franz Rosenzweig, Der Mensch und sein Werk, Briefe und Tagebücher*, hrsg. von Rachel Rosenzweig, Edith Rosenzweig – Scheinmann und Bernhard Casper, 2. Band : 1918-1929, La Haye, Martinus Nijhoff, 1979, p. 281. Cité par Stéphane Moses in *L'ange de l'histoire*, Paris, Le Seuil, 1992, p. 47.

Sur ce point, on doit reconnaître qu'il ne se trompait guère, et l'étude de toutes les fureurs nationalistes – dont certaines n'hésitèrent pas, au prix de nombreux contresens, à se réclamer du nom de Nietzsche – qui ont pu se déchaîner au cours de ce siècle (et se déchaînent encore) en multiplient la preuve. Mais quel est exactement le sens de cette *élection*, de cette *marche vers Dieu* ? Comment l'idée s'en construit-elle ? Avant d'en venir à l'étude des textes de Nietzsche, nous essaierons de répondre, de façon plus générale, à ces deux questions.

L'élection suppose d'abord un rapport particulier au temps présent et à l'histoire. C'est moins en effet la conservation du passé, la perpétuation d'une tradition, l'entretien d'une flamme sacrée qui lui donnent son sens que la sortie du présent et l'inauguration d'un nouveau commencement. Toute élection porte en elle la prophétie d'une inauguration, d'un temps nouveau qui vient mettre fin à l'attente. Elle suppose que quelque chose n'a pas été accompli (et ne peut pas s'accomplir, sans que tout change), que l'histoire ne se déroule pas selon un processus linéaire sans surprise, mais qu'elle garde en réserve la possibilité d'une rupture radicale.

La possibilité, mais aussi le besoin. En effet, il n'y a d'élection que par rapport à une insatisfaction du présent, à un manque, à un défaut qui, loin de pouvoir être simplement assumés, nécessitent d'être surmontés dans un bouleversement complet. Un peuple n'aurait aucune raison de revendiquer son élection dans un présent qui ne serait pas fait de misère, de détresse ou de douleur. C'est pourquoi le nationalisme s'accompagne et se justifie presque toujours du plus sombre des diagnostics – un diagnostic dont la forme la plus courante est l'énoncé d'une menace. La sécularisation du peuple élu s'ancre dans une approche catastrophique, voire apocalyptique du présent. Elle se fait au nom d'un péril dont l'objet ne se restreint pas toujours à la sécurité d'un peuple, mais s'étend plus généralement au devenir de la « civilisation » ou de l'« Occident ».

De ce schéma, on trouverait sans peine l'illustration dans quantité de textes idéologiques qui ont provoqué et accompagné les souffrances et les violences de ce siècle. Leur ton est toujours le même qui oscille entre la déploration et l'agression, l'apitoiement et la vindicte, voire, dans des formes extrêmes, l'appel au sacrifice et même au meurtre – tant il est vrai que la sacralisation est la voie par laquelle se perpétue, dans les États, le droit d'exiger du « peuple » qu'il tue ou se fasse tuer. Dans un jeu complexe et meurtrier, l'universel se noue au particulier. C'est parce que le peuple est appelé à remplir une mission universelle (parce que le sens de l'histoire repose entre ses mains) que ce qui fait sa particularité même doit lui devenir sacré, à commencer par la langue. Ainsi la sacralisation se justifie-t-elle de l'élection et elle donne droit à tous les sacrifices.

Or une telle construction ne structure pas seulement les discours idéologiques. Elle habite ou elle hante quelques-uns des discours philosophiques de la modernité – soit qu'elle soit identifiée par eux comme un piège pour la pensée, soit qu'ils la côtoient dangereusement et n'y échappent pas complètement, quand bien même ils produisent des barrières, des garde-fous qui les distinguent et les protègent de l'idéologie – celle-ci étant entendue comme une pratique langagière qui n'a pas d'autre fin que la séduction et l'enrôlement des masses. Cette construction est alors ce qu'il nous faut affronter et interroger directement si nous voulons faire la part de la philosophie et celle de l'idéologie.

La force incomparable des textes de Nietzsche est d'en avoir mesuré – et peut-être pressenti – tous les risques. Son cheminement de pensée est exemplaire à plus d'un titre. D'abord il souscrit (au moins dans ses premières œuvres) à quelques uns des éléments les plus significatifs de cette construction (même si elle n'a rien à voir avec la violence extrême des idéologies qu'on évoquait plus haut) : le fantasme d'une culture allemande authentique à la hauteur de la mission qui lui est impartie, la sacralisation de la langue, le salut de la civilisation. Mais il intègre ensuite une critique du nationalisme – qui revient à mettre en question autant l'asservissement de la pensée aux particularismes nationaux que la sacralisation (et l'universalisation) de ces particularismes.

L'effroi sacré devant la langue

C'est sous la forme d'une injonction que, dans les 5 conférences intitulées : *Sur l'avenir de nos établissements d'enseignement*, Nietzsche procède, pour la première fois, à la sacralisation de la langue allemande. Le ton est d'abord celui de la déploration. Il s'agit d'opposer à ce qui se donne en Allemagne pour une culture authentique (et n'est rien d'autre qu'un instrument au service de l'État), une autre forme de culture, plus conforme à « l'esprit authentiquement allemand ». Or ce que cette culture suppose, c'est d'abord un autre rapport à la langue. L'instrumentalisation de la culture à des fins démocratiques (son nivellement) se traduit, en effet, par un véritable appauvrissement de la langue – une façon de la parler et de l'écrire qui, voulant la mettre à la portée de tous, en supprime toutes les potentialités artistiques. C'est pourquoi, écrit Nietzsche, on ne retrouvera en Allemagne une culture authentique, conforme à ce que « l'esprit authentiquement allemand » se doit à lui même qu'à la condition de retrouver cette forme de respect pour la langue qui en reconnaît le caractère sacré :

> Prenez votre langue au sérieux ! Celui qui n'en vient pas ici au sentiment d'un *devoir sacré (der Gefühl einer heiligen Pflicht)*, celui là n'a pas non plus en lui le noyau qui convient pour une culture supérieure. C'est ici que l'on peut voir quel prix ou quel mépris vous accordez à l'art et dans quelle mesure vous êtes apparentés à l'art, ici dans le maniement de votre langue maternelle. Si vous ne parvenez pas à éprouver un dégoût physique pour certains mots et tours auxquels nous ont habitués les journalistes, renoncez à aspirer à la culture.

Et il poursuit un peu plus loin :

> Le même maître devrait ensuite montrer en analysant nos classiques ligne à ligne avec quel soin et quelle rigueur il faut prendre chaque tour lorsque l'on a dans le cœur un vrai sentiment de l'art et devant les yeux l'intellection totale de ce que l'on écrit. Il devra sans répit contraindre ses élèves à exprimer la même pensée encore une fois et encore mieux, et ne trouvera pas de borne à son action avant que les moins doués en viennent à un *effroi sacré*[1] devant la langue (*einen heiligen Schreck vor der Sprache*) et les plus doués à un noble enthousiasme pour elle[2].

Mais en quoi cet effroi et ce devoir sacrés ont-ils à voir avec la sécularisation d'un peuple élu? En quoi concernent-ils la question du nationalisme? Dans le cas de Nietzsche, ils s'inscrivent dans une double histoire. La première est celle de son rapport complexe et composite (où la fascination le dispute à la critique, voire à l'hostilité, l'attente à la déception) avec l'Allemagne – un rapport dans lequel la langue (de sa sacralisation à sa désacralisation) joue le rôle d'un fil conducteur. La deuxième histoire relève de la réflexion de Nietzsche sur la vocation même de la philosophie – son rapport particulier avec les destinées d'un peuple, de la civilisation ou de l'Europe. L'une et l'autre se rencontrent à terme dans sa critique, de plus en plus virulente, du nationalisme.

Dans les années qui suivent la publication de *La Naissance de la tragédie* et que domine la rédaction des 4 *Considérations inactuelles*, le fil conducteur du travail de Nietzsche est la substitution d'une civilisation fondée sur l'art à une civilisation fondée sur le savoir. Celle-ci suppose que soient pensés à nouveaux frais trois rapports essentiels :

– celui du philosophe et de la civilisation ;

1. Nous soulignons.

2. Nietzsche, *Œuvres complètes*, Paris, Gallimard, tome I, 2, p. 101, *Kritische Studienausgabe* (désormais KSA), herausgegeben von Giorgio Colli und Mazzino Montinari, Deutscher Taschenbuch Verlag (München), de Gruyter (Berlin-New York), Band 1, p. 476.

– celui de la civilisation et d'un peuple ou d'un esprit particuliers : le peuple et l'esprit allemands ;
– celui de cet esprit et de la langue.

a) C'est, en effet, par rapport au problème de la civilisation que se définit la tâche du philosophe, explicitement pensée par Nietzsche en termes de mission civilisatrice : Ainsi le fragment 19 [44] énonce-t-il le programme suivant : « objectif : déterminer la téléologie du philosophe *au sein de la civilisation* (*inmitten der Kultur*) »[1]. Or cette détermination tient en un terme, qui sert de fil conducteur aux différents textes de cette époque : l'inactualité. La tâche du philosophe consiste d'abord à lutter contre, et donc à critiquer le temps présent – en tant qu'il sacrifie l'épanouissement du génie philosophique ou artistique à des objectifs séculiers. La civilisation, ce n'est donc pas l'ensemble des manifestations de la culture d'un peuple donné (les progrès des techniques, des institutions, du gouvernement) – ce que Nietzsche appelle « les soucis temporels, passagers du peuple »[2]. C'est bien plutôt l'art, auquel est reconnu le privilège insigne de porter, au contraire, ses « soucis immortels ». La civilisation, ce n'est finalement rien d'autre que le fil des « questions éternelles » qui, sans rien devoir à l'esprit du temps, relient les unes aux autres les époques de grande production artistique[3]. Elle dessine ainsi, par delà les temps et les frontières, ce que Nietzsche appelle alors de ses vœux : « la république des génies »[4]. La tâche du philosophe, au service de l'art, se laisse décliner dans les termes suivants :

> *Ma mission (meine Aufgabe)* : comprendre la cohésion interne et la nécessité de toute civilisation véritable. Les moyens pour *protéger* et *guérir*[5] une civilisation (*die Schutz – und Heilmittel einer*

1. Nietzsche, *op. cit.*, tome II, 1, p. 187 (KSA, 7, p. 433).

2. *Ibidem*, fragment 19 [7], p. 174 : « Nous portons les soucis immortels du peuple – nous devons être libres de ses soucis passagers, temporels. Décrire la tâche de la nouvelle génération de philosophes. L'exigence de se vaincre soi-même, c'est-à-dire de vaincre le *saeculare*, l'esprit du temps. (KSA, 7, p. 418).

3. Voir à ce sujet la définition que Nietzsche donne de la civilisation dans le fragment 19 [310], *op. cit.*, p. 263. (KSA, 7, p. 513) : « civilisation – domination de l'art sur la vie (*Herrschaft der Kunst über das Leben*). La qualité de la civilisation dépend d'une part du degré de cette domination, d'autre part de la valeur de l'art lui-même.

4. Voir à ce sujet le fragment 24 [4], *op. cit.*, p. 304 (KSA, 7, p. 562) : « On parle souvent de la République des savants (*von der Gelehrten-Republik*), jamais de la république des génies (*von der Genialen-Republik*). Voilà ce qui se passe dans cette dernière ! Un géant en appelle un autre à travers l'intervalle désertique des siècles, sans que le monde de nains qui grouille à leurs pieds perçoive autre chose qu'un bruit confus, sans qu'il comprenne autre chose que le fait que quelque chose se passe ».

5. Nous soulignons.

> *Kultur*), la relation entre celle-ci et le génie populaire. La conséquence de tout grand univers artistique est une civilisation : mais on voit souvent des courants contraires empêcher l'œuvre d'art de trouver cet aboutissement. La philosophie doit maintenir à travers les siècles la ligne de crête de l'esprit et, ainsi, l'éternelle fécondité de toute grandeur[1].

Plusieurs moments méritent ici d'être retenus. D'abord l'idée que le philosophe est en charge d'une mission. Ensuite les termes mêmes qui définissent cette mission et constituent autant d'interrogations : combattre, détruire[2], protéger et guérir. Quel lien peuvent-ils avoir avec l'idée de peuple ou de nation ? Comment le souci de protéger et de guérir conduit-il à la sacralisation de la langue allemande ?

b) Tout repose d'abord sur le lien entre génie, peuple et civilisation – dont la thématique constitue certainement le point commun entre les 4 *Considérations inactuelles* et la plupart des écrits posthumes de cette époque. Ce que Nietzsche récuse, c'est que le philosophe puisse avoir quoi que ce soit de commun avec la situation historique et politique contingente d'un peuple donné. Il ne saurait être, pas plus que l'artiste, au service d'une politique qui lui dicterait ses fins. Mais cela n'exclue pas qu'il incarne « l'essence d'un peuple » – une essence universelle, dont l'affirmation répétée ne constitue pas la moindre difficulté de ces textes :

> Tâche : découvrir la téléologie du génie philosophique. N'est-il vraiment qu'un passant fortuit ? Il n'a en tout cas, s'il est un vrai philosophe, rien à voir avec la situation politique contingente d'un peuple, il est, vis-à-vis de son peuple, intemporel. Ce qui ne signifie pas qu'il lui soit attaché par hasard – la spécificité du peuple (*das Spezifische des Volkes*) s'incarne ici en un individu, l'instinct du peuple (*der Volkstrieb*) s'affirme comme instinct universel, appliqué à la résolution de l'énigme universelle[3].

Autant dire que le caractère universel de la civilisation (*Kultur*) se trouve pris en charge, à un moment de l'histoire, par un peuple singulier – qui réalise en elle son essence grâce à ses génies (artistes et philosophes).

À cette spécificité du peuple, Nietzsche donne alors un nom qui revient comme un *leit-motiv* dans les fragments posthumes de cette époque : *das Deutsche* (qu'on traduira, faute de mieux, par l'élément allemand). Mais,

1. *Ibidem*, fragment 19 [33], p. 181, (KSA, 7 ; p. 426).

2. Voir à ce sujet le fragment 28 [2], *op. cit.*, p. 351. : « Introduction. Que peut le philosophe relativement à la civilisation de son peuple ? [...] Principe central : il ne peut créer une civilisation, il ne peut que la préparer, ou en les atténuant et, ainsi, en les conservant, ou encore en les détruisant.

3. *Ibidem*, fragment 19 [16], p. 176, (KSA, 7, p. 420), (traduction modifiée).

de cet élément, il déplore moins la perte que l'inexistence. Le propre du discours nietzschéen sur l'élément allemand est, en effet, qu'il se laisse moins penser par rapport à un passé révolu, sur le mode d'une quelconque nostalgie, qu'il ne dessine un horizon à atteindre. « Maintenir la ligne de crête de l'esprit », protéger ou sauver la civilisation ne veut donc rien dire d'autre que réaliser l'élément particulier d'un peuple – auquel est donné une portée universelle. Significatifs sont à cet égard les mérites que reconnaît Nietzsche aux deux héros des *Considérations inactuelles*, Schopenhauer et Wagner :

> Merveilleux accord de Wagner et de Schopenhauer ! Ils sont issus du même instinct. Les plus profonds *caractères de l'esprit germanique* (*die tiefsten Eigenschaften des germanischen Geistes*) s'arment ici pour le combat : comme chez les Grecs. Retour de la circonspection [1].

Dans les textes posthumes de l'été 1872 et du début 1873, la détermination de « la téléologie du philosophe » conduit ainsi à donner au peuple allemand la figure sécularisée d'un peuple élu qui se trouve, par le fait de ses génies (Wagner et Schopenhauer), investi d'une mission universelle : inaugurer un nouveau commencement. Toute la difficulté vient alors du nœud, si durablement investi de significations diverses, entre « la République des génies », d'essence cosmopolite et universelle, et le fait que ces génies incarnent, à chaque fois, l'esprit d'un peuple.

De fait, l'élection proclamée est d'abord ici celle de l'esprit allemand, en vue d'une mission, d'une tâche (*Aufgabe*) : Inverser les rapports de l'art et du savoir – c'est-à-dire redonner à la vie ses droits sur l'instinct de connaissance :

> L'histoire et les sciences de la nature étaient nécessaires contre le moyen âge : le savoir contre la foi. Au savoir nous opposons maintenant l'art : retour à la vie ! Refrènement de l'instinct de connaissance ! Renforcement des instincts moraux et esthétiques ! *Cela signifie pour nous sauver l'esprit allemand, afin qu'il redevienne salvateur !* (*Dies erscheint uns als Rettung des deutschen Geistes, damit er wieder Retter sei*) [2].

Mais comment l'esprit allemand peut-il être sauvé, et que signifie le fait qu'il redevienne salvateur ? Encore une fois – et c'est là toute l'originalité de la pensée nietzschéenne (ce qui le distingue du romantisme allemand), mais aussi son caractère le plus problématique, il ne saurait s'agir de la réappropriation d'un passé mythique, d'un trésor de significations

1. *Ibidem*, fragment 19 [28], p. 180, (KSA, 7, p. 425).
2. *Ibidem*, fragment 19 [38], p. 185, (KSA, 7, p. 431).

enfouies. Ce n'est pas un hasard si ces textes sont contemporains de la *Seconde Considération inactuelle* : *De l'inconvénient et de l'utilité de l'histoire* qui construisent une critique sans précédent de la sacralisation de la tradition et du passé, comme passé. Rien n'est plus éloigné du travail nietzschéen que le goût de l'archive et des trésors nationaux. C'est en ce sens qu'il prend soin de distinguer cet élément allemand (*das Deutsche*) de tout ancrage national. Mais c'est aussi ce qui donne à sa pensée cette structure profondément messianique (même si Nietzsche aurait bien sûr refusé le terme) qui fait le fond d'un autre nationalisme, peut-être encore plus redoutable :

> L'élément allemand (*das Deutsche*) doit tout d'abord se former : Non pas une culture édifiée sur une base nationale (*auf nationaler Grundlage*), mais une formation de l'élément allemand (*Bildung des Deutschen*), non pas une formation sur le modèle du principe allemand (*Bildung nach dem Deutschen*). L'élément allemand doit être formé : n'existe pas encore. À fonder ni sur des vertus ni sur des vices[1].

Ainsi se trouve prophétisé et exigé un commencement nouveau qui est à la fois celui de la philosophie et de l'histoire – un commencement dans lequel le particulier et l'universel se trouvent étroitement mêlés, le second replié sur le premier.

c) Sauver l'esprit, rendre l'esprit salvateur. C'est dans cette thématique du salut que s'inscrit la sacralisation de la langue allemande et autour d'elle que se retrouvent tous les éléments constitutifs de la sécularisation du peuple élu. À commencer par la déploration, le diagnostic douloureux de sombres temps. Car l'élément allemand est d'abord un élément introuvable. Toute la difficulté des textes de Nietzsche vient de ce qu'ils opposent deux pensées de l'Allemagne ou de cet élément. La première correspond à la forme la plus courante et la plus vulgaire du nationalisme – qui est celle de l'autoglorification et de la contemplation de soi. Au lendemain de la victoire allemande (en 1870), elle s'exprime dans tous les discours qui font de cette victoire le triomphe de la civilisation et de l'Allemagne (de la culture allemande) son incarnation. C'est à un tel contentement, à une telle satisfaction de soi que Nietzsche s'oppose, ainsi qu'en témoigne, avec une force incomparable, la première des *Considérations inactuelles*. Faire de l'élément allemand une essence introuvable, c'est refuser de voir dans toutes les manifestations de la culture allemande (les mœurs, les

1. *Ibidem*, fragment 19 [284], p. 257, (KSA, 7, p. 508). Voir aussi le fragment 19 [295], *ibidem*, p. 260, (KSA, 7, p. 510) : « Non pas une culture sur une base nationale (*auf nationaler Grundlage*), mais une formation du style allemand dans la vie, la connaissance, la création, la parole, la démarche, etc. ».

institutions, les administrations) non seulement la réalisation de cet élément mais aussi la moindre chance de la concrétiser à l'avenir :

> Encore une telle victoire, et l'Empire allemand subsistera, mais l'élément allemand sera anéanti (*das Deutsche selbst ist vernichtet*) ! Je n'ai déjà presque plus le courage de revendiquer une quelconque qualité comme spécifiquement allemande. Les mœurs allemandes, la sociabilité allemande, les administrations et les représentations allemandes, tout à un arrière-goût étranger et ressemble à une imitation dépourvue de talent et dont on a en outre oublié qu'elle est une imitation : on n'est plus original que par omission [1].

Seule demeure alors la langue – ou plutôt, celle-ci reste le dernier refuge de l'élément allemand, le seul qui puisse être encore sauvé. Sauver l'esprit, sauver la langue, l'un et l'autre finissent par se confondre. La langue constitue alors le « dernier reste » – c'est-à-dire aussi la dernière chance – d'une identité en devenir, l'ultime possibilité, pour l'élément allemand de prendre forme et de voir s'incarner en lui la civilisation, au sens où l'entend Nietzsche, à savoir la domination de l'art sur la vie. C'est à ce compte qu'elle est sacralisée :

> Dans cette détresse, je m'accroche à la langue allemande, qui seule a jusqu'à présent survécu à tous les mélanges de nationalité, à tous les changements d'époque et de mœurs, et je crois que cette langue doit receler un sortilège métaphysique lui permettant de transformer la diversité en unité, la pluralité en singularité. C'est pour cette raison que nous devons confier aux sentinelles les plus sévères la garde de cette langue unificatrice, garante de notre future germanité (*unsere zukünftige Deutschheit*). Nos grands auteurs ont, comme gardiens de la langue, *une charge sacrée* (*ein heiliges Amt*) ; et notre école allemande a cette grave et féconde mission (*eine fruchtbare ernste Aufgabe*), de former les esprits, sous les yeux de tels gardiens, à la langue allemande [2].

C'est à ce compte aussi qu'elle concentre sur elle tous les périls et que sa sauvegarde devient un enjeu essentiel de la pensée. Sacraliser la langue, cela veut dire d'abord investir sa sauvegarde d'un poids et d'une responsabilité historiques déterminants. Mais cela relève aussi d'un véritable acte de foi. Tout repose, en effet, sur l'idée que la langue recèle des possibilités insoupçonnées, dont l'écoute seule est salvatrice. La langue abrite la possibilité du salut – à condition que ce qui fait son originalité profonde, sa singularité absolue ne soit pas manqué. D'où la hantise, au demeurant

1. *Ibidem*, fragment 26 [16], p. 321, (KSA, 7, p. 582).
2. *Ibidem*.

classique, de l'imitation qui renvoie à ce que Nietzsche dénoncera un peu plus tard comme l'universel abstrait du nivellement démocratique. Imiter, c'est renoncer à chercher dans la singularité du particulier (l'élément allemand) la possibilité d'une inversion du rapport entre l'art et la connaissance, entre la vie et le savoir :

> Une mosaïque de mots sans âme liés par une syntaxe européenne, voilà comment s'écrira bientôt l'élément allemand (*das Deutsche*). Notre langue nous échappe de plus en plus, et nous devrions savoir ce qu'avec elle nous perdons : l'élément allemand (*das Deutsche*) ! Nous recevons un Empire allemand au moment même où nous aurons bientôt cessé d'être allemands. L'homme européen abstrait qui imite tout et imite mal [1].

On comprend mieux alors comment ces textes de Nietzsche présentent une version sécularisée du peuple élu? Sans doute Nietzsche prend soin d'éviter la notion de peuple allemand. L'idée même de peuple est trop ambiguë, trop surinvestie de significations problématiques, voire inacceptables pour être reprise sans réserve. Aussi substitue-t-il à la relation du philosophe et du peuple [2] (comme contribution à la civilisation) la sauvegarde d'un élément (*das Deutsche*) abrité par la langue – un élément sans dette et sans héritage, que rien ne permet de replier sur un quelconque patrimoine ou une quelconque tradition nationale. Mais cet élément, même si le mot n'est pas prononcé, a tous les aspects d'une essence, celle-ci fût-elle introuvable, et peut-être même dérobée. Sa recherche reproduit, malgré elle, le vocabulaire de la pureté et de l'authenticité. C'est cette essentialisation qui constitue le ressort de la sécularisation. C'est elle qui permet d'ériger une communauté donnée, réduite à un principe abstrait, (c'est-à-dire affranchie des tensions et des conflits qui la constituent) en version sécularisée du peuple élu. Ce n'est pas en vain que Nietzsche insiste sur la fonction unificatrice de la langue, comme abri de cette essence. Sacraliser la langue, c'est rendre possible, au prix de l'oubli des toutes les différences, la fiction d'une unité et son universalisation.

La critique du nationalisme

Mais tout ceci ne constitue pas le dernier mot de Nietzsche sur la langue et sur l'esprit. Dès la rédaction de l'essai décisif *Vérité et mensonge au sens*

1. *Ibidem*, fragment 27 [24], p. 331, (KSA, 7, p. 593).

2. Cf. *Ibidem*, fragment 19 [26], p. 179, (KSA, 7, p. 424) : « Nous n'avons pas de noble philosophie populaire, parce que nous n'avons pas de noble notion du peuple *publicum*. Notre philosophie populaire est pour le peuple, non pour le public ».

extra-moral durant l'été 1873, un double mouvement s'accomplit de désacralisation de la langue et d'abandon progressif du thème de l'essence allemande (de son invocation et de son universalisation). Au contraire, c'est une critique de plus en plus féroce de toutes les formes de nationalisme, y compris le nationalisme linguistique qui prend forme. L'analyse du langage (de la double métaphorisation qui le constitue) – proposée dans l'essai de 1873 – dérobe la langue allemande à toute position de repli ou de refuge (lieu du salut) et avec elle tout espoir de donner à l'élément allemand (*das Deutsche*) quelque sens que ce soit.

Décisif est à cet égard le fragment 29 [47] qui date de ce même automne 1873 :

> La maudite âme des peuples ! Quand nous parlons de *l'esprit allemand* (*von deutschem Geiste*) nous pensons aux grands esprits allemands : Luther, Goethe, Schiller et quelques autres, non au spectre mythologique de la masse coalisée des têtes creuses, dans la ...Il vaudrait déjà mieux parler d'hommes luthériens, etc. Il faut être prudent quand on qualifie quelque chose d'"allemand". C'est en premier lieu *la langue* qu'on peut désigner ainsi, mais faire de celle-ci une expression du caractère national (*Ausdruck des Volkscharacters*), c'est du verbiage et l'idée n'a pu jusqu'à présent être appliquée à aucun peuple sans des imprécisions et des clichés fatals [...]. Il est toujours extrêmement dangereux de dire quoi que ce soit d'un peuple : en fin de compte, tout est tellement mêlé que c'est seulement plus tard qu'une unité dans la langue ou qu'une illusion d'unité se dégage. Qu'on nous parle des Allemands, de l'Empire allemand ! Les individus de langue allemande (*Deutschsprechende*), voilà aussi quelque chose. Mais des Allemands de race (*Race-Deutsche*). L'élément allemand (*Das Deutsche*), comme qualité du style artistique (*künstlerische Stileigenschaft*) reste encore à inventer ...[1].

Ce fragment appelle plusieurs remarques. – D'abord il ne renonce pas (du moins pas encore) à l'idée que l'invention d'une qualité de style artistique allemand est le meilleur moyen de redonner à l'art ses droits sur la connaissance. La rupture avec Wagner n'est pas encore accomplie. – Mais il construit toute une série de garde-fous qui vident la notion d'élément allemand de tout contenu susceptible d'ériger le peuple allemand en peuple élu. Il amorce la critique de trois notions dont le destin est lié à cette histoire douloureuse : celles d'âme des peuples, de caractère allemand

1. *Ibidem*, fragment 29 [47], p. 377, (KSA, 7, p. 645), (traduction modifiée).

et de race allemande. Du même coup, c'est aussi tout repli d'une unité linguistique sur une unité anthropologique qui se trouve caduque[1].

Il reste une étape à franchir. C'est le renoncement à l'idée que l'invention d'un *élément allemand* (*das Deutsche*) – celui-ci dût il se confondre avec une qualité de style artistique – constitue la voie du salut (*Rettung*) – c'est-à-dire finalement le moyen de dépasser le nihilisme. Nietzsche ne la franchira pas sans d'extrêmes difficultés, ainsi qu'en témoignent ses derniers opuscules : *Le cas Wagner*, *Crépuscule des idoles*, *Ecce Homo* ou *Nietzsche contre Wagner*, mais aussi les fragments posthumes des dernières années de sa vie lucide. Dans ces textes, en effet, plusieurs thèmes s'entrecroisent, qui attestent ce franchissement.

– Il s'agit d'abord du regard rétrospectif que Nietzsche porte sur ses premières œuvres, notamment sur *La naissance de la tragédie*. Au nombre des faiblesses qu'il lui reconnaît figure la croyance à l'esprit allemand. C'est ainsi qu'il écrit dans un fragment posthume du printemps 1888 :

> Cette œuvre se donne des airs "allemands" et même "fidèles au Reich" – elle croit même encore à l'esprit allemand (*sie glaubt selbst noch an den deutschen Geist*) ! sa nuance est qu'elle est allemande-antichrétienne : on y lit "mais la pire douleur, pour nous – c'est l'interminable avilissement où l'esprit allemand devenu étranger à sa demeure et à sa terre natale, a vécu au service des nains perfides."[2] Ces nains perfides, ce sont les prêtres. – Dans un autre passage, on se demande si l'esprit allemand sera encore assez fort pour reprendre conscience de lui même; s'il saura encore s'appliquer sérieusement à l'élimination des éléments étrangers; ou bien s'il continuera à se consumer en efforts maladifs, comme une plante malsaine qui dépérit. Dans ce livre, la transplantation dans le cœur allemand d'un mythe aussi profondément anti-allemand que le mythe chrétien apparaît comme la vraie fatalité allemande (*das eigentlich deutsche Verhängnis*)[3].

Ce texte appelle plusieurs remarques. – Il fait allusion à un passage de *La Naissance de la tragédie* dans lequel Nietzsche identifie « la renaissance prochaine de l'esprit hellénique (*unsern Glauben an eine noch bevorstehende Wiedergeburt des hellenischen Alterthums*) » et « l'espoir que nous avons d'un renouveau et d'une purification de l'esprit allemand par le jeu magique de la musique (*unsere Hoffnung für eine Erneuerung und Laüterung des deutschen Geistes durch den Feuerzauber der Musik*) ».

1. Sur cette disjonction de l'unité linguistique et de l'unité anthropologique, on peut voir aussi le travail qu'accomplit, presque à la même époque, Ernest Renan.

2. Il s'agit du § 20 de *La naissance de la tragédie*, Paris, Gallimard, tome I, p. 134.

3. Nietzsche, *Fragments posthumes, début 1888* – début janvier 1889, Paris, Gallimard, tome XIV, fragment 14 [20], p. 33, (KSA, 13, p. 227).

– Ce faisant, c'est cette foi et cet espoir qu'il met en question – c'est-à-dire deux des dimensions essentielles de la thématique du salut. La croyance en l'esprit allemand ne fait rien d'autre que substituer une foi à une autre. Elle porte encore l'ombre du Dieu chrétien. C'est à ce compte que le nationalisme est une tentative catastrophique (et vouée à l'échec) pour sortir du nihilisme. – En renvoyant, par le biais de la citation à la question de la musique allemande, Nietzsche nous indique la piste la plus éclairante pour comprendre le chemin qu'il parcourt, de *La naissance de la tragédie* à ces derniers textes, pour se défaire de cette croyance : la transformation du regard qu'il porte sur la musique et la pensée de Wagner.

– S'il est, en effet, une critique nietzschéenne de la thématique du salut (et de sa résurgence dans les sacralisations « nationales » de la langue, de l'esprit, du génie), c'est dans sa confrontation de plus en plus difficile avec l'œuvre de Wagner qu'elle s'exprime avec le plus de force. Il est significatif qu'au moment de régler ses comptes avec cette œuvre, Nietzsche retrouve (en partie) la définition de la tâche qui incombe au philosophe, telle qu'il l'avait exprimée 15 ans plus tôt, à l'époque des *Considérations inactuelles* : l'inactualité.

> Qu'exige un philosophe, en premier et dernier lieu, de lui même ? De triompher en lui-même de son temps, de se faire "intemporel". Sa plus rude joute, contre quoi lui faut-il la livrer ? Contre ce qui fait de lui un enfant de son siècle[1].

Sauf qu'alors l'inactualité ne se laisse plus penser ni vivre de la même façon. Être inactuel, cela ne veut plus dire substituer à "l'avilissement de l'esprit allemand" un esprit plus authentique, qui permette à l'Allemagne d'incarner le renouveau de la civilisation hellénique, cela ne veut plus dire attendre de la langue et de la musique allemande, objets de vénération, l'espoir d'une purification de l'esprit – c'est-à-dire d'un salut, d'une véritable rédemption. Être inactuel, c'est comprendre que cette foi et cet espoir (fussent-ils affranchis du christianisme) portent encore l'ombre de ce qu'ils cherchent à détruire. C'est poursuivre la destruction du christianisme jusqu'aux ultimes formes sécularisées de la foi, de l'espérance et du salut.

Du même coup, c'est aussi la figure et l'œuvre de Wagner qui (comme celles de Schopenhauer) changent de sens. Tandis que l'un et l'autre étaient, à la fin des années 1870, des modèles d'inactualité, ils deviennent (Wagner, en premier lieu) une illustration de ce qu'il y a de plus actuel, de trop actuel dans la culture allemande, et même plus largement européenne. Un des nombreux passages de *Ecce Homo* dans lesquels Nietzsche revient sur sa relation avec l'un et l'autre le dit explicitement :

1. Nietzsche, *Le cas Wagner*, Paris, Gallimard, tome VIII, p. 17, (KSA, 6, p. 11).

> Se venger de la vie en s'en prenant à la vie même, c'est là pour ces appauvris l'ivresse la plus voluptueuse... Wagner, tout comme Schopenhauer, répond au double besoin de ces derniers – tous ceux qui disent non à la vie : ils la dénigrent, et en cela ils sont mes antipodes [1].

Cette actualité, Nietzsche lui donne alors un nom qui occupe, dans les fragments posthumes des années 1888-1889, une place considérable : la décadence. Or rien n'est plus durablement décadent que les diverses figures que peut prendre l'espoir de la Rédemption. Rien n'est plus décadent que les multiples formes de sacralisation auxquelles donne lieu l'espérance d'un salut. C'est même sur cette ligne de partage que Nietzsche entend marquer sa différence avec Wagner. Faisant allusion à ce qu'il tiendra toujours pour son œuvre majeure : *Ainsi parlait Zarathoustra* [2], il rappelle que son héros n'a rien d'un prophète et que, dans les pages de ce livre, « on n'exige pas de foi » – par opposition à tous ceux qui, faisant figure de sauveur du monde (et cela vaut en premier lieu pour Wagner [3]), sont des décadents.

Mais le lien que fait Nietzsche entre Wagner (ou le Wagnerisme) et le nationalisme est en réalité encore plus ténu et il mérite qu'on l'examine en profondeur. Trois points méritent en fait d'être retenus.

– D'abord, comme on l'a suggéré plus haut, c'est le rapport entre l'artiste et l'appartenance à un peuple qui se trouve inversé. Un passage significatif de *Par delà le bien et le mal* (§ 256) est sur ce point riche d'éclaircissements. Faisant du « désir d'unité de l'Europe » le sentiment qui permet de distinguer dans le siècle les hommes qui ont le plus contribué au progrès de la civilisation, il cite d'abord les noms de Goethe, Beethoven, Stendhal, Heine, Schopenhauer. Mais il ajoute aussi, non sans réticence, celui de Wagner :

1. Nietzsche, *Nietzsche contre Wagner*, Paris, Gallimard, tome VIII, p. 357-358, (KSA, 6, p. 425).

2. Nietzsche, *Ecce Homo*, Paris, Gallimard, tome VIII, p. 241, (KSA, 6, P260).

3. Voir à ce sujet *Le cas Wagner*, dans lequel le motif du salut peut servir de fil conducteur à la critique de Wagner, comme décadent. Et notamment cette parodie (*op. cit.*, p. 32, KSA, 6, p. 26) : « L'homme court à sa perte. Qui le rachètera ? *Qu'est-ce qui le sauvera* ? Ne répondons pas. Soyons prudents. Réfrénons notre ambition, qui voudrait fonder des religions. Mais personne ne doit douter que c'est *nous* qui le sauverons, que seule *notre* musique est le salut ... ». Que le pronom personnel de la première personne du pluriel soit en italiques ne doit pas nous échapper. Il marque assez que cette thématique du salut par la musique n'est pas seulement rapportée à l'individu Richard Wagner, mais plus largement à la musique allemande, en tant que telle, c'est-à-dire à la musique de Richard Wagner, en tant qu'elle prétend en exprimer la quintessence.

> Qu'on ne m'en veuille pas si je joins à leurs noms celui de Richard Wagner, sur le compte duquel les malentendus qu'il a lui-même créés ne doivent pas nous égarer, – des génies comme le sien ont rarement le droit de se comprendre eux-mêmes[1].

Loin d'être « les plus profonds caractères de l'esprit germanique[2] », Schopenhauer et Wagner n'ont de valeur qu'en tant qu'ils incarnent l'« Européen de l'avenir[3] ».

Déjà un fragment de *Humain, trop humain II* (§ 323) – au titre éloquent : « Être bon Allemand, c'est se dépouiller du germanisme (*sich entdeutschen*) » – avait opéré, de façon plus générale encore cette inversion. Faire œuvre de civilisation exigeait qu'on surmonte toutes les qualités attribuées à un caractère national. Et cela ne voulait plus dire lui en substituer d'autres plus conformes à un esprit authentique ou à une essence introuvable, mais en importer de nouvelles, radicalement étrangères :

> C'est ainsi que le recours aux qualités non allemandes (*die Wendung zum Undeutschen*) a toujours été la caractéristique des bons esprits de notre peuple[4].

Les termes allemands : *entdeutschen* et *Undeutschen* (dont la traduction française ne rend pas le jeu avec *das Deutsche*) disent assez la force de la rupture avec l'espérance de salut que portaient les textes de 1873. Ils permettent aussi de comprendre à quel point le repli de Wagner sur les valeurs et le caractère allemands relève d'une véritable trahison – celle précisément de sa dimension européenne, seule susceptible, aux yeux de Nietzsche, d'œuvrer à la civilisation. Encore faut-il saisir d'où elle procède.

– À cette question Nietzsche consacre d'innombrables textes. Il ne cesse d'y revenir, comme si cette « germanisation » de Wagner constituait l'une des plus graves pierres d'achoppement avec sa musique. Elle tient d'abord aux virtualités de l'Europe elle-même qui porte en elle autant l'aspiration à l'effacement des frontières que la réaction régressive et catastrophique à cet effacement. La « trahison » de Wagner, c'est d'avoir finalement (et de plus en plus) choisi dans Europe ce qu'il y avait de plus régressif et de réactif – c'est-à-dire, dans un lien décidément indissoluble, le « catholicisme du

1. Nietzsche, *Par delà le bien et le mal*, § 256, Paris, Gallimard, tome VII, p. 177, (KSA, 6, p. 202).

2. Cf. *supra*.

3. *Ibidem* : « Tous les hommes vastes et profonds de ce siècle aspirèrent au fond, dans le secret travail de leur âme, à préparer cette synthèse nouvelle et voulurent incarner, l'Européen de l'avenir : les « patries » (*Vaterländern*) ne furent pour eux qu'un prétexte et ils ne leur appartinrent qu'aux heures de faiblesse, par exemple dans leur vieillesse ».

4. Nietzsche, *Humain, trop humain II*, Paris, Gallimard, tome III, p. 146, (KSA, 2, p. 512).

sentiment » et « le plaisir pris à toutes sortes de caractères et de figures originaires indigéno-nationales (*die Lust an allem heimisch-nationalen Wesen und Urwesen*) »[1] :

> L'appropriation par Wagner des anciennes légendes du terroir, sa fantaisie disposant pour les anoblir à sa guise de leurs dieux et héros si étrangers de nature – ce sont à vrai dire des bêtes de proie, avec des velléités de profondeur, de générosité, de dégoût de vivre – l'âme nouvelle insufflée à ces figures auxquelles il donne de surcroît la soif chrétienne et médiévale de sensualité extatique et de dépouillement sensuel, toute cette manière wagnérienne de prendre et de donner, sujets, âmes, figures et paroles, exprime nettement aussi l'esprit de sa musique[2].

Autant dire que la position wagnérienne (le choix du « national ») n'est finalement rien d'autre qu'un sacrifice à l'esprit du temps, porté à la construction sacralisée de l'identité nationale. Ce que Nietzsche finit par retrouver chez Wagner, c'est cette même auto-glorification qu'il fustigeait au départ. Ce qu'il avait pu prendre un temps pour l'expression d'un caractère allemand authentique n'échappe pas à la règle. Il n'y a donc pas de différence d'essence entre une authenticité allemande et une non-authenticité. Toute pensée qui s'aventure dans cette direction se prend à son propre piège.

– On comprend alors que le ton des derniers textes consacrés à Wagner, dans *Ecce Homo,* soit si violent – et qu'ils reviennent encore une fois sur le lien entre wagnérisme et nationalisme. C'est dans les pages que ce dernier livre consacre au résumé du *Cas Wagner*, publié peu de temps auparavant, que se trouve la charge la plus dure contre l'Allemagne et le nationalisme allemand. À nouveau, il est question de l'esprit, ou plutôt de la recomposition nationaliste de l'histoire autour de quelques grands esprits – de cette appropriation (qui est à la fois une sacralisation et une falsification) de noms et de dates : la Réforme et Luther, Kant et l'idéalisme, Wagner qui n'est pas cité à cet endroit précis, mais dont le nom introduit la diatribe, comme si son intégration à cette histoire nationale falsifiée – à cette auto-sacralisation de l'esprit allemand – était, le mot de la fin :

> L'esprit allemand est un air qui ne me vaut rien, à moi (*der deutsche Geist ist meine schlechte Luft*) : j'ai peine à respirer à proximité de cette improbité psychologique assez malpropre, devenue instinct, et qu'un Allemand trahit à chaque parole, à chaque expression[3].

1. *Op. cit.*, § 171, p. 88, (KSA, 2, p. 451), traduction modifiée
2. *Ibidem.*
3. Nietzsche, *Ecce Homo, op. cit.*, p. 329, (KSA, 6, p. 361).

Le sens de la critique du nationalisme

On aura compris que le mouvement de désacralisation se poursuit encore au-delà de la critique de Wagner et qu'il a d'autres enjeux. Il atteint son point culminant dans l'abandon de l'idée selon laquelle l'Allemagne, mais aussi n'importe quel peuple, seraient investis d'une mission universelle et devraient se montrer à la hauteur de cette mission. Le passage du *Crépuscule des Idoles* intitulé : « ce qui manque aux allemands » est, à ce compte, particulièrement éclairant. Sans doute, il renouvelle le constat d'une faillite de l'esprit allemand. Il déplore encore (ce qui n'est pas sans poser de problèmes) le déclin du sérieux allemand, de la profondeur allemande, de la passion allemande pour les choses de l'esprit. Mais ce n'est plus pour en espérer le renouveau ou en attendre le réveil. C'est pour constater, plus simplement, que « le centre de gravité » de l'esprit s'est déplacé, qu'il n'habite plus l'Allemagne, mais d'autres pays d'Europe. Au thème messianique de l'élection de l'Allemagne (des responsabilités de l'esprit allemand pour l'avenir de la civilisation) se substitue celui du *devenir de l'Europe* [1] – un devenir qui ne se laisse plus penser en termes de salut. Alors, c'est l'idée même de « peuple élu » qui disparaît et, avec elle, toute sacralisation possible de la langue ou de l'esprit, rapportés à une origine ou une communauté données.

De fait, c'est sur le problème de l'Europe qu'il nous faut conclure cette étude de la question du nationalisme dans les textes de Nietzsche. Comme toutes ses prises de position sociales et politiques (c'est notamment le cas des questions tant débattues de l'antisémitisme et du discours sur les races), cette question ne peut être envisagée indépendamment d'un parcours accompli de l'enfance à la maturité. Pour peu qu'on prenne à la lettre l'exigence de devenir celui qu'on est, cette exigence concerne éminemment les sentiments d'appartenance et d'identité. Devenir celui qu'on est, c'est d'abord débarrasser l'épithète « allemand » de toute l'autoglorification qui l'accompagne dans les années 70 – au nom d'un art allemand à venir, d'une musique dans laquelle s'incarne l'esprit de la civilisation. C'est alors rompre avec des attaches sociales et familiales pesantes pour fonder ses espoirs dans une autre Allemagne (une Allemagne dont les Allemands ne veulent pas et dont il faut prendre à tout prix la défense : celle de la musique de Wagner et de la philosophie de Schopenhauer). Mais cette première rupture est insuffisante. Il faut ensuite aller plus loin dans la destruction,

1. Cf. Nietzsche : *Crépuscule des idoles*, Paris, Gallimard, tome VIII, p. 104, (KSA, 6, p. 106) : « Dans l'histoire de la culture européenne, l'avènement du "*Reich*" signifie avant tout *un déplacement du centre de gravité* (*eine Verlegung des Schwergewichts*). On le sait déjà partout : pour l'essentiel (qui reste la culture), les Allemands ne jouent plus aucun rôle ».

s'arracher à cette espérance même – et à la foi qu'elle implique dans la renaissance de l'esprit allemand – ce qui signifie rejoindre la cohorte des « sans-patrie ». Comprendre enfin que cette rupture avec tout sentiment d'appartenance nationale, ce refus de replier la vocation de l'artiste et du philosophe sur le destin d'une communauté donnée sont une condition *sine qua non* pour surmonter le nihilisme.

On aura deviné que ce parcours, qui appartient au devenir de Nietzsche lui-même, ne peut s'achever autrement que par la lecture de l'extraordinaire § 377 du *Gai savoir* : « Nous autres "sans patrie" (*Wir heimatlosen*) ». Dans ce texte, la critique du nationalisme constitue, en effet, le pendant du procès des idéaux démocratiques : « l'égalité des droits », « la société libre ». L'un et l'autre relèvent de cet affaiblissement de la force, de cet appauvrissement de la vie qui sont l'essence même du nihilisme. Mais tandis que la démocratisation de l'Europe se traduit par un nivellement général qui – en tant qu'il libère une réserve de forces – constitue le terrain le plus favorable à l'apparition du surhomme[1], le nationalisme que qualifient les termes de « fièvre », de « fureur », de « folie », de « névrose » se présente comme un véritable gaspillage de la force. Il est cette tentative catastrophique pour sortir du nihilisme, qui n'a d'autre issue que de le reconduire – dans la mesure où les valeurs qu'il instaure sont profondément réactives, et où la foi qu'il propose porte encore l'ombre du christianisme. C'est à ce compte que Nietzsche peut parler à son sujet de « petite politique » par opposition à la « grande politique » qui, elle, ne se trompe pas dans les moyens nécessaires pour dépasser le nihilisme. La grande politique consiste à assumer pleinement les conséquences du nihilisme – en tant qu'héritage européen (en tant que figure actuelle de l'Europe) – sans chercher, par des constructions historiques et psychologiques illusoires, à lui échapper. Elle suppose qu'on prenne la mesure de ce qui a été (les patries, le sang, les États) et qui n'est plus :

> Nous autres sans-patrie, nous sommes quant à la race et quant à l'origine, trop nuancés et trop mélangés, en tant que "hommes modernes" et par conséquent trop peu tentés de prendre part à cette débauche et à ce mensonge de l'auto-idolâtrie raciale qui aujourd'hui s'exhibe en Allemagne en tant que signe distinctif des

1. Voir à ce sujet le § 242 de *Par delà le bien et le mal*, *op. cit.*, p. 161, (KSA, 5, p. 183) : « Les conditions nouvelles qui entraîneront en gros l'apparition d'hommes tout pareils et pareillement médiocres – hommes grégaires utiles, laborieux, diversement utiles et adroits – sont éminemment propres à donner naissance à des hommes d'exception du genre le plus dangereux et le plus séduisant ».

> vertus allemandes et qui chez le peuple du "sens historien" donne doublement l'impression de la fausseté et de l'inconvenance[1].

Elle suppose, en ce sens, le travail accompli du psychologue et du moraliste.

Le nationalisme, à l'inverse, est « une petite politique » parce qu'il n'a rien mesuré, rien retenu de ce travail. Il prétend entretenir une mémoire, sans avoir rien compris de ce qui est en question dans l'héritage. Il n'est finalement pas autre chose qu'un façon supplémentaire de se masquer la face, de dire encore une fois (une dernière fois peut-être) non à la vie.

Il reste que la grande politique dessine à l'horizon l'esquisse d'une nouvelle communauté – un « nous » inédit qu'on ne saurait replier sur aucune identité, aucun peuple, aucune nation. Aucune mémoire commune ne la soude, sinon celle de la critique accomplie, des perspectives entrevues par la psychologie. Qu'est-ce alors qui en fonde la solidarité ? Quel est le sens de ce « nous » à venir – que Nietzsche invoque à tant de reprises, et sous tant de formes ? La réponse du § 377 est sans équivoque : « une croyance » – la croyance en une nouvelle époque, un nouvel avenir ? Est-ce à dire que, de la structure messianique du nationalisme, demeure encore la dimension de la croyance et de la prophétie, que la force de la « grande politique » est d'être un messianisme sans peuple élu ? la question reste ouverte.

1. Nietzsche, *Le gai savoir*, Paris, Gallimard, tome V, p. 287 (KSA, 3, p. 630).

CHAPITRE III

LES PROMESSES D'UN MOT : LA GRÈVE GÉNÉRALE [1]

SOREL, LECTEUR DE NIETZSCHE

S'il est une œuvre qu'on ne s'attendrait pas à trouver dans les polémiques souvent très vives qui divisent le socialisme, au début du siècle dernier, c'est bien celle de Nietzsche. Sa critique de l'idéal d'une société libre est si radicale et sans nuance qu'on voit mal, au départ, comment tel ou tel courant aurait pu s'en réclamer. Même en France, cette critique ne passe pas inaperçue. En 1902, Alfred Fouillée lui consacre, dans la *Revue des deux mondes* un article intitulé « Les idées sociales de Nietzsche » [2] qui cite abondamment quelques-uns des jugements les plus sévères que l'auteur d'*Ainsi parlait Zarathoustra* a proférés sur le compte de cet idéal. Il rappelle, non sans certaines simplifications, l'hostilité de Nietzsche à l'encontre du principe d'égalité des droits et son refus de reconnaître dans l'idée de justice sociale le moteur du progrès. Aussi la place que Georges Sorel consacre à Nietzsche dans les *Réflexions sur la violence* (1907) est-elle déjà une quasi-provocation.

Et pourtant, elle n'a rien d'arbitraire. Si Sorel cite Nietzsche avec tant d'insistance, c'est qu'il trouve dans son œuvre, et notamment dans *La Généalogie de la morale*, des éléments de réponse à une question qui reste un des fils conducteurs privilégiés de sa réflexion, mais qui constitue aussi, sans aucun doute, un des enjeux majeurs de la philosophie politique,

1. Ce texte, sous une forme sensiblement différente, a d'abord fait l'objet d'une communication dans un colloque organisé par Frédéric Worms à Lille en octobre 2000, et intitulé « Le Moment 1900 en philosophie ». Cette version antérieure (qui privilégie une autre problématique) est reprise dans les actes de ce colloque, sous le titre : « Qui sont les maîtres de l'avenir ? ».

2. Cet article a été repris dans un volume récent : *Nietzsche 1892-1914*, sous la direction de Bruno de Cessole et Jeanne Caussé, Maisonneuve et Larose, Éditions des Deux Mondes, Paris, 1997, p. 219-248.

au tournant du siècle. Cette question, il la formule dans les termes suivants, dans le dernier chapitre des *Réflexions sur la violence*, au lieu où précisément le nom de Nietzsche apparaît à plusieurs reprises, et il y voit l'une des plus difficiles qui s'imposent à lui : « Nous allons nous demander comment il est possible de concevoir le passage des hommes d'aujourd'hui à l'état de producteurs libres travaillant dans un atelier débarrassé de maîtres [1] ». Or cela revient à dire que le socialisme n'a pas de sens en dehors d'une promesse : celle d'affranchir la classe ouvrière de toute situation de domination – ou, plus largement, celle de créer une société qui ne connaisse pas de relation entre maîtres et esclaves. La question devient alors : à quelles conditions l'émancipation que le socialisme propose n'est-elle pas un leurre – un leurre qui n'aurait d'autre effet que de maintenir, une fois encore, une relation de cet ordre ?

Il ne suffit pas de critiquer, comme toute une tradition de pensée socialiste a su le faire, les maîtres du présent, il faut encore se garantir contre ceux de l'avenir – c'est-à-dire contre une permanence à venir de la figure du maître. Toute la difficulté du socialisme vient de ce que, précisément, cette figure, chaque fois qu'on la croit disparue, fait encore retour. Il s'expose donc à une récurrence du passé qui court-circuite l'avenir. Sauf à rester fidèle à sa promesse – ce qui veut dire : préserver, par tous les moyens, la perspective d'une disparition radicale des relations de domination. Pour Sorel, c'est cette garantie qui n'est plus assurée quand les socialistes se proposent pour but la conquête du pouvoir, par des moyens démocratiques. Leurs pactes, leurs compromissions, leurs faiblesses n'ont d'autre sens que de se rendre acceptables aux maîtres du présent comme maîtres de l'avenir.

Comment le socialisme peut-il reste fidèle à sa promesse ? Telle est finalement la question qui hante les *Réflexions sur la violence* – et ce, principalement, quand elles croisent *La Généalogie de la morale*. Au tournant du siècle, à la veille de la Grande Guerre, à une époque où les grèves sont souvent violentes, elle prend une résonance particulière. Mais elle compte déjà, vingt-cinq ans plus tôt, parmi celles qui nourrissent les soupçons de Nietzsche dans d'autres livres que Sorel ne cite pas explicitement. Sauf qu'alors, il ne s'agit pas, pour l'auteur de *Humain, trop humain* de « sauver » le socialisme, mais de montrer le caractère artificiel de sa promesse – de soupçonner, dans la promesse d'une société d'hommes égaux et libres – un ressentiment contre le temps et un désir de vengeance. Et pourtant, au-delà du jeu des citations et de l'apport théorique précis (la doctrine du maître et de l'esclave de *La Généalogie de la morale*), il existe, en dépit de cette opposition radicale, certaines affinités entre la critique

1. Georges Sorel, *Réflexions sur la violence*, Paris, Le Seuil, 1990, p. 241.

nietzschéenne du socialisme et la critique sorélienne du parlementarisme socialiste – c'est-à-dire de la trahison, par les socialistes eux-mêmes, de leur promesse. Le paradoxe est que c'est dans l'œuvre de Nietzsche que Sorel va chercher l'outil théorique nécessaire pour surmonter cette trahison – des éléments de doctrine qui, en dépit de tout ce qu'ils ont d'étranger au socialisme, permettent de restaurer le sens de sa promesse. Et ce sens, c'est un mot qui s'en trouve investi, un mot qui n'a rien à voir avec la pensée de Nietzsche – un mot qui est davantage qu'un mot d'ordre et un slogan, puisqu'il concentre en lui toutes les espérances et les attentes d'un mythe : la grève générale.

LES SOCIALISTES ADVERSAIRES DE L'ÉMANCIPATION

Le premier point de convergence entre les analyses nietzschéenne et sorélienne du socialisme porte sur le caractère réel de l'émancipation que celui-ci se propose d'apporter. Celle-ci doit être mise en doute dès lors que les socialistes cèdent à la fascination de l'État, même si, pour l'un et l'autre, cette fascination a des origines différentes. Pour Nietzsche, en effet, elle est le symptôme de ce que, derrière un optimisme de façade, derrière cette confiance naïve dans le progrès que représente la revendication universelle du bonheur et de l'égalité pour tous, se cache un sentiment de vengeance : la volonté de se venger de ceux qui possèdent. Revendiquer l'égalité des droits, c'est chercher à prendre sa revanche sur un ancien partage de la propriété, c'est exiger sa part en lui donnant des garanties telles qu'elle ne pourra plus être réclamée. La convoitise, le désir de possession sont les motivations les plus profondes de l'idéal d'une société libre, quand il émane de ceux qui ne possèdent rien.

> Il se peut que des représentants nobles (mais pas précisément très clairvoyants) de la classe dirigeante prennent l'engagement suivant : « nous allons traiter les hommes en égaux » ; une orientation d'esprit socialiste, reposant sur la justice, est possible en ce sens, mais seulement, on l'a dit, au sein de la classe dirigeante, qui, dans ce cas, pratique la justice en même temps que sacrifices et abnégation. Revendiquer l'égalité des droits, comme font les socialistes de la caste assujettie, n'est plus du tout l'émanation de la justice, mais bien celle de la convoitise. – Quand on montre de près des morceaux de viande saignante au fauve, puis qu'on les

> retire, tant qu'à la fin il se met à rugir : croyez-vous que ce rugissement veuille dire justice[1]?

En dernier ressort, c'est même la situation à l'égard de la possession qui constitue l'explication la plus sûre de la plupart des choix politiques. La distinction se fait entre esprits possédants et esprits révolutionnaires. Et les uns ne se définissent pas indépendamment des autres. Plus la possession devient effectivement le seul critère de distinction, plus elle se fait arrogante (avec le souci de toujours mieux marquer les distances), plus les idées socialistes trouvent chez ceux qui en sont écartés un terreau favorable. La conséquence en est que la hiérarchie des valeurs ne se trouve en rien renversée. Ce que Nietzsche reproche, dans le fond, au socialisme, c'est de partager les mêmes valeurs que les « possédants », de ne trouver aucune alternative à cette domination et cette fascination de la possession sur les esprits. C'est de n'être rien d'autre qu'une réaction à la possession[2]. Comme l'indique le § 317 de *Opinions et sentences mêlées* : « la possession possède », et elle possède jusqu'à ceux-là même qui font profession de s'opposer à elle.

La rançon de ce désir de possession est la fascination pour le moyen que se sont donné les classes possédantes pour garantir leurs possessions : l'État. À terme, c'est sur l'institution étatique elle-même que se focalise et se concentre le désir de possession, garante du bonheur pour tous. L'État est à la fois ce qui nourrit ce désir, un moyen pour le satisfaire et aussi, comme le rappelle *Ainsi parlait Zarathoustra*[3] le meilleur instrument pour le déguiser. En faisant croire qu'il est l'émanation du peuple, qu'il n'existe que pour le bien du peuple, ceux qui s'emparent de l'État masquent les principales motivations de leur conquête du pouvoir : disposer d'un

1. Nietzsche, *Humain, trop humain I*, § 451, in *Œuvres philosophiques complètes*, Paris, Gallimard, 1967-97 (désormais *OPC*), tome III, 1, p. 270, *Kritische Studienausgabe* (désormais *KSA*), Walter de Gruyter, Berlin-New York, 1967-77, vol. 2, p. 293.

2. Cf. Nietzsche, *Opinions et sentences mêlées, Humain, trop humain II*, § 304, *OPC*, tome III, 2, p. 138, (*KSA*, 2, p. 503) : « Si, tels que vous êtes, vous n'aviez ni votre fortune ni le souci de la conserver, cette mentalité là ferait de vous des socialistes : seule la possession vous distingue de ceux-ci – c'est vous-mêmes qu'il faut commencer par vaincre si vous voulez vaincre, d'une manière ou d'une autre, les ennemis de votre prospérité. Et si encore cette prospérité était un réel bien-être ! Elle ne serait pas si extérieure, ne provoquerait pas tellement l'envie, elle serait plus encline aux partages, à la bienveillance, aux compensations, aux secours. Mais le côté inauthentique et exhibitionniste des plaisirs de votre existence, qui résident plutôt dans le sentiment du contraste (c'est que les autres ne les aient pas et vous les envient) que dans le sentiment d'une satisfaction et d'une élévation de votre force [...] voilà les germes propageant le poison de cette maladie du peuple qui contamine maintenant la masse de plus en plus vite sous la forme de gale socialiste du cœur, mais qui a en vous son origine et son foyer ».

3. Voir, dans la première partie, le chapitre intitulé : « De la nouvelle idole ».

formidable moyen d'accaparement des honneurs et des biens, un accélérateur de l'enrichissement. C'est ainsi que la puissance étatique devient une fin en elle-même.

> Le socialisme est le frère cadet et fantasque du despotisme agonisant, dont il veut recueillir l'héritage ; ses aspirations sont donc réactionnaires, au sens le plus profond, car il désire la puissance étatique à ce degré de plénitude que seul le despotisme a jamais possédé. Il surenchérit même sur le passé en visant à l'anéantissement pur et simple de l'individu : lequel lui apparaît comme un luxe injustifié de la nature qu'il se croit appelé à corriger pour en faire un organe utile de la communauté. À cause de cette affinité, il se montre toujours au voisinage de tous les déploiements excessifs de puissance, comme le vieux socialiste type Platon, à la cour du tyran de Sicile[1].

Pour Sorel aussi, la crédibilité de l'émancipation qu'il propose doit occuper une place centrale dans la critique du socialisme. Deux formes doivent être opposées. La première se confond avec la croyance optimiste dans la capacité d'une série de réformes à dessiner la ligne d'un progrès social continu. La seconde s'identifie à une marche pessimiste vers la délivrance et elle ne conçoit pas que celle-ci puisse advenir autrement que dans une catastrophe finale. La première voit dans la conquête du pouvoir, au moyen des élections, la seule façon légitime de parvenir à ses fins (Jaurès en est, pour Sorel, l'incarnation). La seconde met toutes ses espérances dans la grève générale et la Révolution. Elle prend la figure du syndicalisme révolutionnaire. Les *Réflexions sur la violence*, on le sait, n'ont d'autre fin que de présenter cette seconde voie comme la seule forme crédible et « morale »[2] d'émancipation des travailleurs, et de justifier la violence qu'elle préconise.

Or cette distinction décisive entre optimisme et pessimisme, réforme et Révolution appelle deux remarques. La première est qu'elle recouvre, dans l'esprit de Sorel, deux attitudes divergentes par rapport à l'État. À jouer le jeu d'une conquête légitime du pouvoir, par les moyens démocratiques, le socialisme réformiste finit par faire de la conquête du pouvoir une fin en soi, et cède à la superstition de l'État. À supposer qu'il parvienne effectivement au pouvoir, il n'a pas d'autre moyen que de renforcer les institutions étatiques pour faire accepter des réformes qui ne remplissent pas les promesses qui l'ont mené au pouvoir. Il lui faut à la fois rassurer,

1. Nietzsche, *Humain, trop humain I*, § 473, éd. cit., tome III, 1, p. 283 (*KSA*, 2, p. 307).

2. Nous reviendrons plus loin sur l'importance qu'il faut accorder à ce terme. Notons toutefois, au passage, que Sorel définit cette marche vers la délivrance, ce pessimisme comme « une métaphysique des mœurs », *op. cit.*, p. 11.

endormir les classes possédantes, en les assurant qu'elles n'ont rien à redouter, et faire patienter les autres. D'où le refus de toute autre violence que celle que l'État organise lui-même, chaque fois que, dans l'incapacité de répondre au besoin de justice et d'égalité, il doit recourir à la force pour préserver la « paix sociale ». Mais alors, il signifie seulement que le prolétariat n'est, entre ses mains, rien d'autre qu'une armée dont il exige discipline et soumission. La préservation de l'État (du pouvoir qu'il donne et des avantages qu'il procure) s'identifie alors à l'émancipation dont elle ne devait être qu'un moyen. Elle subsitue à la promesse d'une société sans maître ni esclave la promesse d'une paix (dans laquelle un camp seulement serait désarmé) entre les uns et les autres.

> Le renforcement de l'État est à la base de toutes leurs conceptions. Dans leurs organisations actuelles, les politiciens préparent déjà les cadres d'un pouvoir fort, centralisé, discipliné, qui ne sera pas troublé par les critiques d'une opposition, qui saura imposer le silence et qui décrétera ses mensonges[1].

À l'inverse, le syndicalisme révolutionnaire ne vise pas à l'appropriation de l'État et de ses moyens, mais à son renversement. C'est même, aux yeux de Sorel, ce qui distingue la violence légitime des grévistes de celle des révolutionnaires de 1793[2].

La deuxième remarque qu'impose la critique sorélienne de la conservation et de la préservation de l'État, voire de sa fascination, est qu'elle donne à la défense de la lutte des classes un relief particulier. On sait que l'un des objectifs théoriques poursuivis par les *Réflexions sur la violence* est de dénoncer dans le socialisme réformiste une stratégie de détournement, et même de contournement de la lutte des classes. Ce que Sorel soupçonne chez les tenants de la paix sociale, comme Jaurès, c'est de vouloir à tout prix trouver un compromis avec la bourgeoisie, de chercher à rapprocher la classe possédante et les prolétaires, dans un juste milieu, d'amoindrir la force des uns autant que celle des autres. Or le principal résultat d'une telle stratégie (de renoncement à la lutte des classes et au renversement de l'État) est de ne rien changer aux rapports de domination. Quelle que soit l'issue du jeu pour la conquête du pouvoir, les maîtres restent les mêmes. Et Sorel décrit à l'envie comment les mœurs des socialistes parvenus au pouvoir ne se distinguent en aucune manière de ceux des classes possédantes. Il ne faut pas longtemps pour qu'ils

1. Georges Sorel, *op. cit.*, p. 165.

2. Cf. Georges Sorel, *op. cit.*, p. 109 : « On ne saurait confondre les violences syndicalistes exercées au cours des grèves par des prolétaires qui veulent le renversement de l'État avec ces actes de sauvagerie que la superstition de l'État a suggérés aux révolutionnaires de 1793 ».

ressemblent davantage à ceux-là même qu'ils combattaient qu'à ceux qui les ont élus, exigeant du prolétariat le sens du devoir, la discipline et le silence.

Tel est finalement le sens que Sorel donne à l'idéal de « paix sociale ». Il n'est rien d'autre qu'une confiscation de la parole. Et ce n'est pas seulement parce qu'il cherche à faire taire les revendications ouvrières – c'est aussi qu'avec lui disparaît ce qui donnait au discours socialiste sa dimension eschatologique : l'espérance d'une délivrance. Le problème se posait dans les termes suivants : peut-on changer les rapports de domination en gardant les institutions, sans que ce changement soit un leurre ? Ou encore : À quelles conditions cesse-t-on d'être l'esclave d'un maître ? À la première question, Sorel répond par la négative. À la seconde, il montre que le socialisme réformiste n'entend pas apporter de réponse, qu'il ne s'agit pas pour lui de mettre fin à la domination du prolétariat, mais simplement de rendre plus vivables, plus confortables, moins dangereux les rapports de domination – de faire en sorte que les maîtres soient plus humains. D'où la problématique des *Réflexions sur la violence* : quelle parole saura promettre à nouveau cette délivrance ? Quels mots redonneront au discours socialiste la dimension d'une promesse ?

VALEURS DE MAÎTRES ET VALEURS D'ESCLAVES

Pour Sorel, la valeur historique du socialisme, comme doctrine de la délivrance, suppose que deux problèmes connexes soient résolus. Le premier consiste à exacerber la lutte des classes. Tout doit être fait pour qu'apparaisse clairement la division de la société en deux camps. Le second consiste à donner au prolétariat une parole ou, mieux encore, une image de l'action à mener pour obtenir cette délivrance – une image dont, en aucun cas, les maîtres (les classes possédantes) ne puissent s'accommoder, c'est-à-dire une représentation de l'action dont le terme soit nécessairement un renversement des rapports de domination, la fin de l'esclavage, et pas simplement une meilleure organisation du travail.

À ce type de représentation, Sorel donne le nom de mythe, et il l'oppose à l'utopie (à laquelle il réserve une signification assez éloignée de celle qu'on lui accorderait aujourd'hui)[1]. Tandis que l'utopie propose une vision progressiste et enchantée de l'histoire (une série d'améliorations qui

1. Les *Réflexions sur la violence* comportent une importante critique de l'utopie. Voir notamment *op. cit.*, p. 132 : « Les utopistes ont employé tout leur art littéraire à essayer d'endormir les âmes par des tableaux si enchanteurs que toute crainte fût bannie, mais plus ils accumulaient de belles promesses, plus les gens sérieux soupçonnaient des pièges ».

dressent le tableau optimiste d'une société future), le mythe se présente comme une image de l'action qu'il faut mener sur le présent pour que le cours du temps soit interrompu. Autant dire que l'une et l'autre se distinguent par leur temporalité. L'utopie, du moins dans l'esprit de Sorel, prend en compte tout ce qu'il est nécessaire de réformer ; elle s'appuie sur un relevé critique des maux de la société et imagine une solution pratique pour y remédier. Elle intègre donc des considérations économiques et sociales qui doivent prouver sa faisabilité – qui visent, autrement dit, à accorder l'imagination et la réalité. Or il suffit qu'un tel accord soit projeté, que des considérations « réalistes » soient avancées pour qu'elle se replie sur un programme raisonnable de réformes, pour que l'utopie s'accommode des exigences et des contraintes de l'époque. Le mythe, au contraire, se veut la représentation d'une rupture radicale – qui rend impossible toute compromission avec l'ordre préexistant. Il ne s'embarrasse pas du passé. Il n'a nul besoin de se justifier d'un savoir économique ou sociologique ni d'une connaissance de l'histoire. Il évite donc soigneusement toutes les théories qui pèsent le pour et le contre, toutes les discussions argumentées, les objections d'ordre pratique qui ne sont qu'une manière détournée de différer la réalisation de la promesse.

> Je n'attache pas d'importance, non plus, aux objections que l'on adresse à la grève générale en s'appuyant sur des considérations d'ordre pratique ; c'est revenir à l'ancienne utopie que vouloir fabriquer sur le modèle des récits historiques des hypothèses relatives aux luttes de l'avenir et aux moyens de supprimer le capitalisme. Il n'y a aucun procédé pour pouvoir prévoir l'avenir d'une manière scientifique, ou même pour discuter sur la supériorité que peuvent avoir certaines hypothèses sur d'autres ; trop d'exemples mémorables nous démontrent que les plus grands hommes ont commis des erreurs prodigieuses en voulant, ainsi, se rendre maîtres des futurs, même des plus voisins. Et cependant, nous ne saurions agir sans sortir du présent, sans raisonner sur cet avenir qui semble condamné à échapper toujours à notre raison[1].

Ce que Sorel désigne sous le nom de mythe répond donc à une triple exigence.

– Trouver une parole d'avenir, dont la dimension eschatologique (la promesse de délivrance) ne soit pas menacée par la discussion scientifique – par ces disputes théoriques dont les socialistes avaient le secret.

– Inventer une parole dont la prise en compte ne soit pas soumise à la considération de sa faisabilité et de ses effets possibles ou probables.

1. Georges Sorel, *op. cit.*, p. 117.

– Offrir l'image d'une lutte radicale qui interdise toute confusion entre les camps – c'est-à-dire qui évite que, croyant travailler pour la cause du prolétariat, on contribue encore à asseoir le pouvoir et la domination des classes possédantes. Pour que ces trois considérations soient remplies, il faut une parole qui ne soit pas de l'ordre du discours, mais de l'image. Il faut un mot qui concentre en lui et donne à voir tout ce que le socialisme permet d'attendre de l'avenir – mieux encore tout ce dont il veut précipiter la venue. Car c'est en dernier ressort ce qui distingue le plus le mythe de l'utopie. Le premier ne souffre pas que le temps de la délivrance soit différé, il n'admet aucune progressivité, aucune préparation. Il impose à chacun l'urgence de la rupture – une urgence qui exige, à chaque instant, de façon inconditionnelle, qu'on agisse sur le présent.

> Il faut juger les mythes comme des moyens d'agir sur le présent. Toute discussion sur la manière de les appliquer matériellement sur le cours de l'histoire est dépourvue de sens. C'est l'ensemble du mythe qui importe seul[1].

C'est pourquoi il part du principe que rien d'effectif ne se fera sans violence. Dans la guerre que mène (ou du moins que devrait mener) le socialisme contre le type de domination et d'exploitation qui caractérise la société moderne, ces mots, ces images (qui font la substance du mythe) sont ceux qu'offre la représentation d'une grève générale. Celle-ci, en effet, nourrit un tel espoir de délivrance qu'aucune réforme obtenue par les socialistes parlementaires, aucun accommodement avec les besoins des uns et des autres ne peut le faire oublier. Elle donne à la lutte des classes la dimension d'une lutte sans merci qui ne peut trouver son terme que dans le renversement (et non dans l'adaptation) de toutes les structures de pouvoir et de protection mises en place par ceux qui dominent. Mais surtout, elle a l'efficacité d'une image qui rassemble, sans assujettir (à la différence d'un mot d'ordre ou d'un commandement qui n'auraient pas ce caractère mythique et ne vaudraient que par la force extérieure qui les impose). La représentation de la grève générale vaut pour tous et pour chacun. Elle vaut comme mythe, parce qu'elle seule donne son sens et son unité à la cause dans laquelle et pour la quelle le prolétariat engage toutes ses forces. Et en même temps, elle individualise l'effort de chacun, même si elle lui donne un sens commun. Car si l'urgence de la rupture s'impose, de façon presque instinctive, à des volontés toujours individuelles, elle exprime aussi une tendance partagée. Tant que le mythe opère, explique Sorel, l'individu qui y reconnaît le sens de son combat ne risque pas de devenir l'instrument, le rouage docile d'un parti. Mais dès lors qu'il est sûr de ne servir rien d'autre

1. Georges Sorel, *op. cit.*, p. 119.

que la lutte pour l'émancipation commune de sa classe, il y reconnaît aussi le noyau d'une fraternité commune. C'est à ce compte que l'image de la grève générale qui répond aux souffrances de chacun et rend l'espoir à tous ceux qui ne se croyaient plus ni entendus ni écoutés leur redonne aussi la parole que les parlementaires leur avaient confisquée.

> Nous avons à *interroger les hommes* qui prennent une part très active au mouvement réellement révolutionnaire au sein du prolétariat. [...] Ces hommes peuvent se tromper sur une infinité de questions de politique, d'économie ou de morale; mais *leur témoignage est décisif, souverain et irréformable*[1] quand il s'agit de savoir quelles sont les représentations qui agissent sur eux et sur leurs camarades de la façon la plus efficace. [...] Grâce à eux nous savons que la grève générale est bien ce que j'ai dit : le *mythe* dans lequel le socialisme s'enferme tout entier, c'est-à-dire une organisation d'images capables d'évoquer instinctivement tous les sentiments qui correspondent aux diverses manifestations de la guerre engagée par le socialisme contre la société moderne. Les grèves ont engendré dans le prolétariat les sentiments les plus nobles, les plus profonds et les plus moteurs qu'il possède[2].

« Une organisation d'images » qui fait l'objet d'un « témoignage décisif, souverain et irréformable », une parole, dont la promesse rassemble, sans qu'aucun maître ne prescrive ce rassemblement, tel est le mythe. Reste à savoir comment cette fraternité sans allégeance (avec la noblesse et la profondeur de sentiments qu'elle suppose) – cette fraternité qui devrait constituer le noyau d'une nouvelle société – est possible.

Et si l'on pose ici la question, c'est qu'elle est, précisément, de celles que Nietzsche ne manque pas d'adresser, vingt-cinq ans plus tôt, aux « socialistes » de son temps. Elle gouverne même la plus importante des critiques qu'il formule à l'encontre de l'idéal d'une société libre. Il l'exprime avec beaucoup de virulence dans un fragment du *Gai savoir* intitulé (nous reviendrons plus loin sur ce titre) : « Dans quelle mesure les conditions de vie seront de plus en plus "artistiques" en Europe ».

> Ce qui dorénavant ne se construira plus, ne saurait plus se construire, c'est – une société dans le vieux sens du terme : pour construire pareil édifice, tout fait défaut, à commencer par les matériaux. Nous avons cessé d'être matériaux de construction d'une société : voilà une vérité à l'ordre du jour ! Peu me chaut qu'en ce moment l'espèce d'hommes la plus myope, la plus sincère, en tout cas la plus bruyante d'aujourd'hui, Messieurs les socialistes,

1. Nous soulignons.
2. Georges Sorel, *op. cit.*, p. 120.

> puisse croire, espérer, rêver, avant tout crier et écrire à peu près le contraire : d'ores et déjà leur parole d'avenir : « société libre » se peut lire sur toutes les tables, sur tous les murs. Une société libre ? Fort bien ! Et pourtant, Messieurs, pareille société, avec quoi donc la construirez vous ? Vous ne l'ignorez pas, avec du fer de bois ! le fameux fer de bois ! Et pas même de bois ...[1]

Ce dont Nietzsche doute (et il le répète à maintes reprises), c'est que les individus soient mûrs pour une telle société – c'est que le socialisme ait la ressource de proposer à ceux qui ont toujours été dominés un système de valeurs qui les arrache à la domination. Comment les ouvriers pourraient-ils échapper aux valeurs des maîtres, comment pourraient-ils être mus par d'autres sentiments que le ressentiment et la convoitise, le désir de dominer à leur tour et de la même façon que les maîtres qui les exploitent ? Dès lors que la genèse du désir d'égalité et de justice sociale exhibe de tels sentiments, aucune communauté inédite, aucun « nous » salvateur ne peut être fondé sur un tel désir. Ce que Nietzsche suspecte, c'est l'idée même de fraternité. Si cette fraternité est encore animée par un instinct de vengeance, la communauté qu'elle fonde est, quoiqu'elle en dise, une communauté d'esclaves – esclaves d'une loi suprême. Le rassemblement dans l'action s'impose, en effet, comme un devoir. Il prend la forme d'un impératif catégorique qui exige qu'on croit aveuglément dans les vertus de ce rassemblement, de cette union. Mieux, toute sa promesse est tributaire de la rhétorique et du rituel de la loi. En ce sens, la foi socialiste dans l'avenir (dans la société nouvelle qu'il promet) n'est pas différente fondamentalement de la foi chrétienne. Comme elle, elle ne se comprend pas hors d'une confiance absolue (dans cette loi), qui est une soumission absolue (quoiqu'en dise Sorel). Elle implique donc un semblable retournement de la volonté de puissance contre elle-même, une même domestication de l'instinct. C'est pourquoi Nietzsche se risquera à proposer les solutions les plus fantaisistes à la fin de l'esclavage (comme celle de fonder une colonie en Amérique latine). Fuir serait finalement la seule façon de ne plus être dominé (par un maître ou un parti)[2].

> Tous les hommes sentent que les paroles et les accents les plus énergiques, les gestes et les attitudes les plus éloquents leur sont nécessaires pour exercer une action d'une manière générale, tels les

1. Nietzsche, *Le Gai savoir*, § 356, éd. cit., tome V, p. 258, (KSA, 3, p. 597). Rappelons que ce « fameux fer de bois » ne désigne rien d'autre que la guillotine.

2. Cf. Nietzsche, *Aurore*, § 206, éd. cit., tome IV, p. 160, (KSA, 2, p. 183). Rappelons que la sœur de Nietzsche et son beau-frère s'aventurèrent à fonder en Amérique latine une colonie, mais c'était à partir de critères raciaux et sans aucune motivation émancipatrice. Leur projet (qui se termina en catastrophe) n'eût pas la faveur de Nietzsche.

> révolutionnaires, les socialistes, les prédicateurs de la pénitence, avec ou sans christianisme et dont aucun d'eux ne supporterait des demi-succès : tous ces hommes là parlent de "devoirs" et toujours de "devoirs" d'un caractère absolu – sous peine de ne pas légitimer le grand pathos qui les agite. [...] Parce qu'ils veulent qu'on leur fasse confiance de manière absolue, il leur est nécessaire au préalable de se faire confiance à eux-mêmes de manière absolue, en vertu de quelque loi suprême, indiscutable et ineffable, dont ils se sentent les serviteurs et les instruments en se faisant passer pour tels [1].

Et pourtant, c'est dans l'œuvre de Nietzsche que Sorel va trouver les éléments théoriques nécessaires pour penser les vertus du mythe, en l'occurrence de l'idée de « grève générale ». Ce qui distingue le mythe de l'utopie (et de toute proposition, projet ou revendication de réforme) – ce qui l'inscrit dans une temporalité radicalement différente et donne un sens à sa promesse – c'est qu'il opère (qu'il est seul à pouvoir opérer) le renversement de valeurs sans lequel le prolétariat, en dépit de toutes les améliorations de ses conditions d'existence, restera toujours une classe dominée. Sorel emprunte donc à Nietzsche, et plus précisément à la *Généalogie de la morale* [2] une véritable typologie des valeurs qui va lui permettre de donner au mythe toute sa portée théorique et pratique [3]. De sa lecture, il retient, en effet, l'opposition entre les valeurs des maîtres et celles des castes sacerdotales. À ces deux catégories, il en adjoint une troisième qui, dit-il, échappe aux classifications de Nietzsche : la morale des consommateurs. Chacune d'elle mérite qu'on s'y attarde. Les valeurs construites par les maîtres sont celles qui prônent « l'affranchissement de toute contrainte sociale » [4] ; elles témoignent de « cette audace des races nobles, audace folle, absurde, spontanée ; [...] leur indifférence et leur mépris pour toutes les sécurités du corps, pour la vie, le bien-être [5]. » Pour Sorel, Nietzsche en trouve l'exemple privilégié dans les vertus homériques, mais, ajoute-t-il, si l'auteur de la *Généalogie de la morale* n'avait pas été obnubilé par ses connaissances philologiques, il aurait pu en trouver un exemple tout aussi probant dans les pionniers américains et leurs descendants. Le point commun de ces valeurs de maître est, en effet, qu'elles exigent de prendre la

1. Nietzsche, *Le gai savoir*, § 5, éd. cit., vol. 5, p. 56, (*KSA*, 3, p. 377).

2. Si l'on excepte une très brève allusion à *La naissance de la tragédie*, c'est, en effet, du moins dans les *Réflexions sur la violence*, la seule œuvre de Nietzsche que cite Sorel.

3. Sur la question du mythe, chez Nietzsche et Sorel, cf. David Ohana : *The Role of Myth in History : Friedrich Nietzsche and Georges Sorel*, the historical society of Israel and the Zalman Shazar center for jewish history, Jérusalem, 1986.

4. Georges Sorel, *op. cit.*, p. 233.

5. Nietzsche, *La généalogie de la morale*, cité par Sorel, *op. cit.*, p. 233.

vie comme une lutte. Sur les valeurs des castes sacerdotales, Sorel ne s'attarde guère. Il s'étend par contre plus longuement sur la morale des consommateurs, dont il trouve l'origine dans la *Politique* d'Aristote – et qui caractérise, selon lui, une société pacifiée, c'est-à-dire une société avide de consommer, sans s'occuper des conditions matérielles de la production, une société qui s'accommode de ses esclaves et s'arrange pour ne pas en entendre parler. Le présupposé de ce système, c'est que l'esclave n'a pas besoin de morale, sinon juste ce qu'il faut pour obéir aux ordres reçus.

Or c'est précisément ce troisième système de valeurs qui préside depuis plusieurs siècles au rapport entre les classes. Les classes possédantes se contentent d'une morale de consommateur qui ne demande qu'une chose : ne pas être dérangée dans la jouissance des biens qu'elle a accumulée et ne pas se soucier des conditions de la production (c'est-à-dire des esclaves travailleurs qui rendent cette jouissance possible). C'est aussi ce système que Sorel soupçonne le socialisme réformateur de Jaurès, sa politique de conciliations et d'accommodements avec la bourgeoisie, son refus de la violence prolétarienne, de vouloir perpétuer. La fonction de la grève générale, comme mythe, apparaît alors plus clairement. Elle a pour fin de renverser le système de valeurs qui maintient le monde ouvrier dans un état de quasi-esclavage.

> Le syndicalisme révolutionnaire serait impossible si le monde ouvrier devait avoir une telle *morale de faibles*[1]. Le socialisme d'État s'en accommoderait parfaitement au contraire, puisqu'il est fondé sur la division de la société en une classe de producteurs et une classe de penseurs appliquant à la production les données de la science. La seule différence qui existerait entre ce prétendu socialisme et le capitalisme consisterait dans l'emploi de procédés plus ingénieux pour se procurer une discipline dans l'atelier[2].

C'est pourquoi Sorel insiste longuement sur l'idée que le temps des héros homériques n'est pas révolu. Il en trouve une résurgence dans la conviction avec laquelle les armées républicaines luttèrent contre les armées royalistes, durant les guerres de la liberté. Leur combat avait quelque chose d'homérique, car il était celui d'individus animés par une foi telle qu'aucun embrigadement, aucune discipline de fer n'étaient nécessaires pour que chacun participe à l'œuvre commune. C'est à ce compte que les valeurs qui les faisaient agir étaient étrangères à toute soumission. Elles ne s'accommodaient du culte d'aucune institution ni autorité. Le mythe de la République donnait ainsi aux armées révolutionnaires, à la différence des

1. C'est Sorel qui souligne.
2. Georges Sorel, *op. cit.*, p. 240.

conventionnels, aveuglés par la superstition de l'État, une morale de maîtres, au sens nietzschéen du terme.

On comprend alors quelle est l'importance de la référence nietzschéenne dans la pensée de Sorel. Elle intervient au point précis où se pose le problème du rapport entre la Révolution et l'individu. La question pourrait se poser en ces termes : la Révolution, la grève générale sont-elles des mouvements aveugles, dans lesquels des individus, plus ou moins embrigadés, sont emportés ? Le sujet de la Révolution est-il les masses (ou la masse), une force collective, dans laquelle les volontés individuelles n'ont pas leur part. On sait que ce sera là, dans toute la première moitié du XXe siècle, l'un des arguments auxquels s'alimentera la peur des classes possédantes. Masses et Révolution, ce sera l'un des thèmes privilégiés de tous les penseurs réactionnaires[1] qui verront dans le socialisme la fin de l'individu. C'est à de telles critiques que Sorel répond à l'avance. La violence révolutionnaire n'est pas un déchaînement aveugle, dès lors qu'elle est conduite par le partage d'un mythe.

> Le même esprit se retrouve dans les groupes ouvriers qui sont passionnés par la grève générale ; ces groupes se représentent, en effet, la révolution comme un immense soulèvement qu'on peut encore qualifier d'individualiste : chacun marchant avec le plus d'ardeur possible, opérant pour son compte, ne se préoccupant guère de subordonner sa conduite à un grand plan d'ensemble savamment combiné. Ce caractère de la grève générale prolétarienne a été, maintes fois, signalé et il n'est pas sans effrayer des politiciens avides qui comprennent parfaitement qu'une révolution menée de cette manière supprimerait toute chance pour eux de s'emparer du gouvernement[2].

À la différence d'un slogan, d'un ordre, d'un commandement, l'enthousiasme qui procède du partage du mythe a une vertu éducative. Il ne s'impose pas aux ouvriers de l'extérieur (par le biais d'un parti ou d'intellectuels). Il ne relève d'aucune confiscation de la parole. Il est le moyen par lequel le prolétariat se donne à lui-même et par lui-même sa propre éducation[3]. Et parce que personne ne la lui dicte, parce qu'elle ne porte ni l'ombre des maîtres anciens ni celle de maîtres nouveaux, elle

1. Soulignons au passage qu'ils trouveront souvent dans l'œuvre de Nietzsche (qui se prête décidément à tous les usages) de nombreux arguments pour alimenter cette crainte (voire ce mépris) des masses.

2. Georges Sorel, *op. cit.*, p. 245. Voir aussi p. 246 : « La grève générale, tout comme les guerres de la liberté, est la manifestation la plus éclatante de la force individualiste dans les masses soulevées ».

3. Cf. Georges Sorel, *op. cit.*, p. 247 : « Le syndicalisme révolutionnaire est la grande force éducative que possède la société contemporaine pour préparer le travail de l'avenir ».

prend nécessairement la forme d'une inversion des valeurs. Si Sorel hérite de Nietzsche l'opposition entre la morale des faibles et le système de valeurs des « maîtres », ce n'est pas, contrairement à ce que Nietzsche soupçonnait toujours dans le socialisme, pour s'apitoyer sur les faibles et fustiger les forts, mais pour montrer qu'avec le mythe de la grève générale, le prolétariat est en mesure d'espérer et d'obtenir autre chose qu'un simple changement de maître. Le caractère individuel et passionné (mais néanmoins partagé) de la croyance dans le mythe n'a pas d'autre sens : éviter que ne soient reconduits (ou conduits) à leurs positions dominantes les maîtres anciens ou de nouveaux maîtres [1].

LES MAÎTRES DE NIETZSCHE

Cette espérance que Sorel met dans le socialisme et dans le prolétariat, porteur de l'inversion des valeurs, Nietzsche ne pouvait évidemment la concevoir. Et ce, pour au moins deux raisons parfaitement connexes. La première est que, précisément, il ne vit jamais dans le prolétariat autre chose que des masses et qu'il est de ceux qui, à la fin du dix-neuvième siècle, donnèrent au terme une connotation si péjorative. Nombreux sont les fragments qui font des masses l'expression la plus emblématique de ce qu'il appelle « l'instinct de troupeau » ou « l'instinct grégaire », dont il voit l'origine dans le sentiment de pitié hérité du christianisme. C'est à ce troupeau que s'adresse le socialisme, c'est lui qu'il entend séduire, voir tromper. Mais en aucun cas il n'a pour but de le transformer. Il joue de cet instinct dominant de « l'homme, en tant qu'il est un animal de troupeau ». Il contribue même à la renforcer. Il est, écrit Nietzsche dans un fragment de *Par-delà bien et mal*, « foncièrement et instinctivement contre toute autre forme de société que celle du troupeau autonome [2] ». À ce compte, comme la démocratie, il reproduit le système de valeurs (la hiérarchie des instincts) imposé par le christianisme, et il n'y a rien à en attendre.

La seconde raison est que, à supposer que l'inversion des valeurs nécessite une éducation, celle-ci n'est pas politique, au sens où elle impliquerait d'abord la conscience des divisions de classes et de leur caractère irréconciliable, mais artistique. Ce sont les artistes qui sont les hérauts de l'avenir. C'est à eux qu'il revient de former cette nouvelle aristocratie capable d'inverser les valeurs. Plus radicalement encore, c'est

1. Cf. Georges Sorel, *op. cit.*, p. 248 : « Cet individualisme passionné manquerait complètement à des classes ouvrières qui auraient reçu leur éducation de politiciens, elles ne seraient plus aptes qu'à changer de maîtres ».

2. Nietzsche, *Par-delà bien et mal*, § 202; in *OPC*, tome VII, p. 114, (*KSA*, 5, p. 124).

pour que cette possibilité leur soit donnée que le travail et même l'esclavage sont, aux yeux de Nietzsche, nécessaires. S'il est vrai que le devenir de la civilisation dépend de l'inversion du rapport entre l'art et la connaissance (et que seule cette inversion peut faire l'objet d'une promesse)[1], l'artiste, pour mener à bien cette inversion, doit être dégagé de tout souci matériel, affranchi du besoin d'assurer lui-même son existence. Deux représentations de l'avenir sont ainsi opposées. La première se concentre sur le devenir de la civilisation (c'est-à-dire du besoin d'art). La seconde privilégie l'humanisation de ce que Nietzsche appelle, dans la préface de *L'État chez les Grecs*, « l'avidité de la lutte pour l'existence (*die Gier des Existenz-Kampfes*)[2] ». C'est elle qui fait de la dignité de l'homme et de la dignité du travail le principe d'un but à atteindre. Or ces deux représentations ne sont pas seulement opposées, elles sont aussi concurrentes, comme le sont, pour Nietzsche, les besoins du travailleur et ceux de l'artiste. Vouloir l'émancipation des premiers, c'est compromettre la possibilité pour les seconds d'accomplir la tâche à laquelle ils sont destinés – c'est courir le risque de soumettre leur propre travail (le travail artistique) à la loi d'une représentation qui lui est étrangère : celle des fins de l'existence érigée en valeur.

> Si la civilisation était réellement laissée au gré d'un peuple, si d'inexorables puissances n'y régnaient qui soient à l'individu lois et limites, on verrait alors le mépris de la civilisation, la glorification de la pauvreté d'esprit, la destruction iconoclaste des exigences artistiques, ce serait bien plus qu'une insurrection des masses opprimées contre quelques frelons oisifs : ce serait un cri de compassion qui renverserait les murs de la civilisation ; l'instinct de justice, le besoin d'égalité dans la souffrance submergeraient toutes les autres représentations[3].

De fait, lorsque Nietzsche s'en prend aux classes possédantes, ce n'est pas pour condamner l'injustice de leur domination, mais pour fustiger le système des valeurs sur lesquelles elle repose. Dans le socialisme, il voit la conséquence de ce que les maîtres du jour ont perdu toute noblesse, tout sens de la civilisation[4]. Et s'il leur reproche leur dureté, ce n'est pas parce

1. Voir chapitre 2.

2. Nietzsche, *L'État chez les Grecs*, in *OPC*, vol I, 2, p. 177, (*KSA*, 1, p. 765).

3. Nietzsche, *L'État chez les Grecs*, éd. cit., p. 179, (*KSA*, 1, p. 768). Rappelons que cette problématique se retrouve dans les *Considérations inactuelles* et tous les fragments posthumes de cette époque. Le héraut de l'avenir, c'est alors le génie (méconnu ou connu), trop souvent maltraité par son temps. Schopenhauer et Wagner, le philosophe-artiste et l'artiste-philosophe en sont l'incarnation.

4. Cf. Nietzsche, *Le gai savoir*, § 40, éd. cit., p. 83, (*KSA*, 3, p. 407) : « En la personne de l'employeur, l'ouvrier ne voit d'ordinaire qu'un chien d'homme rusé, pressureur, spéculant sur toute misère dont le nom, la physionomie, la moralité et la réputation lui sont indifférents. Il

qu'elle constitue une véritable forme d'esclavage, mais bien parce que ses excès risquent de conduire à la révolte ceux-là même dont la soumission était nécessaire à l'épanouissement d'une culture supérieure[1]. Ce que Nietzsche regrette, ce n'est donc pas qu'il y ait des maîtres et des esclaves ni que les rapports dans la société soient des rapports de domination, mais que les valeurs sur lesquelles se fondait cette domination (des valeurs de maîtres) se soient perdues, rendant celles-ci aléatoires. Le conseil qu'il leur adresse ne laisse planer aucun doute :

> Vivez en hommes supérieurs et ne vous lassez pas d'œuvrer aux œuvres de la culture supérieure – tout ce qui vit reconnaîtra alors vos droits, et l'ordre de la société dont vous êtes le sommet sera invulnérable au mauvais œil comme à tout maléfice[2].

Qu'est-ce que l'avenir nous promet ? À cette question, les réponses de Nietzsche et de Sorel sont inconciliables. Et elles engagent quelques-uns des choix politiques et moraux décisifs auxquels seront confrontés les penseurs des premières années du XXe siècle, en France comme en Allemagne[3]. Pour Sorel, le socialisme n'a de sens que s'il abolit la figure du maître. L'avenir réside dans la suppression de toute tutelle, aussi bien morale que politique, et c'est à ce compte que personne, ni les politiciens ni les intellectuels et pas plus les artistes ne peuvent parler au nom des autres. Et si tel est le cas, c'est que le caractère aliénant du travail est contraire à son essence. Le travail, c'est, par définition, ce que font les hommes, ce dans quoi ils sont capables de mettre toute leur foi. Mieux, c'est dans le travail (et non dans les productions de l'intellect, dans les théories et les

est probable que toutes les formes et toutes les caractéristiques d'une race supérieure qui font paraître intéressantes les personnes faisaient jusqu'alors beaucoup trop défaut aux fabricants et aux grands chefs d'entreprise : s'ils avaient eu la distinction de la noblesse de naissance dans le regard et dans les gestes, il n'y aurait peut-être point eu de socialisme des masses. Car ces dernières sont en somme disponibles pour n'importe quel esclavage, pourvu que l'individu qui leur est supérieur se légitime sans cesse comme plus élevé, comme né pour commander, par la distinction de son style. [...] L'homme le plus vulgaire sent bien que la distinction ne s'improvise pas et qu'elle est vénérable en tant que le produit de longs siècles – tandis que l'absence de formes supérieures et la grossièreté décriée du fabricant aux mains grasses et rougeaudes lui donnent à penser que ce n'est que hasard et que chance qui ont élevé l'un au dessus de l'autre : tant mieux, se dit-il, à notre tour de tenter le hasard et la chance ! Jetons les dés ! et *le socialisme commence* ».

1. Cf. Nietzsche, *Le voyageur et son ombre,* § 286, éd. cit., p. 302, (*KSA*, 2, p. 682) : « L'exploitation de l'ouvrier, on le comprend maintenant, fut une sottise, un gaspillage aux dépens de l'avenir, une menace pour la société », éd. cit., p. 302.

2. Nietzsche, *Humain, trop humain I*, § 480, éd. cit., p. 290, (*KSA*, 2, p. 314).

3. On songe ici à ce que seront les choix de Thomas Mann, Heidegger, mais aussi Gide ou Valéry, et beaucoup d'autres.

raisonnements) que se manifeste leur volonté de créateur[1]. Dans le capitalisme, Sorel identifie donc une force qui, en transformant le travail, atteint l'homme dans son essence créatrice, pour ne pas dire artistique. D'où son opposition à tout ce qui, sous couvert d'améliorations progressives, de réformes partielles, s'accommode de cette privation. D'où aussi le sens ultime de la promesse dont la grève générale est le mot-clef : donner au travailleur, affranchi de tout maître, la possibilité de donner la pleine mesure de cette essence créatrice. La réponse de Nietzsche est tout autre, et infiniment plus ambiguë. Entre le travailleur et l'artiste, il lui est impossible de voir autre chose qu'une opposition radicale. Et pourtant, il ne renonce pas à la figure du maître, du guide, du prophète d'une civilisation nouvelle, sans qu'on sache jamais à qui, à terme, cette prophétie est susceptible de s'adresser – qui elle devra convertir. Le paradoxe est que, pour que les artistes soient les prophètes d'un avenir différent (qui libère les corps de tout esprit de vengeance), il ne semble pas nécessaire (et peut-être même pas souhaitable) que l'ordre social soit bouleversé, que l'égalité et la justice soient instaurées – à moins qu'il s'agisse d'une autre justice, d'une justice encore plus radicale (que les représentations classiques de la politique ne permettent pas d'atteindre), une justice qui impliquerait un travail de destruction infiniment plus profond que la transformation des rapports sociaux et le renversement de l'État. Toute la question serait alors de savoir qui cette destruction touchera, qui sera libéré, qui sera sauvé et qui continuera à servir.

1. Sur cette dimension capitale de l'œuvre de Sorel et ce qu'elle doit, tant à Marx qu'à Vico, voir l'essai très éclairant de Isaiah Berlin : « Georges Sorel », in *À contre-courant*, Paris, Albin Michel, 1988.

CHAPITRE IV

LA GRAMMAIRE DE L'APOCALYPSE

KARL KRAUS ET LA CRITIQUE DU LANGAGE

> Et je l'ai vu l'animal aux dix cornes et aux sept têtes, sa gueule ressemblait à celle d'un lion. On adorait l'animal et on disait : « Qui égalera cet animal ? Et qui sera capable de se battre avec lui ? Il lui fut donné une gueule pour dire de grandes choses ». Et nous tombâmes à cause de lui et de la prostituée de Babylone qui, dans toutes les langues du monde, nous persuadait que nous étions ennemis et qu'il fallait la guerre. Et vous autres victimes sacrifiées, vous ne vous êtes pas dressées contre ce projet ? Vous n'avez pas résisté à ceux qui vous contraignaient à mourir et à cette ultime liberté qu'on vous octroyait d'être des incendiaires ? À cette entreprise diabolique qui vous faisait croire que ces drapeaux hissés en réalité au profit du marché de la haine symbolisaient un sacrifice moral et pathétique ? À cette entreprise qui s'empare de Dieu pour le faire témoigner en faveur de son opération sanguinaire et qui met tous les droits de souveraineté et toutes les valeurs de la vie au service du profit matériel[1].

C'est dans l'une des toutes dernières scènes de son grand drame *Les derniers jours de l'humanité* que Karl Kraus prononce en 1919, par la bouche de l'ergoteur, ces paroles apocalyptiques. Peu d'écrivains auront eu, autant que lui, dès les premières années du siècle dernier, l'impression que la fin des temps était venu. Aucun n'en aura diagnostiqué, dans des événements en apparence les plus anecdotiques, les signes avant-coureur, et

1. Karl Kraus, *Les derniers jours de l'humanité*, acte V, scène 54, trad. fr. : Éliane Kaufholz, in *Cahiers de l'Herne Karl Kraus* (CHK), réalisé sous la direction de Éliane Kaufholz, Éditions de l'Herne, 1975, p. 71 ; *Die letzten Tage der Menschheit*, Tragödie in fünf Akten, im Kösel Verlag zu Münschen, 1957, p. 677.

prophétisé, avant même que n'éclate le premier conflit mondial, l'embrasement du monde. Dès 1909, un article publié dans sa revue *Die Fackel* porte le titre *Apocalypse*. Dans les années qui suivent le règlement de la paix, l'impression demeure, comme en témoigne un texte de 1918 intitulé *Jugement dernier*. En 1927 encore, dans une conférence prononcée à la Sorbonne : « L'oiseau qui souille son propre nid », Kraus présente l'ensemble de ces textes comme « une œuvre où les choses humaines sont considérées à partir de l'observation des réalités locales, où l'auteur aboutit à *une vision apocalyptique*[1] en analysant des exemples rencontrés dans le milieu national et culturel qui lui est le plus familier ». Enfin, tandis que l'Europe s'assombrit à nouveau, c'est encore en ces termes qu'il décrit, à la veille de sa mort, la montée du nazisme et l'arrivée de Hitler au pouvoir, dans *La troisième nuit de Walpurgis*.

Or, aussi divers que soient les exemples, les anecdotes, les événements qui nourrissent cette « vision apocalyptique », un fil conducteur en relie l'analyse : la mise au jour de la perversion du langage dont ils témoignent. L'apocalypse, pour Karl Kraus, c'est moins directement le déchaînement de la violence, le déluge de fer et de feu et la perpétuation des massacres que l'usage dégradé du langage qui les prépare de longue date, qui nous habitue à supporter l'inacceptable, qui légitime le pire à l'avance ; ce sont toutes les compromissions du discours (les mots et les tournures qu'on s'autorise) qui font entrer la fin des temps et la fin du monde dans l'ordre de la langue et dans celui des choses, sans même qu'on s'en aperçoive. Ainsi le diagnostic de l'apocalypse équivaut-il à sa grammaire. Mais c'est aussi d'elle que peut venir le salut. « Qui refuse toute compromission du langage refuse toute compromission de la cause »[2], écrit l'auteur de *Dits et contredits*. La vigilance critique qui poursuit inlassablement toute trahison du langage (qui traque toute liberté prise avec la correction grammaticale et la précision sémantique) est investie d'un poids historique considérable : sauver l'humanité de l'apocalypse. L'importance que Kraus reconnaît au langage dans la genèse du mal est donc à la mesure du crédit qu'il lui accorde[3]. C'est ce double mouvement qu'on entend suivre dans le présent chapitre.

1. Nous soulignons.
2. Karl Kraus, *Dits et contredits*, trad. : Roger Lewinter, Paris, Ivrea, 1993, p. 124.
3. Rappelons qu'à la même époque, la puissance des mots fait l'objet d'une importante théorisation dans l'œuvre de Fritz Mauthner : *Sprache und Psychologie* (1901).

LA LANGUE DE L'APOCALYPSE

Qu'est-ce qui fait de la langue le laboratoire de l'apocalypse? À cette question, la réponse de Karl Kraus ne varie pas, et elle dessine le fil continu d'une exigence à la fois morale et politique. C'est l'usage « corrompu » qu'en font ceux qui, loin d'en être les simples témoins, en sont devenus les artisans : les journalistes. De même que le destin de l'humanité se focalise sur le devenir du langage, de même la part prise par l'écriture et la lecture des journaux dans la formation de l'opinion et, par voie de conséquence, dans la genèse des événements qui en dépendent, donne son sens à tout ce qui advient. Encore faut-il comprendre ce que recouvre cette métamorphose du journaliste de simple témoin en acteur de l'histoire et comment elle traduit une « corruption », une « dégradation » ou une « perversion » apocalyptiques du langage. On sait que Kraus ouvre ce procès du journalisme bien avant que n'éclate la première guerre mondiale. C'est pourtant elle qui lui donne toute son actualité, comme si l'engagement des journaux dans la propagande de guerre, leurs compromissions avec l'horreur n'avaient fait que confirmer ce que l'auteur d'*Apocalypse* annonçait, prophétisait depuis longtemps. Sur la pertinence de ce procès, il ne nous appartient pas de nous prononcer d'entrée de jeu, ni sur le fait que Kraus mette tous les journalistes sur le même plan et s'interdise toute distinction. Que le paradigme constitué par le journalisme de guerre (entre autres les correspondants sur le front) ait ses limites, que, dans les décennies qui ont suivi (et aujourd'hui encore) le comportement de nombreux journalistes sur tous les fronts, leur vigilance, leur rigueur suffisent à invalider toute généralisation excessive ne rend pas caduque sa critique. Notre objectif est d'en retenir les principaux griefs pour comprendre comment le rapport à la langue intervient dans la perception d'une époque, d'un temps et d'un monde comme apocalyptiques.

Trois éléments sont à retenir :

– Le premier remonte aux origines de la guerre. Pour Kraus, en effet, la responsabilité des journalistes est considérable. Le conflit mondial n'aurait pas été possible, si les rédacteurs n'avaient tellement modelé, fabriqué, manipulé l'opinion qu'il lui était devenu impossible d'exercer cette faculté d'imagination qui donne à la langue sa créativité et à l'esprit sa liberté. Tout se passe comme si, de longue date, ils n'avaient eu d'autre but qu'empêcher quiconque d'imaginer que les choses puissent aller autrement. De ce point de vue, l'un des éléments les plus significatifs est le culte naïf du progrès technique (comme la maîtrise des airs), auquel il consacre de nombreux textes. On sait combien, à l'époque, les inquiétudes et les résistances qu'il provoque donnent lieu à de nombreux discours, qu'il s'agisse de Spengler, de Junger ou, un peu plus tard, de Heidegger.

L'originalité de Karl Kraus (dont la pensée ne peut être repliée sur aucun de ces discours) est de s'interroger sur le sens apocalyptique de notre adhésion à la technique[1], c'est-à-dire de lui donner une dimension eschatologique. Pourquoi cette adhésion est-elle un signe de la fin du monde ? C'est que le déficit d'imagination, lié à la fascination qu'elle suscite, consiste à faire accepter, comme un simple prix à payer ou une conséquence naturelle, le fait que tout progrès technique augmente la capacité que se donne l'humanité de s'auto-détruire aveuglément[2]. Il faut que nos images de la matière, de la vitesse, de l'espace aient été depuis longtemps transformées, que certains mots, certaines expressions, certaines tournures se soient ancrées depuis longtemps dans nos esprits pour que rien ne nous étonne d'un tel pouvoir. Il faut commencer par accoutumer l'opinion à l'idée qu'un avion puisse larguer des bombes et détruire massivement des populations entières, pour que le jour où cela advient plus personne ne s'en indigne. Tout est finalement tellement préparé que la pire des catastrophes, quand elle advient pour la première fois, semble déjà s'être produite. À défaut d'une vigilance accrue, l'enthousiasme des journalistes pour le moindre progrès scientifique, pour la moindre innovation technique, la collusion des « artistes du mensonge » et des « ingénieurs du mensonge »[3] nous anesthésie.

> Parce que l'air est « conquis », la terre se voit bombardée. C'est, de toutes les hontes de cette terre, la plus grande que cette invention unique, qui rend l'humanité plus proche des étoiles, ait exclusivement servi à déployer dans les airs encore, comme si, en bas, elle n'avait pas suffisamment de champ, sa misère terrestre[4].

Mais surtout, le manque d'imagination est la condition indispensable d'une acception passive du sacrifice. Pour Karl Kraus, c'est à ce moment

1. Voir notamment « la découverte du pôle nord » (1909), qui reste l'un des textes les plus significatifs. Sur la critique que Karl Kraus fait de la technique (et ce qui la différencie de celle de Spengler), cf. Jacques Bouveresse : « Kraus, Spengler et le déclin de l'Occident », in *Karl Kraus et son temps*, sous la direction de Gilbert Krebs et Gerald Stieg, Université de la Sorbonne nouvelle, publications de l'institut allemand, 1989, p. 231-241.

2. Cf. Karl Kraus, *La nuit venue*, trad. : Roger Lewinter, Paris, éditions Gérard Lebovici, 1986, p. 108 : « Sans doute, le développement des armes ne pouvait en aucun cas rester en retrait des conquêtes techniques des temps modernes. Seule l'imagination de l'humanité dut rester en retrait de celles-ci. "Mais, conduit-on des guerres avec de l'imagination ?" Non, car si on l'avait encore, on ne ferait pas cela. Car alors, on n'aurait pas la machine. Car alors, on saurait que l'être humain qui inventa la machine par elle est terrassé et que c'est pêcher d'exposer la vie au hasard et de rabaisser la mort au hasard ».

3. Cf. Karl Kraus, *ibidem*, p. 139 : « Il est des artistes du mensonge, et il est des ingénieurs du mensonge. Ceux-là agissent dangereusement sur l'imagination, ceux-ci l'ont déjà épuisé auparavant ».

4. Karl Kraus, *La nuit venue*, *op. cit.*, p. 126

précis qu'on franchit un degré dans l'horreur. Derrière sa hargne à l'encontre des journalistes se cache, en effet, une question qui n'a rien perdu de son actualité : Comment comprendre que des masses d'individus risquent leur vie, sous des prétextes fabriqués de toutes pièces, pour la défense d'intérêts (en grande partie économiques) qui ne sont pas les leurs ? Qu'est-ce qui peut pousser non pas un, mais des dizaines de milliers d'individus à donner leur vie ? Un tel sacrifice ne serait pas possible, s'il n'était soutenu par un savant usage du langage, si non pas un individu, mais toute une corporation n'avait trouvé les mots pour en faire une obligation, un devoir sacré. La force du rédacteur de la *Fackel* est de montrer que tout commence avec le langage, que toute guerre se prépare avec des mots qui sont comme le sésame de la mort consentie. Ce qui est apocalyptique, c'est d'abord le fait qu'on ait su faire des phrases suffisamment efficaces pour rendre crédible la nécessité d'un tel sacrifice.

> Et c'est la presse qui a pu faire cela, elle seule qui a corrompu le monde par sa veulerie. Ce n'est pas parce qu'elle a mis en marche le mécanisme de mort, mais parce qu'elle a vidé nos cœurs au point que nous ne pouvons plus imaginer ce que serait la guerre : c'est en cela qu'elle est responsable de la guerre même. Et tous les peuples ont bu le vin capiteux que leur servait cette putain, les rois de la Terre se laissèrent séduire par elle. Et le chevalier de l'apocalypse lui fit honneur, lui que j'ai vu jadis, bien avant qu'il ne l'honore, se déchaîner à travers l'Allemagne. Une décennie s'est écoulée depuis que j'ai compris qu'il avait accompli son œuvre[1].

Or ce sacrifice s'apparente en réalité à un suicide. Ce que décrit Karl Kraus n'est finalement rien d'autre qu'une humanité tétanisée, abrutie par un déluge d'informations fabriquées qui la conduisent à accepter passivement son auto-destruction comme inéluctable. Toute son attention se porte sur ce moment difficile à cerner où chacun se dit qu'il ne peut plus en être autrement, où chacun ouvre son esprit à des mots, des expressions qu'on se serait jusqu'alors refusés et qui font basculer l'humanité dans l'horreur de ses derniers jours. Mais ce moment, personne n'en a vraiment conscience. Personne ne peut dire à quel instant tout bascule. Tout à coup, les mots qu'on se serait refusé de penser deviennent possibles et excluent toute alternative. Et lorsque, bien plus tard, la guerre est là, elle semble être juste, aller de soi, et personne ne peut l'empêcher. Toute la pièce *Les Derniers jours de l'humanité* décrit un semblable phénomène. Elle montre comment le poison de la guerre possible, puis probable s'est peu à peu distillé dans le langage, au point de rendre la perspective de la mort des uns

1. Karl Kraus, *Les derniers jours de l'humanité*, acte V, scène 54, trad. fr. : CHK, *op. cit.*, p. 67.

et des autres, des plus proches et des moins proches, presque banale. La résignation de l'humanité devant son sort trouve son origine dans sa capitulation devant des mots qui se sont imposés à elle, à un moment donné, pour décrire et penser (ou plutôt ne plus penser ni même imaginer) son propre destin. Qui peut assurer qu'aujourd'hui encore, ce n'est pas régulièrement une des fonctions remplies par les moyens modernes d'information que de nous préparer, par toute une série d'effets d'annonces, à accepter des mesures impopulaires, ou plus grave encore, tel ou tel massacre de par le monde. Ainsi la part du journalisme dans la genèse de l'opinion ne favorise-t-elle aucune prise de conscience, elle n'augmente pas la part de liberté des individus, elle n'incite à aucune révolte, à aucune protestation, elle persuade, au contraire, tout un chacun que tout cela le dépasse. Plus les moyens de diffusion se multiplient, plus les pouvoirs de l'opinion s'accroissent, plus le maillage se fait serré pour une telle persuasion.

> Des années d'exercice permirent au reporter d'amener l'humanité à ce niveau d'absolu manque d'imagination qui la rend apte à déclencher une guerre d'extermination contre elle-même. Comme il lui a épargné – grâce à la rapidité de ses appareils – toutes les associations d'expériences vécues avec leurs prolongements dans l'esprit, il peut lui inoculer l'indispensable mépris de la mort qui la pousse à se jeter au devant des combats[1].

– Mais, une fois la guerre déclenchée, c'est encore à un autre registre de la perversion du langage qu'on a affaire. Ce n'est plus seulement l'appauvrissement de l'imagination qui corrompt le langage, mais la fabrique d'un mensonge permanent au service de la haine. Plus exactement, cette faillite de l'imagination n'a d'autre effet que de rendre l'humanité particulièrement perméable au mensonge. Si le procès des journalistes s'aggrave avec la guerre, c'est que les correspondants de guerre (à la solde des pouvoirs politiques et militaires) ne sont plus seulement ceux qui l'ont préparée, ils en accompagnent aussi, voire suscitent et même encouragent toutes les horreurs. Ils mettent la langue, au détriment de tout rapport à la vérité, au service de la fabrication d'une culture de l'ennemi. Or le propre d'une telle culture est d'abord de vider les mots de leur substance, de les réduire à leurs effets meurtriers. Là encore, Karl Kraus explique que rien ne serait possible sans certains usages du langage. L'horreur que chacun perpétue n'est possible que si l'adversaire s'en voit attribuée l'origine et si elle apparaît,

1. Karl Kraus, *Cette grande époque*, traduit de l'allemad par E. Kaufholz-Messner, Payot, 1990, p. 184.

toujours, comme une mesure de représailles. Encore une fois, ce sont des mots qui nourrissent la guerre et il faut des artisans pour en faire des armes.

> La vérité est que le journal n'informe pas sur un contenu, il est lui-même un contenu, un excitateur. Nous fournit-il quelques mensonges sur des horreurs qu'aussitôt les mensonges deviennent des horreurs. Il y a plus d'injustices dans le monde par la faute des journaux qui en inventent et les déplorent. [...] Si, avec sa vérité, le journaliste a tué notre imagination, c'est à notre vie qu'il attente avec ses mensonges. Son imagination est le pire succédané pour l'imagination que nous possédions jadis. Car si les uns ont affirmé que l'autre camp massacre les femmes et les enfants, les deux camps le croient et le font[1].

Et pourtant, ce mensonge ne se limite pas seulement à la propagande qui appelle et légitime le sacrifice du sang. Il peut aussi prendre des détours beaucoup plus subtils. En particulier, celui de croire qu'avec les mots qui la décrivent, on peut participer à, voire partager la souffrance d'autrui. Rien n'indigne autant Karl Kraus que l'appropriation du malheur à bon compte et rien n'exige autant une véritable éthique du langage, dont les contours restent à déterminer. Comment parler de la souffrance des autres, d'une souffrance qu'on n'éprouve pas dans sa chair (de l'angoisse de la mort sur le champ de bataille et sous les bombes), sans se payer de mots qui la rendent peu ou prou acceptable ? La perversion du rapport au langage, dans un tel cas de figure, est paradoxale. Elle consiste à rendre accessible l'inaccessible, elle familiarise avec ce qui n'autorise aucune familiarité et dérobe ainsi la souffrance d'autrui à son absolue singularité. Elle lui donne un air connu qui, à la longue, la rend banale et presque normale. Les mots, les phrases des journalistes (qui, en mal de sensations et d'émotions, abolissent la distance) masquent l'absence de commune mesure. Sous prétexte d'informer, voire même de dénoncer, de faire connaître, ils donnent l'illusion d'une compassion qui retombe aussi vite qu'elle est apparue, au détour d'une page – sans compter que cet usage des malheurs du monde se fait souvent à des fins mercantiles. Quand les mots ont tout envahi, quand plus aucune douleur, plus aucune souffrance n'échappent à leurs rêts, quelle place reste-t-il pour une vraie pitié ? Rien d'autre, sans doute que le silence, un silence retenu et désespéré, dont Kraus fait le plaidoyer, quelques semaines après la déclaration de la première guerre mondiale. Et de fait, il n'est pas impossible qu'il n'y ait pour lui pas de signe plus probant de la fin des temps que cette pitié introuvable qui ne connaît d'autre issue que le

1. Karl Kraus, *Cette grande époque*, *op. cit.*, 1990, p. 188-190.

silence[1]. Nul doute qu'à une époque où le moindre écrivain, en mal d'inspiration, se rend (à l'abri) sur les lieux d'un drame, pour substituer son témoignage factice à celui des victimes, et prend la parole au lieu de la donner, cette appréhension d'une parole envahissante, qui s'imagine faire de la souffrance d'autrui une souffrance universelle, sans s'interroger sur les possibilités d'une telle parole, sur ses conditions, ses limites et ses conséquences[2], ne trouve chaque jour sa confirmation.

> Que se passe-t-il seulement dans tous ces corps humains assurés contre les accidents, que, justement ce qui ne se passe pas en eux, qui ne pourrait jamais se passer et reste à leur sentiment pleinement inaccessible, ils n'hésitent pas à l'accompagner ainsi en parole comme leur partage ? Quelle puissance miraculeuse, à côté de l'événement qui fut trop faible pour persuader une pitié silencieuse, est ici agissante ?[3]

– Mais la conséquence principale du déficit d'imagination et de la fabrication du mensonge est encore ailleurs : le journalisme, loin de valoir comme critique, analyse ou commentaire de l'événement, en constitue bien plutôt la cause principale. Il précède l'action, dans la mesure où une grande partie de ce que nous accomplissons trouve son origine dans la presse. Ce faisant, il s'arroge un pouvoir exorbitant : celui de donner à notre vie sa forme la plus ordinaire. Ce ne sont plus les journaux qui sont le reflet de la vie, mais la vie elle-même qui ne fait rien d'autre que se conformer à l'image qu'en donne la presse. Nul doute que si, aujourd'hui, Karl Kraus pouvait voir la puissance d'uniformisation et de standardisation, non plus

1. Cf. Karl Kraus, *Cette grande époque* : « Dans les régions désertiques de l'imagination, où l'homme meurt de famine spirituelle sans que son âme ait seulement ressenti cette faim, où l'on trempe sa plume dans le sang et les épées dans l'encre, il faut faire ce que personne n'a pensé, mais ce qu'on s'est contenté de penser est indicible. N'attendez de moi aucune déclaration personnelle. Je ne serais pas capable de dire des choses nouvelles ; dans la chambre de celui qui écrit, le vacarme est si grand et ce n'est pas le moment de déterminer s'il vient des enfants, d'animaux ou seulement de mortiers. Quiconque approuve les actions, outrage la parole et l'action et se rend doublement méprisable. », *op. cit.*, p. 170.

2. Les journalistes ne sont pas les seuls que fustige Karl Kraus. Il s'en prend aussi à tous les chantres de la guerre, poètes et autres artistes qui trouvent dans le sacrifice glorieux des autres, dans une misère et des souffrances qu'ils n'ont aucune chance de jamais partager, la matière de leurs émotions. Cf. Karl Kraus, *La nuit venue*, *op. cit.*, p. 98 : « L'empressement du sang au sacrifice du sang est grand ou triste. Effroyable est l'empressement du mot au sacrifice du sang. Quelle guenille peut être une langue pourtant, qu'elle s'abandonne au contenu le moins vécu, qu'elle succombe ainsi à la volonté la plus basse de se placer à côté de l'acte le plus haut, et fasse des rimes avec de la bave, qu'elle ait de loin l'aspect de bronze ». Et un peu plus loin : « L'inconcevable, devant quoi la pensée a juste encore la force de chercher refuge dans le silence, a rendu la médiocrité diserte et le dilettantisme bavard ».

3. Karl Kraus, *La nuit venue*, *op. cit.*, p. 98.

des journaux ni même de la radio, mais de la télévision, il découvrirait à quel point sa prophétie d'un appauvrissement général de notre pouvoir d'imaginer la vie s'est accompli. De la fin des temps qu'il décelait dans « la confusion mentale qu'il fallut organiser systématiquement, télégraphiquement, téléphoniquement, photographiquement », nous ne sommes pas sortis. Nous le sommes d'autant moins qu'une fois encore, c'est dans l'usage du langage que cette confusion se manifeste. S'il est vrai que tout ce que nous faisons s'accompagne de mots (que nous disposons toujours du langage pour nous décrire à nous mêmes et communiquer aux autres ce que nous faisons, voire la façon dont nous pensons organiser notre existence), c'est à la pauvreté de ce langage que nous pouvons découvrir combien, d'une façon générale, nous sommes de moins en moins maîtres de cette vie.

> Qu'est-elle donc [la presse] ? Un simple messager ? Qui vient nous importuner avec ses opinions ? Qui nous tourmente avec ses impressions ? Qui nous présente ses interprétations en même temps que les faits ? [...] Non, elle est l'événement ! Un discours ? Non, la vie ! Elle ne se contente pas de prétendre que ses dépêches sur les événements constituent les véritables événements, mais elle provoque aussi cet inquiétant amalgame qui fait croire que les actes sont toujours rapportés avant même qu'ils se produisent, qu'elle les rend possibles aussi [1].

On comprend alors comment le journaliste, doté d'un pouvoir considérable, peut faire servir les mots à n'importe quel embrasement du monde [2]. Si le rapport entre le langage et l'action est à ce point inversé, si les actions trouvent moins leurs conséquences en elles-mêmes que dans les mots qui les relatent et les commentent, les mots, plus importants que les actions elles-mêmes, deviennent de formidables moyens pour perpétrer la misère et la violence.

Quelle que soit l'étendue du crédit qu'on voudra apporter aujourd'hui à la critique de Karl Kraus, les réserves et les distinctions qu'on avancera pour en atténuer la portée, ces trois éléments ont le mérite de dessiner en creux les traits d'une question qui donne à sa pensée sa force et son actualité. Si la violence est reconduite au langage qui la rend possible, aux mots dont elle se réclame, s'autorise et finalement se justifie, quel rapport au langage peut nous en préserver ? Et pour parler de notre temps, sommes-nous sûrs, pour notre part,

1. Karl Kraus, *Cette grande époque*, *op. cit.*, p. 182.

2. Cf. Karl Kraus, *ibidem*, p. 183 : « Une fois de plus, l'instrument a été plus fort que nous. Nous avons placé l'individu chargé d'avertir en cas d'incendie et dont le rôle dans l'État devait être tout à fait subalterne, plus haut que le monde, plus haut que l'événement et plus haut que notre imagination ».

d'être préservés de ce déficit d'imagination, de ces mensonges fabriqués, de ces actions induites par les mots des journalistes ?

Pensée et opinion

À la première de ces deux questions, Karl Kraus apporte une réponse qu'on aimerait étudier pour elle-même, avant de s'interroger sur sa portée. Elle tient tout entière dans l'opposition entre pensée et opinion ; elle consiste à distinguer les rapports au langage induits par l'une et l'autre.

Leur différence tient en trois points :

– Le premier est en apparence simplement formel. Tandis que la fabrication de l'opinion se sert du langage comme d'un simple instrument de communication, qu'elle fait servir à ses fins sociales, la pensée requiert une attention à la forme – qui fait de son expression une véritable création. Elle n'use pas du langage, comme d'un réservoir d'effets rhétoriques. Elle fait du travail sur la langue et dans la langue la condition même de la pensée. Tandis que l'opinion préexiste à la forme que prend sa formulation (et que la variation de celle-ci n'affecte que son degré d'efficacité), la pensée est tributaire de l'attention qui est portée à la langue. Elle suppose, comme exigence première, de se mettre en retrait – c'est-à-dire d'accepter de ne pas être maître de la langue.

> Je ne maîtrise pas la langue ; mais la langue me maîtrise complètement. Elle n'est pas pour moi la servante de mes pensées. j'entretiens avec elle une liaison qui me fait concevoir des pensées et elle peut faire de moi ce qu'elle veut. Je lui obéis au mot. Car, du mot, s'élance à ma rencontre la pensée juvénile, et elle forme rétroactivement la langue qui l'a créée. Semblable grâce de la gestation des pensées met à genoux et transforme en devoir tous les soins anxieusement dépensés. La langue est une maîtresse des pensées, et quelqu'un parviendrait-il à renverser le rapport, il trouvera en elle une servante utile dans le ménage, mais qui lui refusera ses faveurs[1].

Or cette exigence d'une non maîtrise de la langue soulève un premier problème. On aura compris qu'elle n'a rien d'une passivité. Elle impose plutôt la conscience du fait qu'on ne parle et n'écrit jamais assez bien sa

1. Karl Kraus, *Dits et contredits*, trad. fr. : Roger Lewinter, Paris, Ivrea, 1993, p. 149 ; Voir aussi *ibidem*, p. 136 : « Cette différence là aussi, rares sont ceux qui peuvent la reconnaître, la différence entre une manière d'écrire où la pensée est devenue langue et où la langue est devenue pensée, et une autre où la langue représente simplement l'enveloppe d'une opinion ».

propre langue. Elle réclame de l'humilité, de la modestie et du travail. Soit, mais deux questions surgissent alors : Qui connaîtra suffisamment bien la langue pour être juge de cette conscience? Une telle construction ne suppose-t-elle pas précisément un juge unique et omniscient, un grand évaluateur (pour ne pas dire inquisiteur) des illusions de la maîtrise et de la reconnaissance de la non-maîtrise? Nous verrons ultérieurement que la difficulté est ici celle de la logique judiciaire dans laquelle s'engage toute focalisation du malheur sur le rapport à la langue. Mais surtout, la question se pose de savoir ce que la pensée gagne à être ainsi liée au travail de la langue. N'est-ce pas la rendre tributaire de ce qui fait la particularité même de cette langue. Qu'en est-il alors des autres langues, et surtout de la pensée exprimée dans ces autres langues ? Il n'y aurait qu'un pas à franchir pour que se mette en place un véritable système d'évaluation, pour que la valeur de la pensée soit fonction de la valeur de la langue. Le risque serait conjointement celui de la sacralisation d'une langue particulière et du discrédit de tout ce qui s'exprime dans les autres langues.

Karl Kraus n'y échappe pas. Nombreux sont les textes qui font l'éloge de la langue allemande, en tant que telle – qui font acte d'allégeance moins à la langue, comme telle, qu'à la langue allemande, comme allemande, au prix d'une classification, d'une caractérisation des langues. C'est notamment le cas de l'essai intitulé *Heine et les conséquences*. Dans cette violente diatribe dirigée autant contre Heine lui-même que contre les journalistes et feuilletonistes qui l'ont suivi, trois éléments sont à noter. D'abord, le principal délit dont, aux yeux de Kraus, Heine s'est rendu coupable est un délit d'importation : il a ramené de France quelque chose d'étranger et de dangereux pour l'Allemagne. Ensuite, cette importation concerne l'esprit. Elle n'est compréhensible que rapportée à ce qui déterminerait une différence fondamentale entre « l'esprit français » et « l'esprit allemand ». Tandis que le premier se manifeste dans un goût de l'ornement et de l'agrément qui conduit chacun à faire de sa vie une œuvre d'art, le second reconduit toute chose, à commencer par l'art, au caractère nécessaire et utilitaire de ses activités. Ce faisant, Kraus ne fait que reproduire l'opposition au demeurant classique entre la « frivolité française » et le « sérieux allemand ». Enfin, si cette importation est coupable, c'est parce que chacune de ces caractérisations (le sérieux, la frivolité) est d'abord inscrite dans la langue. Ce qu'elles désignent est un certain rapport à la langue appelé par la nature de la langue elle-même. Autant la langue allemande résiste aux jeux de langage et demande un effort continu pour qu'une pensée surgisse, autant la langue française se plie à tous les usages et donne à toute pensée le caractère mondain d'une conversation agréable. L'attachement exclusif à la langue n'est donc pas exempt de risque. Il peut très bien reconduire sous une autre forme ce qu'il prétend dénoncer et empêcher : un nationalisme désuet et dangereux.

> Sans Heine, pas de feuilleton. C'est la maladie des Français qu'il a introduite chez nous. Que l'on tombe facilement malade à Paris ! Comme on y perd le sens de la langue allemande et de sa morale ! La langue française se donne à n'importe quel filou. Devant la langue allemande, il faut être de taille si on veut l'avoir et elle ne vous en fait pas moins mener une vie d'enfer. Mais avec la langue française, tout se passe sans encombre, avec l'absence totale d'inhibition qui représente la perfection chez une femme et la faiblesse d'une langue. Et la voie qui conduit à elle est la voie céleste que vous trouvez dans le dictionnaire : flatterie, flatteur, flavescent, fléau. Chacun trouve en elle le bonheur du feuilleton. Elle est une fainéante de la pensée. La tête la mieux faite n'est pas sûre d'avoir des idées quand elle a affaire à elle. Les langues nous donnent tout, car elles contiennent tout ce qui peut devenir pensée[1].

– Mais l'analyse de l'opposition entre pensée et opinion doit être poursuivie plus loin encore. De cette différence de rapport à la langue découlent des effets différents. Tandis que celui de l'opinion est immédiat, celui de la pensée trouve son chemin plus difficilement[2]. Que la pensée soit un travail de la langue implique, en effet, qu'elle ne va pas forcément au devant de l'attente du public qui la reçoit. Elle demande, à chaque fois, un nouvel effort d'imagination, qui n'est jamais le même. Le propre de l'opinion, au contraire, est de ne jamais décevoir, d'être toujours prévisible, de se couler dans des moules langagiers qui, d'une façon ou d'une autre, sont toujours convenus. C'est pourquoi, elle est aussi éphémère que prévisible. Un événement chasse l'autre, en même temps que le récit ou l'analyse qu'on en fait, une opinion prend la place d'une autre, dans le moule qui leur est commun et les reçoit toutes successivement. Les sujets passent (guerres, massacres, catastrophes), ils sont vite remplacés, vite oubliés – et il n'en reste rien. Telle est la loi du journalisme, et c'est ce qui donne, au bout du compte, au rapport au langage, au temps et au monde qu'il organise, son caractère le plus apocalyptique.

Le poids croissant de la parole journalistique pèse sur la possibilité de déceler dans chaque événement quotidien sa part d'éternité et de lui recon-

1. Cf. Karl Kraus, *Heine et les conséquences*, tr. fr. in *Les Cahiers de l'Herne*, *op. cit.*, p. 53-54.

2. Cf. Karl Kraus, *Apocalypse*, in *La littérature démolie*, trad. fr. : Y. Cobry, Paris, Payot, 1993, p. 157 : « Le journalisme qui a également enchaîné la parole écrite à une nécessité d'effet immédiat a élargi les privilèges du public, l'encourageant à exercer une tyrannie intellectuelle dont chaque artiste a le devoir de se dégager dès qu'il en perçoit les effets sur ses nerfs ».

naître un sens universel. Finalement, la succession épuisante et vertigineuse des informations, des opinions, la rapidité de leur transmission, de leur consommation n'a d'autre effet que de donner à chacun de ces événements une signification restreinte, conjoncturelle, de privilégier le national, le local, tout aussi bien que l'étranger ou l'exotique pour leur particularité propre (sensationnelle, immédiate et fugitive) – sans chercher en eux ce qui transcende cette particularité. À ce repli qui est aussi un cantonnement, Kraus donne un nom : l'actualité, qu'il faut entendre comme le contraire de ce que Nietzsche désigne sous le nom d'inactuel. Ainsi dans *Heine et les conséquences* :

> Lorsqu'un individu bavarde autour du thème de l'éternité, ne devrait-on pas l'écouter aussi longtemps que dure l'éternité ? C'est de ce sophisme que vit le journalisme. Il dispose toujours des plus grands thèmes et, entre ses mains, l'éternité peut devenir de l'actualité, mais il faut aussi qu'elle se démode tout aussi facilement pour lui. L'artiste façonne le jour, l'heure, la minute. Aussi limitées que soient ses motivations sur le plan temporel et local, son œuvre se développera d'autant plus librement qu'elle s'éloignera plus des motivations. Qu'elle ne craigne pas de se démoder dans l'immédiat : elle rajeunira dans quelques décennies. Ce qui vit du sujet meurt avec le sujet. Ce qui vit dans le langage vit avec le langage[1].

Mais qu'est-ce que cette part d'éternité qui appartient aux choses les plus infimes et les plus quotidiennes ? C'est sur ce point que la critique de Karl Kraus prend toute sa dimension eschatologique. L'éternité de l'événement est le fait qu'en lui se trouve comprise toute l'histoire universelle[2]. De ce raccourci, de cette concentration de l'universel dans l'anecdotique, plusieurs signes sont donnés. Le premier est celui du public. Kraus, en effet, n'a de cesse d'indiquer qu'il ne s'adresse pas de façon prioritaire aux Allemands – c'est-à-dire à un peuple donné. Si les réalités qu'il observe et critique sont « allemandes », la portée que leur donne le

1. Karl Kraus, *Heine et les conséquences*, *op. cit.*, p. 57. Voir aussi, entre autres, *Dits et contredits*, *op. cit.*, p. 125 : « Un écrivain qui éternise un cas quotidien compromet uniquement l'actualité. Mais qui journalise l'éternité a des chances d'être reconnu dans la meilleure société ».

2. C'est un point sur lequel Walter Benjamin a particulièrement insisté dans un célèbre essai sur Karl Kraus : « Karl Kraus se tient au seuil du jugement dernier. De même que les saints écrasés contre le cadre des somptueux tableaux baroques décorant les autels tendent leurs mains en un geste de défense contre le vertigineux raccourci que la perspective impose aux membres des anges, des bienheureux et des damnés planant devant eux, de même Kraus voit-il dans un élément d'une seule nouvelle locale, d'une seule phrase, d'une seule annonce toute l'histoire universelle fondant sur lui. ». La traduction française de l'essai de Benjamin figure en préface à Karl Kraus, *Cette grande époque*, *op. cit.*, p. 44.

travail de l'écriture ne l'est plus. Ce qu'il écrit transcende les frontières. Écrire, travailler avec et dans la langue n'ont même pas d'autre sens que celui-ci : arracher l'anecdotique, le local à sa signification particulière, ouvrir, à partir d'eux, une perspective sur l'histoire de toute l'humanité. Tous ceux, pseudo-écrivains et journalistes, qui se sont fourvoyés dans la propagande de guerre, et dans bien d'autres aventures encore, qui ont fait servir la langue à la défense et à la promotion d'intérêts contestables, se sont définitivement privés d'une telle perspective. Le second, sur lequel nous allons longuement revenir, est qu'un tel raccourci (qui se veut fulgurant) est ce qui transforme la langue en tribunal. Donner à la critique cette dimension universelle, c'est faire de la création verbale le lieu du jugement dernier. L'un et l'autre sont mêmes indissociables. Sans un travail de la langue sur elle-même – sans le souci constant de défaire tous les stéréotypes, de traquer toutes les compromissions (qui se trahissent toujours dans des faiblesses de langue, des négligences grammaticales, des facilités et des libertés prises avec la langue), on retombe toujours dans les rêts de la propagande, de l'idéologie, on fait toujours (sans en avoir forcément conscience) le jeu d'un pouvoir local et particulier. C'est tout le sens du discours tenu à la Sorbonne, devant un public français, le 9 décembre 1927 :

> En trente années, je n'ai pas écrit une ligne où la critique de la civilisation universelle, la saisie du déclin de notre monde n'aient quelque rapport avec mes expériences personnelles [...] Pourquoi ne décrirais-je pas le destin tragique de l'humanité entraînée vers la mort par son manque d'imagination – ce problème est au centre de mon drame – pourquoi ne décrirais-je pas un tel problème à notre humanité plus vaste, même si mon expérience ne se fit qu'au contact de mes propres concitoyens ? [...] Qu'on se le dise une fois pour toutes : j'ai passé ma vie à n'écrire que des choses qui – à partir des critiques des imperfections observées dans ma patrie – permettent de faire progresser l'humanité vers un objectif idéal[1].

– Mais cette part d'éternité est aussi ce qui investit l'écrivain, à la différence du journaliste, d'une responsabilité inouïe[2]. Pour le rédacteur,

1. Karl Kraus : *L'oiseau qui souille son propre nid*, trad. fr. in *Cahier de l'Herne*, *op. cit.*, p. 73-75.

2. Dans un très beau texte, Élias Canetti a évoqué la façon dont ce sentiment de responsabilité absolue pouvait être communiqué par Karl Kraus, à l'occasion ce ses soirées de lecture : « Qu'est-ce qui, venant de lui, m'a imprégné si profondément que je ne suis plus en mesure de le dissocier de ma personne ? Il y a d'abord le sentiment de responsabilité absolue. Elle m'apparaissait sous une forme qui confinait à l'obsession et tout ce qui n'y atteignait pas ne semblait pas mériter qu'on y consacrât une vie. », Élias Canetti : « Karl Kraus, école de résistance », trad. fr. in *Cahier de l'Herne*, *op. cit.*, p. 164.

ou feuilletoniste, l'événement qu'il relate et commente s'inscrit dans une série plus ou moins continue, dans laquelle importe seulement que rien ne soit suspendu, interrompu. Écrivant aujourd'hui, il doit pouvoir écrire encore demain et après demain et ainsi de suite – il sait qu'il sera requis, chaque jour qui passe, par un nouveau sujet. La responsabilité qu'il engage ne s'étend jamais au-delà de cette succession : être encore et toujours là où il faut (un jour à Paris, la veille à Vienne, le lendemain ailleurs), ne rien manquer de ce qui advient journellement, ne rien perdre de l'actualité – suivre ainsi le cours du temps, quel que soit le sens qu'on lui donne. Un article chasse l'autre. Et c'est encore un autre signe, le plus dramatique peut-être, de la fin des temps, que l'habitude où nous sommes tombés de laisser glisser sur nous, parole après parole, toutes ses informations – sans que rien ne change vraiment – et d'accepter toutes les palinodies. Car le repli de l'éternité sur l'actualité, autant que l'absence de responsabilité, ont pour conséquence la réversibilité totale de l'opinion. Ce qui est adoré un jour peut être détesté le lendemain, ce qui est admiré jeté aux orties, ce qui est défendu condamné. De cette inconstance témoigne, entre autres, l'art avec lequel, au lendemain de la guerre, les plus belligérants des feuilletonistes sont devenus des pacifistes – comme si rien ne demeurait de ce qu'ils ont pu écrire, comme si la violence des mots, des invectives, l'appel du sang pouvaient s'effacer d'un trait de plume. Qu'une parole aussi inconséquente puisse prendre le pas sur toute autre, au point d'en étouffer l'imagination et le désir, voilà ce qui, pour Karl Kraus, constitue l'un des signes les plus probants de la fin des temps. Car, dans son esprit, il ne devrait pas en aller de même pour l'écrivain. La question se pose donc dans les termes suivants : y a-t-il encore une place pour autre chose que la fabrication accélérée de l'opinion.

> On doit à chaque fois écrire comme si l'on écrivait pour la première et la dernière fois. Dire autant de choses que si l'on faisait ses adieux, et les dire aussi bien que si l'on faisait ses débuts[1].

La foi dans la langue

De fait, c'est à une telle parole, décisive, conséquente, écrite pour la première et la dernière fois (et, à ce titre, réellement prophétique) que se raccroche Karl Kraus. Du rapport au langage et à la langue allemande qui la caractérise doit venir le salut. Et cela impose d'abord que la langue se fasse le critique d'elle même. Quatre éléments scandent cette critique : le dégoût,

1. Karl Kraus, *Dits et contredits*, *op. cit.*, p. 149.

le jugement, le repentir, mais aussi la croyance dans l'avenir – c'est-à-dire dans les possibilités insoupçonnées que recèle encore le langage. Citons quelques uns des textes qui marquent la confiance de Kraus dans cette autoconstitution de la langue en tribunal. Et notamment les remarques qui ponctuent deux essais écrits à trois ans de distance : *Le silence, la parole et l'action* (1915) et *Jugement dernier* (1918). Dans le premier, Kraus s'explique en ces termes sur son refus de commenter dans la revue *Die Fackel* les débuts de la première guerre mondiale :

> Le silence n'était que la crainte de ne pas réussir à faire entendre son dégoût pour l'autre parole, celle qui accompagne l'action, qui en est la cause et la conséquence, pour l'immense dépotoir de phrases qu'est notre monde, la crainte de ne pas être capable ou d'avoir droit de le faire. Le silence pourtant était si bruyant qu'il était presque parole[1].

Mais il ajoute aussitôt, sur un ton prophétique qui donne son sens à toute sa démarche :

> Il fallut qu'après tout ce temps se fasse entendre à son tour le héraut annonciateur de la plus grande faillite de la civilisation que connût l'histoire de la planète, ne fût-ce que pour prouver que le langage n'était pas encore mort étouffé[2].

Un peu plus loin surgit le repentir, prélude au jugement dernier :

> Le jour viendra où ils ressentiront ce que vaut la parole qui, si elle ne parvient pas à leur rendre du courage, leur fera honte et leur inspirera ce sentiment qui tombe si bien à un moment crucial : le repentir[3].

Dans *Jugement dernier*, lorsqu'il s'agit de faire le bilan de la guerre, une fois l'armistice signée, c'est encore le langage qui vient en première ligne. En un seul mouvement, Kraus concentre tous les éléments qui donnent à la critique du langage sa dimension eschatologique. Il fait des usages passés de la langue le symptôme d'un temps révolu et d'un nouveau rapport au langage la promesse d'une époque nouvelle :

> Plus que par le remords de l'action, soyons pris par le dégoût pour le verbe, qu'il s'empare de nos esprits pour que plus jamais nous ne nous laissions prendre nos biens et notre sang par une presse irresponsable qui a déformé l'appel de la patrie et voudrait maintenant se cacher parmi ceux qui chantent la paix éternelle.

1. Karl Kraus, *Le silence, la parole et l'action*, in *Cette grande époque*, *op. cit.*, p. 203.
2. *Ibidem*, p. 204.
3. *Ibidem*, p. 206-207.

> Lorsque la grande époque qui, dans nos régions, fut l'époque de l'avilissement, deviendra enfin une époque grandiose, elle le sera pour nous quand, dans un second haut-le-corps, nous nous débarrasserons de ce vain bazar politique en même temps que de tous les immondices de l'esprit, du bric-à-brac d'idées hors-service, de tout l'inventaire de *ces criminels qui pervertirent le verbe*[1].

On comprend alors en quoi la tâche dans laquelle, déjà en 1909, et de façon constante depuis lors, Kraus résumait son travail d'écrivain, « déjournaliser la langue[2] », a une portée eschatologique Ce qu'il y a de plus apocalyptique dans la fin des temps, c'est que personne n'en a conscience. Le triomphe de l'opinion sur la littérature a pour effet de tout rendre ordinaire. Aussi le travail du critique de la langue est-il simultanément une dénonciation de l'apocalypse et la présentation prophétique d'une voie pour en sortir. Double dévoilement en vérité : désigner ce qui a été perdu (la nature et le langage, et l'un en même temps que l'autre) et indiquer l'unique moyen de le retrouver (la nature par le langage, la première grâce à la correction, l'épuration du second).

Mais ce que ce double dévoilement trace, ce sont surtout les contours d'une indestructible foi dans la langue (dans le langage en général, et dans la langue allemande en particulier) qui donne son sens à toute l'œuvre de Kraus. Avoir une telle croyance, c'est croire que la correction grammaticale, la rigueur sémantique, le refus d'user et d'abuser des pièges de la rhétorique, de jouer sur les mots pour traiter aussi bien les questions les plus graves que les plus dérisoires suffisent à retrouver la vraie nature des choses. Il est significatif que le monologue de l'ergoteur, dans *Les derniers jours de l'humanité*, [monologue qui incluait, rappelons le, l'évocation du cavalier de l'apocalypse], se poursuit par une telle profession de foi :

> C'est ainsi que le temps rend méconnaissable la vraie nature des choses au point d'amnistier le plus grand des crimes jamais perpétrés sous le soleil et les étoiles. *Moi, j'ai sauvegardé la vraie nature des choses*[3] et mon oreille a décelé l'écho des actes, mon œil a révélé la mimique des discours et ma voix, chaque fois qu'elle

1. Karl Kraus, *Jugement dernier, in Cette grande époque*, *op. cit.*, p. 218, nous soulignons.

2. Karl Kraus, *Apocalypse*, *op. cit.*, p. 161 ; « Donc je voulais aider le lecteur, lui montrer le chemin qui conduit à un dédommagement pour l'abandon du sensationnel. Je voulais lui faire comprendre les possibilités de la langue allemande, l'amener à ce niveau où la langue écrite apparaît comme une enveloppe naturelle de la pensée et non comme l'habillage social d'une opinion. Je voulais déjournaliser la langue ».

3. Nous soulignons.

s'est contentée de répéter des citations, l'a fait de telle sorte que le ton fut fixé à jamais[1].

Cette foi dans la langue appelle deux remarques. D'abord, il faut reconnaître qu'elle n'est pas sans poser un problème majeur qui est celui de la vengeance et du tribunal. Car c'est un vengeur, un justicier, voir un inquisiteur qu'elle oppose au cavalier de l'apocalypse. Et le salut, s'il existe, n'a pas d'autre forme qu'un interminable procès. Sortir de l'apocalypse, essayer, dans un dernier sursaut, d'échapper à la fin des temps, cela veut dire : ne rien laisser passer des atteintes portées au langage, traquer sans s'arrêter toutes les libertés que s'autorisent ceux qui en font un instrument de persuasion, au service de leurs fins particulières. – Et le meilleur moyen de ne rien laisser passer, c'est de citer inlassablement. Toute citation[2] devient alors une citation à comparaître[3]. Citer, c'est juger et condamner, puis exiger le repentir. Mais quelles sont ces phrases que cite Karl Kraus ? Celles dans lesquelles il entendait, et lui seul, au hasard de tel contournement de la loi grammaticale, de telle invention rhétorique, les voix de l'apocalypse – des phrases qui, aussi anodines soient elles, étaient crédités d'effets insoupçonnés, parce qu'elles étaient toujours le commencement de la fin. Du même coup la création verbale se trouvait solidaire de l'écoute de ces voix, de l'inventaire interminable des altérations, des mauvais usages de la langue, et de leur procès. Hors du jugement, hors de la critique, il ne pouvait pas y avoir de salut. Comment la langue, engagée dans un tel procès, aurait-elle pu échapper au caractère infini et indéterminé de son auto-critique ? Cela aurait supposé que soit venu le temps du salut ou de la rédemption. À défaut d'une telle certitude qui aurait mis un terme à

1. Karl Kraus, *Les derniers jours de l'humanité* (acte V, scène 54), trad. fr. in *Cahier de l'Herne*, *op. cit.*, p. 72.

2. Ce statut particulier de la citation a été mis en évidence par Walter Benjamin dans l'essai déjà cité : « Dans la citation qui sauve et qui châtie, la langue apparaît comme la matrice de la justice. La citation appelle les paroles par leur nom, les arrache au contexte en les détruisant, mais elle les rappelle en même temps à leur origine. Elle n'a rien d'inepte cette citation qui retentit, bien à sa place, dans la structure d'un texte nouveau. En tant que rime, elle réunit les analogies dans son aura, en tant que nom, elle est seule et inexpressive. En elle les deux domaines – origine et destruction – se légitiment par rapport à la langue. En elle se reflète la langue angélique, dans laquelle tous les mots, tirés du contexte idyllique du sens, sont devenus devises dans le livre de la création. », *op. cit.*, p. 75.

3. Voir à ce sujet ce qu'écrit Canetti, *op. cit.*, p. 162 : « La citation telle qu'il l'employait devenait un réquisitoire contre celui qu'il citait; elle était souvent le point culminant, l'accomplissement de ce réquisitoire que le commentateur avait à prononcer. Karl Kraus avait le don de condamner les gens en les faisant pour ainsi dire se condamner eux-mêmes ».

l'attente eschatologique, l'exercice d'une justice autoritaire et intransigeante ne pouvait trouver de terme[1].

Tel serait peut-être, finalement, le problème majeur que pose tout diagnostic du présent en termes de fin des temps ou de fin du monde (qu'il se focalise sur la langue ou sur autre chose) : il s'engage irrémédiablement (et sans qu'aucun terme ne puisse être assigné) dans une logique judiciaire. Il porte toujours l'ombre du jugement dernier. Quant à celui qui assigne à tel ou tel événement une signification apocalyptique, il s'érige en juge suprême[2]. Dans le cas de Kraus, c'est finalement la langue elle-même qui n'existe plus autrement qu'à travers son interminable jugement.

> Souvent je suis proche du mur de la langue et ne perçois plus que son écho. Souvent je cogne de la tête le mur de la langue[3].

Et pourtant, il faut reconnaître ensuite, en dépit de tous ces excès, à quel point cette foi était aussi un acte de courage. Personne plus que Kraus n'eût conscience de ce que pouvait avoir de dérisoire le fait d'opposer au déchaînement de la violence et des persécutions le jugement de la langue et l'espoir d'un autre rapport au langage. Et ce n'est pas un hasard si, durant plusieurs mois, le directeur de la *Fackel* n'eût rien d'autre à opposer à la venue de Hitler au pouvoir que son silence abasourdi. Jusqu'au jour où, au terme d'une importante polémique, il se décida, après avoir écrit et tenu secret *Die dritte Walpurgis Nacht*, à publier un condensé de sa critique dans un nouveau numéro de *Die Fackel*: *Warum die fackel nicht erscheint ?* (*Pourquoi la Fackel ne paraît pas ?*) et à justifier son silence. Polémiquer avec les nazis, comme on le lui demandait, était chose vaine et impossible quand ceux-là ne reconnaissaient d'autre réponse à l'opposition que l'usage de la force brutale. Par contre, on pouvait s'accrocher à un mince espoir : comprendre comment cette réalité meurtrière trouvait son origine dans une phraséologie meurtrière, rétablir un peu de la correction linguistique si profondément entamée, afin que le château de carte de cette phraséologie s'effondre de lui même. La foi dans la langue ne visait donc pas à minimiser l'atrocité des événements, elle n'était pas non plus une

1. C'est ce qu'a mis en évidence Élias Canetti, rappelant comment, après trois décennies de critiques et de jugements, la littérature viennoise se trouvait réduite par Kraus à une peau de chagrin, rien ne résistant, au fil des années, au couperet de son jugement – mais aussi comparant l'œuvre de Kraus à l'édification inachevable d'une muraille gigantesque, dont chaque pierre aurait été un jugement.

2. Cf. Canetti, *op. cit.*, p. 166 : « Le fond du problème est qu'il s'était arrogé à lui-même tous les jugements à prononcer et ne permettait à aucun de ceux pour lesquels il était un exemple d'émettre un jugement personnel. Chacun de ses partisans put très vite observer sur soi même les conséquences d'une telle contrainte ».

3. Karl Kraus, *La nuit venue*, *op. cit.*, p. 162.

indifférence calculée, mais un pis aller à une violence que les mots d'une critique directe auraient à peine effleurée. Tout se passait comme si la seule chose qui pouvait être faite était de prendre la violence à la racine, pour qu'au moins elle ne trouve plus dans le langage la moindre caution. Montrer à quel point il avait fallu que le langage fût perverti pour qu'elle soit justifiée, c'était la reconduire à sa vérité nue.

CHAPITRE V

LA MAGIE DU LANGAGE

BRETON, BENJAMIN

> Qu'elle qu'ait été l'évolution du surréalisme dans le domaine politique, si pressant que nous en soit venu l'ordre de n'avoir à compter pour la libération de l'homme, première condition de la libération de l'esprit, que sur la Révolution prolétarienne, je puis bien dire que nous n'avons trouvé aucune raison valable de revenir sur les moyens d'expression qui nous sont propres [1].

Ce n'est pas en vain qu'André Breton rappelait, par ces quelques mots écrits en 1930, l'engagement politique du surréalisme au service de la Révolution. Au moment même où il écrivait ces lignes, les surréalistes (ceux, du moins qui avaient survécu aux procès et aux exclusions de toutes sortes qu'il avait lui-même organisés, à la logique judiciaire du mouvement) n'étaient pas sortis des contradictions dans lesquelles cet engagement se trouva pris dès le départ ni des difficultés qu'il rencontra pour faire admettre dans les rangs des théoriciens et des praticiens de la Révolution, comme Pierre Naville, le caractère éminemment révolutionnaire du rapport au langage inédit et profondément novateur qu'il entendait instaurer. En apparence la question se posait en des termes assez simples : Existe-t-il une littérature prolétarienne ? ou plutôt : la littérature doit-elle être prolétarienne pour remplir la seule tâche légitime qui lui incombe dans l'histoire : préparer, accompagner, encourager (la détermination du verbe est déjà tout un problème) la Révolution ? Encore fallait-il savoir à quelles conditions elle pouvait l'être. S'agissait-il de décrire les conditions

1. André Breton, *Second manifeste du surréalisme*, *Œuvres complètes*, tome 1, La Pléiade, Paris, Gallimard, 1988, p. 803.

d'existence de la classe ouvrière, de dénoncer la misère des villes? Et qui alors était à même de le faire?

À ces différentes questions, André Breton fut sommé de répondre à de multiples reprises (notamment en 1928[1]), ce qui revenait à chaque fois à justifier l'existence du mouvement. Or sa réponse, essentiellement négative, consiste presque toujours à déplacer la question. Ce n'est pas à la possibilité (ou à l'existence) d'une littérature prolétarienne qu'il faut s'intéresser (celle-ci suppose que la Révolution est déjà accomplie), mais à un rapport révolutionnaire au langage. Ce qui revient, en réalité, à poser le problème de la façon suivante : Peut-on penser un rapport entre langage et Révolution qui ne relève ni de l'idéologie ni de la propagande? Cette question, on le sait, fut au cœur du malentendu qui pesa sur la relation entre des poètes comme Blok, Maiakovski ou Essenine et le pouvoir soviétique[2]. Mais ce n'est pas peu dire qu'elle hante aussi tous les textes théoriques du surréalisme. Elle revient à chaque nouvelle tentative de définition de son activité et de ses objectifs, comme si elle était au principe même de sa répétition – jusqu'à l'ultime palinodie, jusqu'au dernier renoncement.

Elle abrite en réalité trois types d'interrogations :

– À quelles conditions le rapport qu'on a au langage peut-il être révolutionnaire?

– Qu'est ce que cela suppose de la nature du langage? Ou plutôt quelle *foi* devons nous mettre dans le langage pour qu'il puisse être investi d'une telle *promesse* eschatologique. Est-ce une foi dans sa « magie » ?

1. Il s'agissait d'une enquête de la revue *Monde* qui posait deux questions : « 1) Croyez-vous que la production artistique et littéraire soit un phénomène purement individuel? Ne pensez-vous pas qu'elle puisse ou doive être le reflet des grands courants qui déterminent l'évolution sociale et économique de l'humanité? 2) Croyez-vous à l'existence d'une littérature et d'un art exprimant les aspirations de la classe ouvrière? Quels en sont, selon vous, les principaux représentants ? » La réponse d'André Breton parut dans le n° 13 de la revue, le Ier septembre 1928. Elle fut reprise dans le *Second manifeste du surréalisme*.

2. Parmi les nombreux textes qu'on pourrait citer, on rappellera l'article de Zamiatine intitulé *J'ai peur* et publié dans la revue *Dom Iskousstv* (n°1, 1921) à Saint Petersbourg (trad. fr. : Ewa Berard in *Art et poésie russe 1900-1930*, Paris, Centre Georges Pompidou, 1979, p. 144) : « L'essentiel est qu'une littérature véritable ne peut exister là où elle est faite par des fonctionnaires bien pensants et zélés; elle ne peut exister que là où elle est faite par des fous, par des anachorètes, par des hérétiques, par des rêveurs, des révoltés, des sceptiques. Et là où l'écrivain doit être raisonnable, où il doit être religieusement orthodoxe, où il doit être directement utile, où il ne peut cingler, comme Swift, tout le monde, où il ne peut sourire, comme Anatole France, à tout le monde, il n'y aura pas de littérature de bronze, il n'y aura qu'une littérature de papier, une littérature de la presse, une littérature qu'on lit un jour et dont on se sert le lendemain pour envelopper le savon ».

– Mais alors que recouvre exactement cette « magie » ? Est-elle pensable indépendamment de toute considération théologique ? Ces questions, nul doute qu'elles sont de celles qui dirigèrent l'attention de Benjamin vers les écrits des surréalistes, même si les pages qu'il leur consacra, dans un essai intitulé *Le surréalisme, le dernier instantané de l'intelligentsia européenne* (1929) sont antérieures aux écrits directement politiques d'André Breton, comme *Position politique du surréalisme* (1935).

LANGAGE ET RÉVOLUTION

Que la place du langage se trouve au cœur de cette problématique, les suspicions qui pesaient sur le travail des surréalistes en apportent un premier témoignage. Et pourtant, elles avaient en commun avec ce travail une commune méfiance à l'encontre des mots. Sauf que, de part et d'autre de cette frontière (entre surréalisme et Révolution) – qui épouse aussi la ligne d'un parti, qui recouvre des directives politiques, des injonctions, des mises en demeure – cette méfiance changeait de nature. Du côté des partisans de la littérature prolétarienne, elle s'alimentait du refus de voir accréditée, une fois encore, la thèse selon laquelle les idées mènent le monde et ont le pouvoir de transformer les hommes – des idées qui prendraient le pas sur l'urgence de l'action. Mais l'impératif de l'action pouvait aussi se trouver confisqué par des jeux esthétiques (esthétisants) qui n'auraient aucune portée politique – comme, par exemple, les créations verbales des surréalistes. Tels étaient donc les deux risques qu'entendait conjurer l'exigence d'une littérature au service de la classe ouvrière, c'est-à-dire aussi à la remorque de l'histoire – une littérature réduite à suivre les étapes successives d'un mouvement qui ne lui appartient pas, qui se joue ailleurs, qu'elle n'a pas même le pouvoir d'impulser et de créer. Mais pour que la littérature se soumette à ces injonctions extérieures, qu'elle se prête à un contrôle effectif et permanent, il fallait que les dangers inscrits dans l'essence même du langage soient conjurés. Il fallait que rien ne puisse venir de la langue ou par la langue (du rapport à la langue) qui soit imprévisible, qui puisse emprunter d'autres voies que celles assignées à la littérature prolétarienne. Mieux, toute voie de traverse pouvait apparaître comme une défaillance, un refus ou une trahison. Donner à la littérature la dimension d'une invention verbale, c'était reculer devant la seule tâche ou la seule mission crédible de la littérature : ne rien perdre du réel (et notamment du réel social) – saturer l'espace de descriptions et de récits qui dénoncent ce réel, d'appels et d'encouragements à le transformer. Si le langage était porteur d'une promesse, celle-ci ne pouvait donc exister que dans l'efficacité de son instrumentalisation – c'est-à-dire dans une appropriation toujours plus grande au service de l'action sociale. Une fois reconnue cette essence instrumentale, il ne faisait plus problème, pas plus que n'était problématique le rapport du langage avec la réalité. La Révolution n'attendait pas de la langue qu'elle transforme ce rapport. Elle entendait seulement que soit substituée à la réalité une autre réalité, avec le soutien du langage, mais sans que la langue en soit affectée.

La méfiance d'André Breton est tout autre. Elle est même à ce point différente qu'il lui faut se justifier en permanence de ne tomber sous le coup d'aucune des deux accusations précédemment énoncées (l'intellectualisme et l'esthétisme) – tant il est vrai que ce débat s'apparente à un procès révolutionnaire. Il lui faut convaincre les instances concernées que les surréalistes ne sont pas des esthètes qui se détournent de l'histoire – que leur pratique du langage a un sens politique. Mais il lui faut rappeler aussi qu'ils ne méconnaissent pas le caractère premier de l'action, son urgence ; qu'ils n'entendent pas faire de spéculations théoriques le moteur de l'histoire.

> Nous combattons sous toutes leurs formes l'indifférence poétique, la distraction d'art, la recherche érudite, la spéculation pure, nous ne voulons rien avoir de commun avec les petits ni avec les grands épargnants de l'esprit[1].

De quelle nature alors est la méfiance des surréalistes à l'encontre du langage ? Elle procède d'abord de la conviction que l'ordre des mots reproduit dans la langue, conforte et justifie l'ordre d'un monde. Ce ne sont pas nos sens qui nous font accréditer le monde dans lequel nous vivons, mais l'habitude que nous avons d'assembler les mots selon un certain ordre. Avant que l'écriture automatique et les récits de rêve ne viennent le détruire, c'est déjà un automatisme qui préside à l'agencement des mots dans notre langage – un automatisme social qui gouverne notre croyance à la réalité immuable de ce monde.

> Restent les mots, puisque, aussi bien, de nos jours c'est cette même querelle qui se poursuit. Les mots sont sujets à se grouper selon des affinités particulières, lesquelles ont généralement pour effet de leur faire recréer à chaque instant le monde sur son vieux modèle. Tout se passe alors comme si une réalité concrète existait en dehors de l'individuel ; que dis-je, comme si cette réalité était immuable[2].

1. André Breton, *Second manifeste du surréalisme*, *op. cit.*, p. 785.
2. André Breton, « Introduction au discours sur le peu de réalité », in *Point du jour*, *Œuvres complètes*, tome II, La Pléiade, Paris, Gallimard, 1992, p. 275.

Et cette croyance est d'autant plus forte qu'elle est commune. Ainsi le monde que le langage accrédite est-il un monde à la fois extérieur et commun, dont l'ordre est soumis à la double loi de la répétition et de la conservation. Et il se conserve d'autant mieux que nous lui sommes attachés, d'un attachement qui justement trouve dans le langage son instrument. Ce sont, pour le dire autrement, certaines façons conventionnelles de lier les mots qui nous attachent à l'argent, à la patrie, qui alimentent nos craintes et nos replis [1]. Le propre du langage humain, avant tout acte poétique, est donc de limiter le champ des possibilités. Celles-ci se restreignent à ce que, sur la foi du langage, nous croyons être la réalité, à quoi nous sommes attachés, et qui semble donné une fois pour toutes.

Or cette restriction, André Breton lui donne deux noms, ou plutôt il l'identifie à deux phénomènes qui, aussi peu définis soient-ils, sont étroitement liés l'un à l'autre. Le premier est la logique. Le second est la civilisation latine ou occidentale. La logique est ce qui ordonne notre rapport au langage, mais aussi ce qui soutient la foi que nous mettons en lui comme expression de la réalité ; la civilisation occidentale ce que cet ordre organise. Elles ont en commun d'exclure tout ce qui serait susceptible de contrarier leur ordre. Une telle identification appelle trois remarques :

– Elle ne serait pas possible en dehors d'une certaine position théorique sur la nature du langage, que rappelle le constat : « restent les mots ». Ce n'est pas un hasard si, dans un de ces textes les plus décisifs et les plus théoriques, Breton fait référence au nominalisme des philosophes médiévaux. Déjà Aragon, dans un texte de 1924, intitulé *Une vague de rêves* – un texte qui entendait définir, sur un plan théorique, ce que les surréaliste comprenaient sous le nom de surréalité – pouvait écrire :

> Le nominalisme absolu trouvait dans le surréalisme une démonstration éclatante, et cette matière mentale dont je parlais, il nous apparaissait enfin qu'elle était le vocabulaire même : il n'y a pas de pensée hors des mots, tout le surréalisme étaye cette proposition, qui rencontre aujourd'hui, bien qu'elle ne soit pas nouvelle, plus

1. Cf. *ibidem*, p. 276 : « Le dit et le redit rencontrent aujourd'hui une solide barrière. Ce sont eux qui nous rivaient à cet univers commun. C'est en eux que nous avions pris ce goût de l'argent, ces craintes limitantes, ce sentiment de la « patrie », cette horreur de notre destinée ». Voir aussi, dans le *Second manifeste du surréalisme*, le passage suivant : (*op. cit.* p. 785) : « Tout est à faire, tous les moyens doivent être bons à employer pour ruiner les idées de famille, de patrie, de religion. La position surréaliste a beau être, sous ce rapport, assez connue, encore faut-il qu'on sache qu'elle ne comporte pas d'accommodements ».

> d'incrédulité que les vagues opinions sans cesse démenties par les faits des réalistes qu'on emporte un soir de pluie au Panthéon[1].

Sans doute, ce que les surréalistes Aragon et Breton retiennent du nominalisme médiéval n'est pas d'une grande précision (ils en font d'ailleurs, l'un et l'autre, un usage sensiblement différent), mais il apporte une caution décisive à la thèse selon laquelle l'essence du langage n'est pas de représenter une réalité extérieure à lui de façon immédiate. Il leur fournit une base théorique nécessaire pour pouvoir penser que c'est, avant tout, dans le langage que l'opposition du réel et de l'irréel est surpassée. C'est parce que les mots ne renvoient pas à une réalité qui leur préexisterait et que nous saisirions, identique à elle-même, au moyen de nos sens[2] que quelque chose comme une surréalité, un rapport plus général du réel et de l'irréel, peut être saisi. Or la croyance ordinaire qui refuse un tel rapport n'est pas dépourvue d'enjeux politiques. Derrière le renvoi exclusif des mots à la réalité, c'est toujours une construction politique qu'il faut soupçonner. L'illusion de voir les mots représenter fidèlement la réalité, de façon neutre et sans l'interpréter, voir la fabriquer, n'est pas anodine. Elle accrédite le caractère immuable de l'ordre dans lequel nous les disposons, elle cautionne donc l'idée d'un bien parler, d'un parler juste et convenable, de normes et de valeurs inscrites dans le rapport à la langue (la clarté, l'élégance, la décence, etc.). Et, en retour, elle justifie la réalité que cet ordre est censé refléter. Puisque les mots se prêtent et se plient si bien à la description du monde, il ne peut pas être tout à fait absurde, il n'est pas illogique qu'il soit tel qu'il est.

C'est la raison pour laquelle l'attention des surréalistes se porte moins sur les mots eux-mêmes que sur leur assemblage, les lois de cet assemblage, ce qu'ils nomment précisément « la logique ». Agir sur l'ordre des mots, redonner à leur association une liberté et une spontanéité perdues, prend alors un double sens. C'est non seulement battre en brèche cette illusion (montrer que les mots ont une autre fonction, redonner au langage une autre effectivité et une autre dignité, le désinstrumentaliser) ; mais c'est aussi du même coup ôter à la réalité le socle sur lequel elle était censée

1. Aragon, *Une vague de rêves*, texte publié pour la première fois dans le deuxième cahier de *Commerce*, automne 1924, p. 89-122, réédition Paris, Seghers, 1990 (pour le présent texte, p. 15).

2. André Breton renvoie explicitement, et assez curieusement, à Porphyre : « Nos sens, le caractère tout juste passable de leurs données, poétiquement parlant nous ne pouvons nous contenter de cette référence. Il faut rendre à Porphyre ce qui est à Porphyre : "les genres et les espèces existent-ils en soi ou seulement dans l'intelligence ; et dans le premier cas sont-ils corporels ou incorporels ; existent-ils enfin à part des choses sensibles ou sont-ils confondus avec elles ?" On a tranché une fois pour toutes : "je vois bien le cheval, je ne vois pas la chevalité." », *Introduction au discours sur le peu de réalité*, *op. cit.*, p. 275.

reposer. Tout le réel repose sur des associations de mots fortuites (dont la nécessité est purement sociale) et, plus radicalement, sur l'illusion que ces associations sont représentatives. D'où l'idée qu'en agissant sur l'assemblage, c'est le dogme même de la représentativité (dans sa dimension politique, voir policière) qui s'effondre. D'un nominalisme radical, Breton entend tirer des conséquences révolutionnaires. C'est là que réside la promesse de la littérature – une promesse qui ne peut être repliée sur aucune injonction, sur aucune mise en demeure, car elle n'a pas besoin de se soumettre aux exigences de l'action pratique et politique (du militantisme et de la propagande) pour être, en elle-même et par elle-même, active. C'est cela qu'il faudrait entendre pour admettre qu'il existe un rapport au langage (une contestation de la logique) qui intrinsèquement, indépendamment de toute action sociale, est porteur de révolution. Mais c'est justement ce que André Breton a le plus de difficulté à faire accepter. Le ton même du *Second manifeste* en témoigne :

> Si, par le surréalisme, nous rejetons sans hésitation l'idée de la seule possibilité des choses qui "sont", et si nous déclarons, nous, que par un chemin qui "est", que nous pouvons montrer et aider à suivre, on accède à ce qu'on prétendait qui n'était pas, si nous ne trouvons pas assez de mots pour flétrir la bassesse de la pensée occidentale, si nous ne craignons pas d'entrer en insurrection contre la logique [...] comment veut-on que nous manifestions quelque tendresse, que même nous usions de tolérance à l'égard d'un appareil de conservation sociale, quel qu'il soit[1].

– Cette compréhension de la logique et du langage est elle même tributaire d'une géographie spirituelle dans laquelle l'Occident s'oppose à l'Orient, comme la logique à sa libération. Plus précisément, elle hérite (pour mieux les contredire) de tous les fantasmes qui, dans les années vingt, lient la révolution bolchevique à la menace d'une asiatisation de l'Europe, d'une « orientalisation » de l'Occident. À ces fantasmes[2], les Révolutionnaires professionnels, à commencer par Pierre Naville, opposaient une fin de non recevoir : la Russie bolchevique n'avait rien à voir avec l'Asie. Mais, du même coup, ils sommaient aussi les surréalistes d'abandonner leur fascination pour l'Orient. Ce faisant, outre l'image de l'URSS, ce sont deux conceptions de la Révolution qui s'opposaient. La première faisait de la victoire du prolétariat son principal objectif. La seconde exigeait un renversement complet de la civilisation. Pour André

1. André Breton, *Second manifeste du surréalisme*, *op. cit.*, p. 785.
2. Un exemple tardif (des plus significatifs) de ces fantasmes en résume bien tous les aspects, même s'il est postérieur aux textes des surréalistes. Il s'agit du livre de Spengler : *Les années décisives* (1933).

Breton (du moins en 1924), le programme du parti communiste est encore trop limité. Choisir l'Orient, contre l'Occident, c'est l'élargir considérablement. Mais surtout, si c'est une opposition de cet ordre qui est en question, s'il n'y a pas de Révolution sans renversement des valeurs sur lesquelles s'est construit l'Occident, c'est à la logique qu'il faut s'en prendre, c'est sur les mots qu'il faut agir. L'action sociale n'y suffit pas. Se libérer de la logique imposée par l'usage ordinaire du langage, c'est donc radicaliser la Révolution jusqu'à cette dépossession de soi (dépossession des mœurs et des pratiques qui sont le propre de l'Occident) qui défait le nœud de toutes les identités. La Révolution exige ce travail de soi sur soi qui inscrit la différence dans l'identité.

Ce n'est donc pas un hasard si c'est dans un texte intitulé *Légitime défense* (défense contre le parti communiste français, les accusations de Henri Barbusse dans l'Humanité et celles de Pierre Naville dans *La Révolution et les intellectuels*) qu'André Breton revient le plus longuement sur le sens qu'il donne à l'Orient. S'il cite Massis, Valéry, Maurras en rappelant tout ce qui est attaché à la crainte de l'Orient, à l'Orient comme épouvantail et spectre de la Barbarie (et par voie de conséquence à la défense de l'Occident), c'est pour montrer que « l'état de chose » que la Révolution doit bouleverser a des causes autrement plus profondes que les conditions actuelles du salariat.

> Pourquoi, dans ces conditions, ne continuerions nous pas à nous réclamer de l'Orient, voire du "pseudo-Orient" auquel le surréalisme consent à n'être qu'un hommage, comme l'œil se penche sur la perle ?

L'invocation de l'Orient qui conclue l'*Introduction au discours sur le peu de réalité* a donc un sens éminemment politique :

> Orient, Orient vainqueur, toi qui n'a qu'une valeur de symbole, dispose de moi, Orient de colère et de perles ! Aussi bien que dans la coulée d'une phrase, que dans le vent mystérieux d'un jazz, accorde moi de reconnaître tes moyens dans les prochaines Révolutions. Toi qui est l'image rayonnante de ma dépossession, Orient, bel oiseau de proie et d'innocence, je t'implore du fond du royaume des ombres ! Inspire-moi, que je sois celui qui n'a plus d'ombre[1].

1. André Breton, *op. cit.*, p. 280. Voir aussi, dans le même texte (*op. cit.*, p. 279) : « La civilisation latine a fait son temps et je demande, pour ma part, qu'on renonce à la sauver. Elle apparaît à cette heure le dernier rempart de la mauvaise foi, de la vieillesse et de la lâcheté. Le compromis, la ruse, les promesses de tranquillité, les miroirs vacants, l'égoïsme, les dictatures militaires, la réapparition des Incroyables, la défense des congrégations, la journée de huit heures, les enterrements plus qu'en temps de peste, le sport; il ne reste plus

– Mais surtout, en mettant au premier plan le langage, André Breton répond à l'accusation de sacrifier l'action révolutionnaire à la suprématie de l'idée. Changer le rapport au langage, ce n'est pas substituer une idée à une autre, c'est plus fondamentalement, agir sur toutes les relations qui structurent l'existence – en modifiant leur expression. Agir sur le langage, c'est accorder à l'amour, au rêve, à la folie, à l'art et à la religion une autre place que celle qui leur est traditionnellement dévolue[1]. En clair, cela revient aussi à décentrer la place de l'action sociale. Tributaire du langage, elle n'est plus le moteur exclusif de l'histoire, mais une forme parmi d'autres de l'expression humaine :

> Le problème de l'action sociale n'est, je tiens à y revenir et j'y insiste, qu'une des formes d'un problème plus général que le surréalisme s'est mis en devoir de soulever et qui est celui de l'expression humaine sous toutes ses formes. Qui dit expression dit, pour commencer, langage[2].

Préalablement à toute Révolution, c'est donc notre être au monde qu'il faut changer ; et cette transformation suppose un autre rapport au langage. Si ce qui « est » (et semble à ce titre immuable) n'a d'autre caution que l'ordre des mots, c'est du langage lui-même que doit venir la *reconnaissance* de ce qui semblait ne jamais pouvoir être. C'est en changeant non pas notre compréhension de chaque mot pris individuellement, mais notre façon de vivre comme êtres de langage que nous donnons droit de cité à une autre réalité, que nous ouvrons la voie à un autre monde. Mais comment une telle transformation est-elle possible ? C'est ici que se pose la question difficile de ce que promet cet autre rapport, des conditions et des modalités de cette promesse.

La magie du langage

Ce qu'une telle reconnaissance inscrit, c'est, en effet, la dimension de l'utopie politique au cœur du langage. Un passage de l'*Introduction au discours sur le peu de réalité*, dont on soulignera le ton prophétique, le dit

qu'à tirer l'échelle. [...] Nous les Occidentaux, nous ne nous appartenons déjà plus et c'est en vain que nous tentons de te conjurer, adorable fléau, trop incertaine délivrance ».

1. Cf. André Breton, *Second manifeste du surréalisme*, *op. cit.*, p. 793 : « Je ne vois vraiment pas, n'en déplaise à quelques révolutionnaires d'esprit borné, pourquoi nous nous abstiendrions de soulever, pourvu que nous les envisagions sous le même angle que celui sous lequel ils envisagent – et nous aussi – la Révolution : les problèmes de l'amour, du rêve, de la folie, de l'art et de la religion ».

2. André Breton, *Second manifeste du surréalisme*, *op. cit.*, p. 802.

de façon très explicite. Il évoque ces objets insolites dont rêvaient les surréalistes et qu'ils s'attachaient à décrire, à défaut de les créer – ces objets qui portaient en eux la promesse d'une autre réalité :

> J'aimerais mettre en circulation quelques objets de cet ordre, dont le sort me paraît éminemment problématique et troublant. [...] Qui sait, par là je contribuerais peut-être à ruiner ces trophées concrets, si haïssables, à jeter un plus grand discrédit sur ces êtres et ces choses de "raison" ? Il y aurait des machines d'une construction très savante qui resteraient sans emploi ; on dresserait minutieusement des plans de villes immenses qu'autant que nous sommes nous nous sentirions incapables de fonder, mais qui classeraient, du moins, les capitales présentes et futures. Des automates absurdes et très perfectionnés, qui ne feraient rien comme personne, seraient chargés de nous donner une idée correcte de l'action.

Et il ajoute :

> Les créations poétiques sont elles appelées à prendre bientôt ce caractère tangible, à déplacer si singulièrement les bornes du soit-disant réel[1] ?

Dans la série des reproches qui furent adressés aux surréalistes par les révolutionnaire professionnels, l'un des plus récurrents fut que, par leurs pratiques d'écriture, ils n'échappaient pas à la voie restreinte et vouée à l'échec de la révolte subjective. Parler de révolte (et non de Révolution), cela revenait à dire que par leurs jeux de langage, les surréalistes restaient en dehors du mouvement de l'histoire (c'est-à-dire aussi de son sérieux) – pour répondre, de façon exclusive, au malaise, au besoin d'évasion ou de libération d'individus singuliers. C'était accuser les surréalistes de rester étrangers, dans leurs pratiques poétiques et jusque dans leurs cris de colère, aux souffrances réelles de ceux qui étaient opprimés. En réalité, c'était surtout méconnaître précisément la dimension eschatologique inscrite dans le rapport au langage. Tout le malentendu venait de cet aveuglement. Là où les uns ne voyaient que l'expression violente et scandaleuse d'une opposition, d'un refus circonstanciels, les autres, c'est-à-dire surtout André Breton, déclinaient la *promesse* d'une Révolution.

Et ce n'est pas un hasard si, pour prix de son adhésion au parti et pour préserver l'activité surréaliste de son contrôle et de son enrôlement, c'est à une telle eschatologie qu'il lui fallut renoncer. Dans une conférence de 1934, intitulée *Qu'est-ce que le surréalisme ?,* Breton, rentré dans le rang, s'attache à séparer ce que tous les textes précédents avaient cherché, non sans une extrême tension, à conjoindre, c'est-à-dire les recherches

1. André Breton, *Introduction au discours sur le peu de réalité*, *op. cit.*, p. 277.

surréalistes sur la connaissance de la surréalité et leur engagement au service de la Révolution. Son texte, écrit, quoiqu'il en dise, en forme de *bilan raisonné*, s'apparente à une véritable palinodie et il contredit toutes les espérances que portaient encore les textes antérieurs :

> Deux problèmes en réalité se posent à nous : l'un est le problème de la connaissance qui met en effet, au début du xxe siècle, à l'ordre du jour les rapports du conscient et de l'inconscient [...] L'autre problème qui se pose à nous est celui de l'action sociale à mener, action qui, selon nous, possède sa méthode propre dans le matérialisme dialectique, action dont nous pouvons d'autant moins nous désintéresser qu'encore une fois nous tenons la libération de l'homme pour la condition *sine qua non* de la libération de l'esprit et que cette libération de l'homme, nous ne pouvons l'attendre que de la révolution prolétarienne. Ces deux problèmes sont essentiellement distincts et nous estimons qu'*ils s'embrouilleraient déplorablement à ne pas pouvoir le rester*[1]. Il y a donc lieu de s'élever contre toute tentative de mêler leurs données et, très spécialement, contre la mise en demeure d'abandonner toutes recherches de l'ordre des nôtres pour nous consacrer à la littérature et à l'art de propagande[2].

Ce qui disparaît dans cette récapitulation ordonnée, c'est l'idée que le travail des surréalistes sur le langage pourrait avoir directement une portée politique – qu'il pourrait, à l'encontre de l'action sociale, avoir une dimension préparatoire. Mais peut-être est-ce aussi que la promesse était fragile.

C'est du moins ce que pensait l'un des premiers interprètes critiques du surréalisme, dont la confrontation décisive avec leur entreprise devrait nous permettre d'aller plus loin. Il s'agit de Walter Benjamin, qui, dès 1929, consacra aux surréalistes une étude intitulée : *Le surréalisme. Le dernier instantané de l'intelligentsia européenne*. Et si cette confrontation fut décisive, ce n'est pas seulement que, comme Benjamin le dit lui-même, il lui fallût se déprendre de sa fascination pour les surréalistes ; c'est aussi que, pour ce qui est de son propre travail, elle eût lieu à mi chemin entre le texte de 1916 : *Sur le langage en général et sur le langage humain* et les *Thèses sur la philosophie de l'histoire* de 1940. De fait, c'est sans doute parce qu'il trouvait dans les réflexions des surréalistes (des années 20) un condensé des préoccupations qui étaient déjà les siennes[3] (comme la

1. Nous soulignons la palinodie.

2. André Breton, *Qu'est-ce que le surréalisme*, *Œuvres complètes*, tome II, p. 246.

3. Voir à ce sujet Gershom Scholem, *Histoire d'une amitié*, Calmann-Lévy, 1981, p. 157 : « Ce qu'il cherchait de son côté à pénétrer et à dominer par une discipline spirituelle lui apparaissait dans le surréalisme, de façon remarquable, sous la forme opposée d'un abandon débridé aux explosions de l'inconscient, ce qui ne pouvait manquer de stimuler sa propre

question de l'essence du langage) et de celles qu'il n'allait cesser de développer (comme celle du sens de l'histoire) – mais aussi de ses propres hésitations qu'il sût aller aussi directement à l'essentiel.

Ce qu'il devait repérer, c'est, en effet, les deux types de problèmes que posait la promesse d'une révolution inscrite dans le rapport aux langues. D'abord celui de l'identification (la création ou la rencontre) des *signes* de cette promesse. Ensuite, le risque de replier l'idée de la Révolution sur son attente, sa préparation, c'est-à-dire de différer encore l'action (l'impossibilité d'une littérature prolétarienne étant la preuve de cet ajournement).

Quels étaient ces signes? Redonnons, encore une fois, la parole à Breton.

> Il est désirable que le pouvoir hallucinatoire de certaines images, que le véritable don d'évocation que possèdent, indépendamment de la faculté de se souvenir, certains hommes, ne soient pas plus longtemps méconnus. Le Dieu qui nous habite n'est pas près d'observer le repos du septième jour. Nous en sommes encore à lire les toutes premières pages de la Genèse. Il ne tient peut être qu'à nous de jeter sur les ruines de l'ancien monde les bases de notre nouveau paradis terrestre. Rien n'est encore perdu, car *à des signes certains* nous reconnaissons que *la grande illumination* suit son cours [1].

C'est dans une illumination, dans les signes d'une « grande illumination », comparable à un grand jour, une grande lueur ou un grand soir (comme celui qu'incarnait, quelques décennies auparavant, la perspective de la grève générale [2]) que se déchiffre la promesse de la Révolution. Ces signes sont multiples, et ce n'est pas le moindre aspect du travail théorique des surréalistes que la constance avec laquelle ils se sont attachés, notamment Breton, à en dresser, en réviser, voire en contrôler l'inventaire. Deux choses sont à distinguer. Leurs circonstances, dont la description fait l'objet de nombreux textes, et leur nature. Les premières sont connues. Elles sont liées à la suspension du jugement critique, elles procèdent d'une disponibilité de l'esprit pour des phrases qui se présentent, hors du contrôle de la raison, dans des états d'ivresse particulière, à l'approche du sommeil,

imagination [...] Le surréalisme était pour lui, en quelque sorte, une première passerelle en direction d'une appréciation plus positive de la psychanalyse; cependant, il était sans illusions quant aux faiblesses inhérentes aux méthodes de l'une et l'autre école. Il lisait les revues où Aragon et Breton proclamaient des idées qui, en un certain point, venaient à la rencontre de sa propre expérience la plus profonde. Cette réaction vis-à-vis du surréalisme fut assez semblable, en définitive, à ce qui s'était passé à la suite de sa rencontre avec ce qu'il appelait le communisme radical ».

1. André Breton, *ibidem*, p. 278. Nous soulignons.

2. Cf. *supra*, chapitre 3.

ou au réveil, sous l'effet de tel ou tel stupéfiant ou sous hypnose, voire à l'occasion de la rencontre de tel ou tel objet singulier. Dans de telles circonstances, propices à libérer ce que les surréalistes appelèrent « un certain automatisme psychique », des phrases surgissent, comme sous l'effet d'« une dictée magique [1] ».

Et si ces phrases sont précieuses, si elles répondent à une promesse, c'est que se concentre en elles « l'illumination » – ou, pour le dire autrement, qu'on peut attendre d'elles une « révélation » [2], la révélation de cette autre logique, dans laquelle se trouve abolie l'opposition du réel et de l'irréel. L'illumination, en ce sens, est d'abord et avant tout la découverte fulgurante et imprévisible, grâce à la magie du langage, d'une autre façon d'être au monde. Elle libère des émotions inédites, elle bouleverse notre façon de sentir. Et pourtant, ces émotions, cette façon de sentir ne s'apparentent pas à un désordre psychique. Elles ne sont décrites comme telles qu'au regard d'un ordre, tributaire du mécanisme logique ordinaire de la phrase – un ordre qui se distingue par son incapacité à déclencher « la secousse émotive qui donne réellement quelque prix à la vie » [3]. Ce qu'elles décrivent, c'est bien plutôt « des étendues logiques particulières, très précisément celles où jusqu'ici la faculté logique, exercée en tout et pour tout dans le conscient, n'agit pas [4] ». Et c'est de cette façon que leur libération, le bouleversement qui en résulte ont, *ipso facto*, une portée révolutionnaire. La Révolution se trouve ainsi tributaire de

> La récupération totale de notre force psychique par un moyen qui n'est autre que la descente vertigineuse en nous, l'illumination systématique des lieux cachés et l'obscurcissement progressif des autres lieux [5].

Ce lien entre l'appel (l'idée ou la promesse) de la révolution et les expériences magiques des surréalistes sur les mots, c'est précisément ce qui retient toute l'attention de Walter Benjamin. Contrairement aux cadres du parti communiste, il prend au sérieux le caractère révolutionnaire de

1. Cf. « Entrée des Médiums », in *Les pas perdus*, *Œuvres complètes*, tome 1, p. 275 : « Je n'ai jamais cessé d'être persuadé que rien de ce qui se dit ou se fait ne vaut hors de l'obéissance à cette dictée magique. Il y a là le secret de l'attraction irrésistible qu'exercent certains êtres dont le seul intérêt est de s'être un jour faits l'écho de ce qu'on est tenté de prendre pour la conscience universelle, ou, si l'on préfère, d'avoir recueilli sans en pénétrer le sens à la rigueur, quelques mots qui tombaient de la "bouche d'ombre" ».

2. Voir *ibidem* : « Ce murmure qui se suffit à lui même [...] avait été tel que je n'attends encore de révélation que de lui ».

3. André Breton, *Second manifeste du surréalisme*, p. 802.

4. *Ibidem*, p. 806.

5. André Breton, *Second manifeste du surréalisme*, *op. cit.*, p. 791.

l'entreprise surréaliste. Il la crédite même d'une idée de la liberté, la plus radicale de celles que l'humanité a connues depuis Bakounine.

> Depuis Bakounine, l'Europe ne disposait plus d'une idée radicale de la liberté. Les surréalistes ont cette idée. Les premiers, ils se sont débarrassés de l'idéal sclérosé cher aux humanistes libéraux et moralisateurs, car ils savent que "la liberté acquise ici bas au prix de mille et des plus difficiles renoncements, demande à ce qu'on jouisse d'elle sans restriction dans le temps où elle est donnée, sans considération pragmatique d'aucune sorte et cela parce que l'émancipation humaine, conçue en définitive sous sa forme révolutionnaire la plus simple qui n'en est pas moins l'émancipation humaine à tous égards [...]demeure la seule cause qu'il soit digne de servir"[1].

Mais il en mesure aussi les limites. L'illumination profane des surréalistes (d'inspiration matérialiste et anthropologique, par opposition à l'illumination religieuse) – celle-là même dont un certain rapport au langage détient la clef – consiste à « gagner à la révolution les forces de l'ivresse (*Die Kräfte des Rausches*) »[2]. Ce qui revient à dire que la magie du langage n'est opératoire que par le biais ou au prix de cette ivresse – comme si, pour substituer à la logique ordinaire d'autres étendues logiques, il n'y avait pas d'autre moyen que le haschich, l'opium, le rêve et toute autre forme d'hallucination. À suivre les surréalistes, tout se passe comme si la révolution dans le langage était tributaire d'une « illumination profane » qui exige, comme sa condition *sine qua non*, cet état hallucinatoire. Pour Benjamin, c'est cette restriction (dont il faut avouer qu'elle fut pour les surréalistes eux-mêmes l'objet de nombreux embarras et de plusieurs polémiques) qui est doublement réductrice. Elle l'est pour le langage et pour la Révolution.

Pour le langage d'abord. Si Benjamin (citant André Breton : « Silence, afin qu'où nul n'a jamais passé je passe, silence ! ... Après toi, mon beau langage ») rappelle que les surréalistes lui donnent tout, il constate aussi que leurs expériences magiques sur les mots restreignent considérablement le champ de ce qui, dans le langage, peut être considéré comme « illuminatoire ». Autrement dit, c'est l'opposition de l'illumination (et par là

1. Walter Benjamin, « Le surréalisme, le dernier instantané de l'intelligentsia européenne », trad. fr. : M. de Gandillac, revue par Pierre Rusch, *in Œuvres II*, Paris, Gallimard, 2000, p. 129-130. (Walter Benjamin, *Gesammelte Schriften* II, 1, Francfort, Suhrkamp Verlag, 1977, p. 306). La longue citation de Benjamin est empruntée à *Nadja*.

2. *Ibidem* p. 130. : « Gagner à la révolution les forces de l'ivresse, c'est à quoi tend le Surréalisme en tous ses livres et dans toutes ces entreprises. C'est ce qu'il est en droit d'appeler sa tâche la plus spécifique ».

même de la Révolution) et de l'ordinaire, y compris du langage ordinaire, qui lui apparaît comme problématique.

> Il ne nous avance à rien, en effet, de souligner, avec des accents pathétiques ou fanatiques, le côté énigmatique des énigmes ; au contraire, nous ne pénétrons le mystère que pour autant que nous le retrouvons dans le quotidien, grâce à une optique dialectique qui reconnaît le quotidien comme impénétrable et l'impénétrable comme quotidien. L'étude la plus passionnée des phénomènes télépathiques, par exemple, ne nous apprendra pas sur la lecture (qui est une opération éminemment télépathique) la moitié de ce que cette illumination profane qu'est la lecture nous apprend sur les phénomènes télépathiques. Ou encore : l'étude la plus passionnée de l'ivresse du hachisch ne nous apprendra pas sur la pensée (qui est un éminent narcotique) la moitié de ce que cette illumination profane qu'est la pensée nous apprend sur l'ivresse du hachisch. Le lecteur, le penseur, l'homme qui attend, le flâneur sont des types d'illuminé tout autant que le fumeur d'opium, le rêveur, l'homme pris d'ivresse. Et de plus profanes. Pour ne rien dire de cette drogue terrible entre toutes – nous mêmes – que nous absorbons dans la solitude[1].

Pour la Révolution ensuite. À supposer que dans la relation entre langage et Révolution, le rapport au langage soit d'ordre préparatoire, qu'il relève effectivement de l'attente et de la promesse, celles-ci ne peuvent se trouver repliées sur de tels états. Les forces de l'ivresse, autant qu'elles puissent être à l'œuvre dans le langage, procurent une illumination qui n'épuise pas, à elle seule, tous les signes de cette promesse eschatologique. C'est donc d'autres signes qu'il faut chercher et savoir déchiffrer – et c'est à ce compte qu'on peut trouver l'illumination – les signes annonciateurs de la Révolution – dans d'autres phénomènes : la lecture de certaines œuvres littéraires (comme celle de Baudelaire), la réflexion sur la flânerie, etc. On aura reconnu ici que Benjamin, de façon implicite, nous renvoie en fait à son propre travail. C'est le *Livre des passages* qui s'annonce déjà, comme « illumination profane » – l'ironie de l'histoire voulant que son auteur aura tout autant de mal que Breton à faire admettre son travail comme révolutionnaire. Et l'on ne s'étonnera pas davantage que ce qu'il semble préférer chez les surréalistes soit leur évocation de Paris (notamment dans *Nadja* et dans *Le paysan de Paris*)[2], leur interprétation de certains paysages urbains

1. Walter Benjamin, *op. cit.*, p. 131, (GS II, 1, p. 307-308).

2. Dans une lettre à Adorno, datée du 31 mai 1935, Benjamin fait clairement le rapprochement entre sa lecture du *Paysan de Paris* et la première idée de son livre sur les passages parisiens : « Il y a au commencement Aragon, *Le paysan de Paris*, dont le soir au lit, je ne pouvais jamais lire plus de deux ou trois pages, mon cœur battant si fort qu'il me fallait

en voie de disparition, les premières usines, les premières constructions de fer, et de certains objets surannés comme des promesses de révolution. C'est lorsqu'ils se font les déchiffreurs des signes du passé (de leur sens eschatologique) qu'ils sont les plus proches de lui.

Mais alors, c'est peut être encore un tout autre rapport au langage qui s'annonce, un rapport dans lequel la magie ne se verrait pas tributaire de l'ivresse. Plus exactement, c'est l'eschatologie révolutionnaire inscrite au cœur du langage qui doit être repensée.

LANGAGE ET ESCHATOLOGIE

Ce travail, Benjamin n'a pas attendu les surréalistes pour le mener à bien. Et c'est sur le fond d'une réflexion entreprise depuis plusieurs années sur l'essence du langage qu'il aborde leurs œuvres. Treize années séparent l'essai sur le surréalisme (1929) de ses premiers textes consacrés à ce problème (1916). Et pourtant, ce sont les mêmes termes et les mêmes thèmes qui sont mis en avant. En témoigne d'abord l'importance que Benjamin accorde à la magie du langage dans la lettre qu'il adresse à Buber en juin 1916. Dans celle-ci, en effet, le problème auquel est confronté l'auteur de l'essai *Sur le langage en général et sur le langage humain* est en tout point comparable à celui qui hanta le surréalisme. Il s'agit pour lui de justifier ses réserves quant à son éventuelle participation à la revue (très engagée politiquement) de Buber : *Der Jude*. C'est donc la question de l'écriture à visée politique, et plus précisément, du rapport entre langage et action qui vient au premier plan. Deux précisions sont apportées. La première concerne directement la nature du langage. Demander à celui-ci de fournir des motifs à l'action (ce qui est, entre autres, le ressort de toute propagande), c'est en manquer la nature – ce qui veut dire, une fois encore, faire du langage un instrument. On retrouve ici, à l'avance, la hantise des surréalistes.

> C'est une opinion largement répandue et qui presque partout s'impose comme une évidence que la littérature serait susceptible d'influer sur le monde éthique et sur l'action des hommes, en fournissant des motifs pour l'action. [...] Cette perspective a pour trait caractéristique qu'elle ne prend aucunement en considération une relation du langage à l'acte, dans lequel le premier ne serait pas

poser le livre. Quel avertissement ! Quel renvoi à toutes ces années qui allaient devoir s'interposer entre moi et de telles lectures. Et pourtant les premières esquisses des *Passages* proviennent de cette époque », in *Correspondance*, tome 2, trad. fr. : Guy Petitdemange, Paris, Aubier-Montaigne, 1979, p. 163-164.

> le moyen du second. Ce rapport concerne d'égale manière un langage impuissant, rabaissé au rang de pur moyen et l'écrit pris comme un acte falot, faible, dont la source ne repose pas en lui-même, mais en toutes sortes de motifs susceptibles d'être énoncés et exprimés [1].

La seconde rappelle à quel point l'engagement politique de l'écriture risque de manquer ce qui dans le langage est ou doit être action, indépendamment de toute motivation psychologique particulière, de toute mise en service ou mise à disposition d'une cause qui trouverait en lui un simple auxiliaire. Ce qui dans le langage est action, c'est, en effet, sa magie. Ou plutôt, sa magie est d'être action dans la mesure exclusive où il ne communique rien d'autre que sa propre essence. C'est en s'exhibant dans sa pureté qu'il produit ses effets les plus radicaux.

> Du point de vue de la production d'un effet, qu'il s'agisse de littérature poétique, prophétique, objective, je ne puis la concevoir que comme magique, c'est-à-dire non-médiatisable. Toute opération salutaire que produit un écrit, et même toute opération qui n'est pas dans sa nature profonde dévastatrice, est fondée dans son mystère (celui du mot, celui du langage). Si variées que soient les formes selon lesquelles le langage peut se montrer efficace, il ne l'est pas en communiquant des contenus, mais en produisant au jour de la manière la plus limpide sa dignité et son essence. Et si je fais ici abstraction d'autres formes d'efficacité que la poésie et la prophétie, je reviens toujours à cette idée qu'éliminer l'indicible de notre langage jusqu'à le rendre pur comme un cristal est la forme qui nous est donnée et qui est la plus accessible pour agir à l'intérieur du langage et, dans cette mesure, par lui [2].

On mesure ici tout ce que cette approche peut avoir de commun avec celle des surréalistes, mais aussi tout ce qui l'en sépare. C'est dans l'idée même d'une magie du langage que se fait la différence. Pour Benjamin, cette magie ne se révèle pas dans l'approfondissement des forces psychiques du sujet, quand bien même celles-ci mettraient le moi à distance. Elle n'est pas tributaire non plus d'une disposition, d'un état particuliers. Elle exige une attention au langage lui-même, indépendamment des conditions d'énonciation. Deux questions se posent alors : Qu'y a-t-il de magique dans l'essence du langage ? En quoi la considération de ce caractère magique a-t-elle encore quelque chose de révolutionnaire ? Ou plutôt, s'il y va d'un salut ou d'une rédemption (dans cette exhibition), ceux-ci peuvent-

1. Walter Benjamin, *Correspondance*, tome 1, trad. fr. : Guy Petitdemange, Paris, Aubier-Montaigne, 1979, p. 117.

2. *Ibidem*.

ils être encore confondus avec la Révolution ? Benjamin leur consacre, quelques mois plus tard, un essai (écrit entre novembre et décembre 1916) qui reste certainement l'une des clefs de voûte de toute son œuvre : *Sur le langage en général et sur le langage humain.* Sans consacrer une étude exhaustive à la théorie qu'il développe, d'une rare densité philosophique, il est nécessaire d'en rappeler quelques points susceptibles d'apporter à la question du rapport entre langage et Révolution un éclairage singulier.

L'un des éléments les plus significatifs est celui qu'indique le titre même de l'essai *Über Sprache überhaupt und über die Sprache des Menschen.* Pour donner au caractère magique du langage toute sa portée, il faut d'abord comprendre que le langage n'est pas le propre de l'homme. Chaque chose a son langage, dans lequel elle communique ce que Benjamin appelle son « essence spirituelle » (*das geistige Wesen*). Son existence ne se réduit pas seulement à sa matérialité propre. Elle existe, en tant qu'elle parle, qu'elle *nous* parle, sans doute – aussi énigmatiques que restent, à ce stade de la théorie, ce pronom et cette adresse. Les choses parlent. Ce faisant, elles n'usent pas d'un langage qui leur serait extérieur. Elles ne disposent pas d'un langage dont elles se serviraient comme d'un instrument pour communiquer cette essence spirituelle. Elles parlent d'elles-mêmes et par elles-mêmes. Et c'est parce qu'elles parlent (dans la mesure où elles se communiquent) que nous leur reconnaissons une telle essence.

Mais que disent-elles ? Elles ne disent rien de particulier. Elles ne communiquent aucun contenu, sinon le simple fait qu'elles « nous » parlent. Le langage des choses se résume ainsi à une adresse, sans autre contenu que cette adresse même – c'est à dire sans autre contenu que le langage lui même. C'est ce qui lui donne son caractère magique. Ou plutôt, il tient ce caractère de ce qui apparaît alors comme le trait propre de cette communication : son immédiateté et son infinité.

> Tout langage se communique *en* lui même, il est, au sens le plus pur du terme, le « medium » de la communication. Ce qui est propre au médium, autrement dit *l'immédiateté* de toute communication spirituelle (*die Unmittelbarkeit aller geistigen Mitteilung*), est le problème fondamental de la théorie du langage, et si l'on veut qualifier de magique cette immédiateté, le problème originel du langage est sa magie. En même temps, parler de la magie du langage, c'est renvoyer à un autre aspect : son caractère infini. Lequel est conditionné par son caractère immédiat. Car justement, puisque rien ne se communique par le langage, ce qui se communique dans le langage ne peut être limité ou mesuré du dehors, et c'est pourquoi

> chaque langue a son infinité incommensurable et unique en son genre[1].

Telle est donc la magie du langage. Les choses (nous) disent, immédiatement et infiniment, qu'elles (nous) parlent. Reste à penser le statut, la place singulière de ce « nous » que, respectant le mouvement de la pensée de Benjamin, on a jusqu'alors mis entre parenthèses. Et s'il fallait le suspendre, c'est que l'homme doit d'abord, très provisoirement, être considéré au même titre que les choses, c'est-à-dire comme un être auquel s'applique la théorie générale du langage qu'on vient d'exposer. C'est même ce qui fait, pour une grande part, l'originalité de la démarche de Benjamin. La proposition : « l'essence linguistique des choses est leur langage » est « appliquée à l'homme (*auf den Menschen angewandt*) ». À ce titre, tout ce qui a été dit de la magie du langage (son immédiateté, son infinité) vaut pour ce cas particulier.

L'homme dit donc, infiniment et immédiatement, qu'il parle. Il communique dans son langage son essence spirituelle qui, dès lors qu'il la communique, se confond avec son essence linguistique. Restent deux questions : À qui parle-t-il ? À qui communique-t-il son essence spirituelle comme essence linguistique ? Et de quelle façon parle-t-il ? Non pas : au moyen de quel instrument, mais : comment ? Répondre à ces deux questions (et comprendre l'articulation de ces deux réponses), c'est non seulement saisir ce qui fait pour Benjamin la particularité du langage humain, mais c'est aussi comprendre en quoi cette théorie du langage a une double portée, théologique et politique. Être attentif à la magie du langage (tout le problème sera de savoir en quoi consiste exactement cette attention), c'est, en effet, tout à la fois souscrire à un espoir de rédemption (à une attente et une promesse d'ordre théologique) et s'opposer, de façon révolutionnaire, à une conception du langage que Benjamin lui-même qualifiera de « bourgeoise ».

À la question : "comment ?" la réponse est simple (du moins en apparence). L'homme parle dans les mots ; autrement dit, il parle en nommant les choses. Et c'est ce qui fait la singularité de son langage. C'est même tout l'intérêt de partir d'une théorie générale du langage que de faire apparaître ceci : le langage humain se distingue de tout autre langage en ce qu'il est un langage qui nomme. Cela donne au « nous » resté en suspends une singulière dimension : les choses *nous* parlent et *nous* les nommons. Leur langage est de se communiquer à *nous*. Le notre est non pas de les

1. Walter Benjamin, *Sur le langage en général et sur le langage humain*, trad. fr. : Maurice de Gandillac, revue par Rainer Rochlitz, in *Œuvres I*, Paris, Gallimard, 2000, p. 145-146 ; *Gesammelte Schriften*, II, 1, p. 142-143.

communiquer, mais de *nous* communiquer nous-mêmes (de dire notre essence spirituelle) dans les noms que nous leur donnons. Ce faisant, nous ne préservons la magie du langage qu'à la condition de ne pas réduire les noms à un moyen par lequel nous communiquerions notre essence spirituelle. Être attentifs à cette magie, c'est, tout au contraire, considérer que cette essence (dans la mesure où elle se communique) est coextensive à la nomination. C'est ici qu'intervient un premier motif politique dans l'analyse de Benjamin.

> Croire que l'homme communique son essence spirituelle *par* (*durch*) les noms, c'est s'interdire de supposer que l'homme communique réellement son essence spirituelle, – car cela ne se fait point par des noms de choses, autrement dit cela ne se fait pas par des mots qui lui serviraient à désigner une chose. Et alors il peut admettre seulement ceci : qu'il communique quelque chose à d'autres hommes, car cela se fait par le mot qui me sert à désigner une chose. Cette vue est *la conception bourgeoise du langage* (*die bürgerliche Auffassung der Sprache*)[1]. dont la suite va montrer de plus en plus clairement le caractère intenable et vide. Cette vue consiste à dire : le moyen de communication est le mot, son objet est la chose, son destinataire est l'homme[2].

Ce qu'indique ce passage, c'est clairement l'orientation politique de cette réflexion. C'est bien contre une thèse (et peut-être bien davantage) qu'est dirigée son analyse de l'essence du langage humain. Et cette thèse n'est pas anodine, puisqu'elle aboutit, en fin de compte, à la dépossession de l'essence spirituelle de l'homme. Ce que la réduction du langage à son instrumentalité organise, ce n'est, en effet, rien d'autre que l'impossibilité pour l'homme de trouver dans le langage non pas le moyen d'exprimer, mais l'expression même de son essence spirituelle. Autant dire qu'avec la conception bourgeoise du langage, c'est l'esprit qui se trouve confisqué, voire enfermé. Nous verrons plus loin comment cette confiscation, cet enfermement trouvent à se dire dans des termes théologiques – ce qui donne à cette théorie toute sa complexité. Rappelons pour le moment que cet enfermement (cette privation de liberté) était précisément ce que les surréalistes mettaient déjà au compte de la bourgeoisie et ce dont leurs « expériences magiques sur le langage » entendaient libérer. Au delà des catégories utilisées, c'est bien la même oppression, le même sentiment de confiscation, de réduction et de dépossession qui se trouvent au principe de la réflexion sur le langage.

1. Nous soulignons.

2. Walter Benjamin, *Sur le langage en général et sur le langage humain*, *op. cit.*, p. 147 ; GS II, 1, p. 143-144.

Reste la question décisive qui creuse (à l'avance) un abîme entre les surréalistes et Benjamin : à qui nous communiquons nous, en nommant les choses ? Ce n'est pas la moindre fulgurance de ce texte que de laisser surgir la réponse au moment même où il dénonce la relation bourgeoise au langage : « Elle dit [l'autre vision du langage – celle qui vise à en renverser la conception bourgeoise] : *dans le nom l'essence spirituelle de l'homme se communique à Dieu* (*im Namen teilt das geistige Wesen des menschen sich Gott mit*)[1]. » Ainsi se trouvent conjuguées, d'entrée de jeu, et avant même que toutes leurs conséquences n'en aient été exposées, la portée eschatologique (théologique) et la portée révolutionnaire de cette théorie du langage. Le nom de Dieu est invoqué envers et contre la conception bourgeoise du langage.

Comment comprendre cette invocation ? Elle trouve d'abord sa raison d'être dans l'exégèse du récit de la Création, dans la Genèse – exégèse qui constitue, pour Benjamin, le relais indispensable à une compréhension pertinente de l'essence du langage humain. À suivre ce récit, plusieurs étapes de la genèse du langage, et même des langues, telles que nous les connaissons, permettent, en effet d'être dégagées. – Benjamin rappelle d'abord que la Création est inséparable du langage. Comme le relate la Bible, Dieu fit et nomma. La Création n'est pas silencieuse, elle prend corps en s'accompagnant d'une dénomination. Plus exactement, c'est une fois seulement qu'il a désigné ce qu'il a créé que Dieu peut considérer sa création comme accomplie : le jour, la nuit, le ciel, la mer, et qu'il peut la juger bonne. Et c'est seulement alors qu'elle devient connaissable. Le langage apparaît donc comme le *médium* de la Création. – Mais cette connaissance reste seulement virtuelle ; c'est à l'homme qu'il appartient de l'actualiser. L'homme est d'abord celui que Dieu, une fois qu'il l'a créé, ne nomme pas – mais qu'il charge de parachever sa Création en donnant un nom aux choses, un nom dans lequel ce qu'il a créé est connu. À la différence des autres choses, son essence spirituelle dépend directement de ce pouvoir de nomination qui lui a été accordé. Dire que l'homme a été créé à l'image de Dieu n'a pas d'autre sens. Cela signifie que, avec cet acte de nomination, l'homme reflète le langage de Dieu dans la Création. Et pourtant il ne fait que le refléter. Entre le verbe de Dieu et l'acte humain de nommer, il existe une première perte, un premier décalage. La nomination est forcément déjà en deçà de la Création – sauf peut-être dans l'attribution unique du nom propre[2].

1. *Ibidem*, c'est Benjamin qui souligne.

2. La théorie du nom propre nécessiterait, à elle seule, une étude à part. Nous renvoyons sur ce point au livre de Stéphane Moses, *L'ange de l'histoire*, Paris, Le Seuil, 1992, ainsi qu'à

> Tout langage humain n'est que le reflet du verbe dans le nom (*Reflex des Wortes im Namen*). Le nom n'atteint pas davantage le verbe (*das Wort*) que la connaissance n'atteint la Création. En comparaison de l'infinité absolument illimitée et créatrice du verbe divin, l'infinité de tout langage humain reste toujours limitée et analytique.
> La plus profonde image de ce verbe divin, le point où le langage humain participe le plus intimement à l'infini divin du verbe pur, le point où il ne peut devenir ni verbe fini ni connaissance, c'est le nom humain. La théorie du nom propre est celle de la limite du langage fini par rapport au langage infini[1].

Et pourtant, ce pouvoir de nomination constitue l'essence spirituelle de l'homme. Il reste, malgré tout, ce que Dieu a déposé en lui, sous forme de connaissance, de son pouvoir créateur. Mais surtout, il constitue d'autant plus cette essence que celle-ci est perdue. Elle l'est d'abord, de façon factuelle, dans ce que Benjamin appelle la conception bourgeoise du langage – celle-là même qui instrumentalise le mot en en faisant un simple signe conventionnel. Postuler un rapport arbitraire, accidentel entre le mot et la chose, cela revient à dérober à la nomination son sens d'achèvement de la création. Mais au-delà de cette instrumentalisation, cette dépossession trouve sa raison dans un événement encore plus originaire – un événement qui relève d'une théorie complexe de la traduction.

De fait, tout dans cette théorie du langage humain, est affaire de traduction. D'abord, les noms que l'homme donne aux choses ne sont pas le produit d'une inspiration spontanée ; ils sont eux-mêmes la traduction de la façon dont ces choses se communiquent à lui. Puisque le langage des choses est muet et qu'il leur conserve leur anonymat, le langage humain n'est rien d'autre que la traduction de ce mutisme en parole et de cet anonymat en nom. Mais pour que cette traduction soit possible, il faut qu'il existe une harmonie entre les mots et les choses. Dans l'interprétation de Benjamin, c'est précisément, le verbe divin qui en offre la garantie. C'est en lui que sont accordés le langage des choses (leur « communauté magique[2] ») et le langage humain des noms.

Et pourtant, en dépit de cet accord – véritable harmonie préétablie – cette traduction n'est pas unanime. Elle le serait, si l'homme s'était contenté de la connaissance accordée par la nomination. Mais, explique Benjamin (en proposant une interprétation du péché originel, au fil conducteur du langage) il a voulu connaître au-delà, ou plutôt indépen-

celui d'Alexander Garcia Düttmann, *La parole donnée, mémoire et promesse*, Paris, Galilée, 1989.

1. *Ibidem*, p. 154-155, trad. modifiée ; GS II, 1, p. 149.
2. *Ibidem*, p. 158 ; GS II, 1, p. 151.

damment des noms. Il a détourné le langage de son strict pouvoir de nomination. Il s'est servi des mots pour communiquer quelque chose d'autre que le langage lui-même. Et c'est la raison pour laquelle sa traduction du langage des choses s'est diversifiée. Si, dans le paradis, l'homme était doté d'une langue unique, langue de la connaissance parfaite, pure nomination, reflet de la création, cette langue, après la chute, n'est plus qu'une parodie du geste créateur – une parodie démultipliée en une pluralité de langues. Se servir des mots pour communiquer autre chose que le langage, pour questionner sur la nature du bien et du mal, c'est transcender, dans un geste de défi à l'égard du Créateur, les limites de la nomination. C'est aussi sombrer dans l'abstraction et le bavardage. Enfin, dès lors qu'il a péché, l'homme expérimente aussi, pour la première fois, un autre usage des mots dans la bouche de Dieu : le jugement. Puisque le langage a perdu le pouvoir de nommer, il lui sera donné, y compris à l'homme, celui de juger.

> Dans le contexte essentiel du langage, le péché originel (sans parler ici de celle qui lui appartient par ailleurs) possède une triple signification. En abandonnant le pur langage du nom, l'homme fait du langage un moyen (une connaissance qui ne lui convient pas), par là même aussi, pour une part en tout cas, un simple signe; *d'où plus tard la pluralité des langues*[1]. La deuxième signification du péché originel est qu'à présent s'élève à partir de lui, comme la restitution de l'immédiateté du nom, en lui lésée, une nouvelle immédiateté, la magie du jugement, qui ne bénéficie plus du repos en lui-même. La troisième signification dont on peut risquer l'hypothèse, serait que l'origine de l'abstraction comme pouvoir de l'esprit linguistique fût à chercher aussi dans le péché originel. [...] C'est en jugeant que s'est installée cette immédiateté dans la communication et l'abstraction, lorsque l'homme, par le péché originel, abandonna l'immédiateté dans la communication du concret, c'est-à-dire le nom, et tomba dans l'abîme que représente le caractère médiat de toute communication, du mot comme moyen, du mot vide, dans l'abîme du bavardage[2].

Cette théorie impose trois remarques :

Elle démultiplie et complexifie considérablement le caractère magique du langage. Il faut distinguer, en effet, trois magies. La première est celle que Benjamin appelle « la magie immanente du langage ». Elle n'est opérante que lorsque le langage est strictement réservé à la nomination. Ce qui est magique alors, ce n'est pas seulement que le rapport entre les noms et les choses ne soit pas un rapport arbitraire, c'est qu'en nommant,

1. Nous soulignons.
2. *Ibidem*, p. 160-161 ; GS II, 1, p. 153-154.

l'homme réponde à un double appel, une double injonction qui est à la fois celle des choses et celle de Dieu. C'est pourquoi, une telle magie est incompatible avec la conception bourgeoise du langage, dont il faut rappeler encore une fois qu'elle dépossède l'homme de son essence spirituelle. Dans l'essai de Benjamin, c'est cette magie qui donne le ton – qui est celui d'un deuil ou d'une nostalgie, mais elle laisse aussi entrevoir la possibilité d'une promesse. La dépossession demande une restitution. Nous verrons plus loin que cela donne à la traduction son sens le plus haut. La seconde magie se caractérise par son caractère à la fois illusoire et usurpé. Elle tient dans l'idée que le langage peut être détourné de sa vocation originelle pour communiquer autre chose que des noms. Or, donner une tel pouvoir aux mots, c'est chercher en eux ce qui était le privilège de la parole divine quand elle accompagnait la création : faire exister quelque chose. C'est usurper un rapport au langage qui n'appartient qu'à Dieu. Ce qu'il y a en elle de magique relève alors de la parodie, du tour de passe-passe. Une telle magie ne procède pas du langage lui-même, elle est le fait de magiciens qui multiplient ces tours. La troisième, enfin, plus terrible, est la magie du jugement. Dès lors que l'homme a trahi le pur pouvoir de nomination qui lui été accordé, une autre parole s'est imposée à lui, de façon immédiate : à la parole qui nomme s'est substituée la parole qui juge – une parole qui traduit immédiatement la connaissance du bien et du mal dans des actes. Ce jugement, c'est, à l'origine (dans le péché originel), les hommes eux-mêmes qui l'ont provoqué. Or, bien qu'il s'agisse d'une réponse à leur provocation, celle-ci qui ne vaut pas seulement pour Dieu. Ce n'est pas seulement lui qui juge. Tout homme, après la chute, hérite d'un tel usage du langage. Dès lors que nous ne nous servons plus des mots pour nommer, au sens le plus strict, nous nous en servons pour juger. Et c'est parce que nous sommes condamnés à un tel usage qu'ils sont susceptibles de devenir obscurs et que nous risquons de ne plus nous comprendre. Cette troisième magie, la magie du jugement, est donc magique par ses effets. Elle est, dans le langage, la source du malheur [1]. Elle le retourne contre ceux-là même qui l'ont corrompu [2].

1. Cf. *ibidem*, p. 160; GS II, 1, p. 153 : « Elle [la connaissance du bien et du mal] ne connaît qu'une purification et une élévation, celles auquel fut soumis aussi l'homme bavard, le pécheur : le tribunal. Effectivement, au mot qui juge, la connaissance du bien et du mal est immédiate. Sa magie est différente de celle du nom, mais n'en est pas moins une magie ».

2. De ce retournement de la langue contre ceux qui la profanent, on rappellera qu'il se retrouve dans l'analyse que propose Scholem de la sécularisation de l'hébreu, dans sa lettre à Franz Rosenzweig du 26. 12. 1926, intitulée « À propos de notre langue. Une confession ». « Un jour viendra, nous dit-il, où la langue se retournera contre ceux qui la parlent ». Cf. Une lettre inédite à Gerschom Scholem à Franz Rosenzweig : « À propos de notre langue. Une confession », trad. fr. : Stéphane Moses in *Archives de sciences sociales des religions*, 1985,

La deuxième remarque que cette théorie impose est que, justement, il faut mettre sur le compte de ce malheur la diversité des langues. Dans l'essai de Benjamin, aucun signe n'est donné qui permettrait de penser cette diversité comme une richesse, comme une chance ou encore comme le moyen d'un salut. Au contraire, cette diversité, entendue comme confusion, est directement liée à l'atteinte qui a été portée à la pureté de la nomination. Dans les langues (« imparfaites en cela que plusieurs[1] »), l'essence du langage se perd – à moins qu'elle ne fasse que se cacher.

Car c'est la troisième remarque que cette théorie appelle : elle accorde une large place à la traduction. La substitution de la magie du jugement à la magie de la nomination est une traduction. Une magie s'est traduite dans une autre. Déjà, le langage humain, lui-même, était un effet de traduction (il traduisait le langage des choses en les nommant). Mais l'apparition d'une pluralité de langues, dont les multiples usages sont tous un détournement de l'essence du langage, est aussi une traduction (traduction du pur langage dans les langues).

Comment l'essence du langage (dans laquelle se concentre « l'essence spirituelle de l'homme ») se cache-t-elle dans les langues ? Peut-on remonter de la pluralité des langues au langage pur, retrouver le second dans les premières – ce qui signifierait restituer à l'homme son essence spirituelle, s'il est vrai que celle-ci est aliénée dans la conception bourgeoise du langage ? La place que Benjamin accorde à la traduction dans sa théorie – fût-ce dans un sens très métaphorique – dessine, au moins sous forme de questions, la place d'une « réconciliation » avec cette essence, qui serait en même temps une élévation et une rédemption : une traduction à rebours. Dans les utilisations dégradées du langage, il faut distinguer un usage qui, bien qu'il soit issu directement de sa traduction en langues, s'en excepte néanmoins. C'est celui de l'œuvre littéraire. Mais ce caractère d'exception, rien ne l'atteste (et peut-être le met à l'épreuve) davantage que sa traduction d'une langue dans les autres, que sa façon de passer entre les langues. Le propre de l'œuvre, en effet, est qu'au moment même où le

60/1(juillet-septembre), p. 83-84. Voir, dans ce même volume, l'analyse que Stéphane Moses propose de ce texte : « Langage et sécularisation chez Gershom Scholem », dans laquelle il rappelle tout ce que sa théorie doit à la lecture des essais de Benjamin, notamment à cette question de la (des) magie(s) du langage. Voir aussi l'analyse qu'en propose Jacques. Derrida dans *Le monolinguisme de l'autre*. Sur ce texte, cf. chapitre 8 de cette étude. Bien qu'il y ait largement sa place, nous avons renoncé, devant la somme de connaissances qu'elle nécessiterait, à inclure dans ce livre un chapitre sur la place que Scholem accorde à la « magie du langage », dans ces études sur la théorie mystique du langage dans la Kabbale.

1. Pour reprendre les mots de Mallarmé, que Benjamin citera dans « La tâche du traducteur ». Cf. *infra*, voir aussi l'introduction de cet ouvrage.

traducteur passe un contrat[1] avec elle et avec la langue dans laquelle elle est écrite, pour la traduire, elle exhibe sinon le pur langage, du moins un signe en direction de ce langage. Elle révèle, dès le premier mot, dès la première épreuve, qu'il y a en elle infiniment plus que de la communication, et que les langues ne sont pas des instruments indifférents. L'œuvre littéraire inscrit donc dans les langues le signe à rebours de leur origine : l'essence du langage. Mais c'est en appelant à sa propre traduction, en l'exigeant, qu'au-delà de ce simple signe ou de cette trace, elle manifeste aussi le désir de cette essence. Traduire une œuvre littéraire, c'est reconduire l'œuvre à son désir – qui est de dépasser l'horizon limité et omniprésent du bavardage pour attester dans la(les) langues la véritable essence du langage. Or cette attestation n'est possible que parce qu'à l'horizon d'une communication généralisée se substitue un autre horizon : celui de l'harmonie des langues. Traduire, c'est, en effet, éprouver jusqu'à quel point les langues entretiennent entre elles un rapport intime.

Mais quel est ce rapport? Comme on le sait, Benjamin y consacre le texte décisif : *La tâche du traducteur* (*Die Aufgabe des Übersetzers*), qu'il publia en avant-propos à sa propre traduction des *Tableaux parisiens* de Baudelaire. C'est d'abord un rapport de convergence. Lorsque nous traduisons une œuvre littéraire d'une langue dans une autre, nous expérimentons le fait que les langues sont apparentées. La possibilité même de la traduction atteste à priori que les langues ne sont pas radicalement étrangères les uns aux autres. Mieux encore, elle montre qu'elles ont entre elles un rapport qui excède le sacre, la vénération qui replient chacune d'elles sur elle même. Elle prouve enfin qu'il n'est nul besoin pour comprendre ce rapport de se lancer dans de vastes enquêtes comparatistes, de traquer et de pister des filiations, dont le résultat est toujours de produire et de décrire une hiérarchie des langues. La traduction devient ainsi, entre autres choses, l'unique voie pour penser une harmonie des langues qui fasse l'économie de toute classification. Mais vers quoi ou vers où, vers quelle destination promise, les langues convergent-elles? C'est ici que la pensée de Benjamin est le plus affirmée. Mais c'est ici aussi qu'elle est le plus problématique. Dans la traduction, en effet, cet apparentement ne se donne pas comme un fait acquis. Il est, bien davantage, annoncé sous la forme d'une anticipation. Il fait l'objet d'une promesse. Et c'est avant toute chose, cette promesse que le traducteur prend en charge, c'est avec elle qu'il contracte une dette – une dette qui n'a rien d'accessoire puisqu'il y va de l'essence du langage et, avec elle, de « l'essence spirituelle de l'homme ».

1. Sur cette dimension contractuelle de la traduction, sur les dettes du traducteur, cf. Jacques Derrida, « Des tours de Babel », in *Psyché*, Galilée, 1987.

Pour comprendre cette anticipation, il faut distinguer dans toute langue ce qu'elle vise et ce qui est visé. Traduire, c'est découvrir que, pour peu que l'objet visé soit commun à plusieurs langues, le mode de visée diffère d'une langue à l'autre. Mais au-delà de cette différence, c'est éprouver aussi, de façon assez mystérieuse (et peut-être magique) la complétude de ces modes de visée, pris les uns avec les autres dans des rapports de traduction – ce qui signifie, en même temps, que chacun d'eux, isolément, est incomplet et inadéquat. Cette complétude qui n'est jamais atteinte, mais dont la perspective est dégagée, dessine ainsi les contours d'un langage auquel aucune de ces langues ne peut s'identifier, cela-même que Benjamin appelle : le langage pur.

> Dans les langues prises une à une et donc incomplètes, ce qu'elles visent ne peut jamais être atteint de façon relativement autonome, comme dans les mots ou les phrases pris séparément, mais est soumis à une mutation constante, jusqu'à ce qu'il soit en état de ressortir, comme langage pur, de l'harmonie de tous ces modes de visée. Jusqu'alors, il reste dissimulé dans les langues. Mais, lorsqu'elles croissent de la sorte jusqu'*au terme messianique de leur histoire* (*bis ans messianische Ende ihrer Geschichte*)[1]. c'est à la traduction, qui tire sa flamme de l'éternelle survie des œuvres et de la renaissance indéfinie des langues, qu'il appartient de mettre toujours derechef à l'épreuve cette sainte croissance des langues (*jenes heilige Wachstum der Sprachen*), pour savoir à quelle distance de la Révélation se tient ce qu'elles dissimulent, combien il peut devenir présent dans le savoir de cette distance[2].

Tel est donc finalement ce que la traduction ou plutôt le geste infiniment répété de traduire, de toujours re-traduire, au gré des mutations de la langue, anticipe : la traduction dessine l'horizon d'une tâche infinie et inachevable (dont la dette n'est jamais restituée)[3], en même temps qu'elle dévoile le sens caché d'une autre histoire des langues, ou plutôt le ressort secret et la destination de ce que Benjamin appelle, d'une métaphore organiciste, la « croissance des langues » Chaque fois que nous traduisons, le caractère inadéquat de ce que nous produisons renvoie notre langage à un langage supérieur, un langage à venir (le pur langage) dont nous ne

1. Nous soulignons.

2. Walter Benjamin, « La tâche du traducteur », trad. : Maurice de Gandillac, revue par Rainer Rochlitz, in *Œuvres I*, Paris, Gallimard, p. 251 ; *Die Aufgabe des Übersetzers*, GS, IV, 1, p. 14.

3. Cf. Benjamin, *op. cit.*, p. 255 ; GS IV, 1, p. 17 : « De cette tâche qui consiste à faire mûrir, dans la traduction, la semence du pur langage (*den Samen reiner Sprache*), il semble impossible de jamais s'acquitter, il semble qu'aucune solution ne permette de la définir ».

connaissons pas autre chose que le signe[1], adressé par la traduction, dans sa direction – un signe que Benjamin n'hésite pas à tenir pour un miracle. Si la magie du langage est initialement dans son pouvoir de nommer, il y aura donc dans la traduction comme une magie à rebours. Sans doute, Benjamin n'identifie pas explicitement, dans « La Tâche du traducteur », le pur langage à ce pouvoir de nomination intact que serait la langue adamique, mais il souligne que, dans la traduction, ce sont surtout les noms qui importent. S'il faut se pencher sur ces choix de théoricien (qu'il faudrait pouvoir confronter avec sa propre pratique, notamment dans la traduction des *Tableaux parisiens*), il fait de la littéralité[2] un principe absolu. Le traducteur se met au service des noms. Et quand bien même il plie sa langue à la syntaxe de l'original, c'est pour mieux exhiber la prépondérance du choix des noms dans son travail. C'est ainsi que la traduction se trouve au principe d'une autre forme de magie. Ce qu'il y a de magique, non plus dans le langage en général, mais dans les langues humaines, c'est qu'une libération et un rachat sont possibles. Traduire serait la seule chance qui nous reste de restituer à notre rapport au langage humain, à notre façon d'être dans la(les) langue(s) sa portée messianique. C'est pourquoi, nous dit Benjamin, il convient de donner au pur langage toute sa portée eschatologique. Elle est, dit-il, le « vrai langage », le « langage de la vérité », « la seule perfection que puisse espérer le philosophe », ce dont le désir caractérise son génie propre[3]. La perspective d'un tel langage, dont la traduction offre les germes, serait alors la principale raison que nous avons de philosopher dans une langue donnée – mais aussi de traduire dans « notre » langue ces œuvres qui attendent elles-mêmes leur traduction. Elle serait ce que nous pouvons attendre et espérer encore quand

1. Cf. Benjamin, *op. cit.*, p. 252, GS IV, 1, p. 14-15 : « En elle [la traduction] l'original croît et s'élève, dans une atmosphère, pour ainsi dire plus haute et plus pure, du langage, où certes il ne peut vivre durablement, et qu'il est en outre loin d'atteindre dans toutes les parties de sa forme, vers laquelle cependant, avec une pénétration qui tient du miracle, il fait au moins *un signe*, indiquant *le lieu promis* et interdit où les langues se réconcilieront et s'accompliront ». Nous soulignons.

2. Dans *Passions impunies*, Georges Steiner critique l'idée de Benjamin selon laquelle la fidélité à l'original serait garantie par le « littéralisme ». Pour lui, la responsabilité du traducteur est de compenser, dans son travail de traduction, les perturbations induites par sa compréhension de l'original. Tout vient de ce que, pour Steiner, c'est avec l'original que le traducteur passe un contrat. Pour Benjamin, ce contrat avec l'œuvre est lui même dépassé dans une dette et une promesse plus originaire – une dette envers le langage pur, et la promesse messianique de sa libération. Cf., dans la réédition folio, Paris, Gallimard, 2001, p. 182.

3. Cf. Walter Benjamin, *op. cit.*, p. 255; GS IV, 1, p. 16. On notera, au passage, que, de façon pour le moins significative, Benjamin évoque, à ce moment précis de son analyse, la pensée de Mallarmé qu'on a inscrite en exergue à l'introduction de cet ouvrage.

nous faisons (traduisons) de la philosophie, l'horizon promis de toute pensée en langue(s).

> Pour l'amour du pur langage, c'est vis-à-vis de sa propre langue que l'on exerce sa liberté. Racheter dans sa propre langue ce pur langage exilé dans la langue étrangère (*jene reine Sprache, die in Fremde gebannt ist, in der eigenen zu erlösen*), libérer en le transposant le pur langage captif dans l'œuvre, telle est la tâche du traducteur. Pour l'amour du pur langage, il brise les barrières vermoulues de sa propre langue[1].

Aussi efficace qu'elle soit pour contrer l'idée selon laquelle la langue ne serait qu'un instrument de communication, cette théorie messianique pose malgré tout, et indépendamment de toute considération exégétique[2], deux problèmes majeurs, qui tiennent à ses deux présupposés : les dogmes de l'unité (à la fois originaire et destinale) et de l'identité non seulement du langage pur, mais de chaque langue, en elle-même. La diversité des langues, nous dit Benjamin, est un malheur, dont l'instrumentalisation du langage, le bavardage sont les signes les plus probants. Les langues sont opposées, divisées et elles resteraient identiques à elles-mêmes, si la traduction n'avait justement pour effet de les déporter au-delà d'elles-mêmes. On serait en droit alors d'attendre de cette épreuve (la traduction) qu'elle déconstruise le dogme de l'identité à soi de la langue. La traduction pourrait révéler que la langue est toujours travaillée par des différences qui proviennent de ses échanges avec d'autres. Ce qu'elle découvrirait, ce ne serait pas l'unicité d'un langage promis, mais l'hétérogénéité constitutive, le caractère originellement pluriel de toute langue. Or, c'est tout l'inverse qui se produit. Toute la réflexion de Benjamin est prise entre la nostalgie d'une langue unique et l'espérance d'un langage à venir, tout aussi unique – un langage épuré, dans lequel ne subsiste aucune des scories résiduelles de la diversité des langues. Si l'accomplissement messianique prend la forme d'une *réconciliation* des langues, celle-ci ne se fait pas dans la découverte

1. Walter Benjamin, *op. cit.*, p. 259, GS IV, 1, p. 19.

2. Il y aurait pourtant bien des remarques à faire sur les présupposés exégétiques qui sous-tendent l'interprétation de Benjamin. Deux questions se poseraient : la première serait de savoir s'il a jamais existé une langue unique – autrement dit si Babel est à l'origine de la diversité des langues ou s'il n'y avait pas déjà, avant même cet épisode, une pluralité qui serait elle-même originaire. La seconde, qui en découle, consisterait à mettre en question l'idée que c'est la diversité qui est source de malheur. Ce que l'épisode désigne comme malheur n'est-il pas davantage le fantasme de l'unicité – et plus encore celui d'une pure transparence entre les mots et la réalité, d'une totale motivation du langage. Sur ces questions que nous ne sommes pas en mesure de trancher et qui nécessitent un (autre) examen, verset après verset, de *Genèse XI, 1-9*, nous renvoyons à Marc de Launay, *Babel*, collection Triptyque, à paraître aux éditions Desclée de Brouwer, en 2001.

soudaine de ce que peuvent avoir de prometteur cette pluralité et cette hétérogénéité commune, mais dans la perspective de leur dépassement commun. C'est moins ce qui se passe (ou s'est toujours passé) entre les langues, confrontées les unes aux autres, que l'épuration qui advient en chacune d'elles qui retient l'attention de Benjamin – comme si la traduction n'avait pas toujours pour effet d'exhiber la façon dont chaque langue, grâce aux autres (à ce qui s'est traduit et continue de se traduire) est en elle-même plurielle. L'harmonie, telle que la pense l'auteur de « La tâche du traducteur », ne se comprend pas autrement que comme la mise au jour de quelque chose (le pur langage) auquel son homogénéité, son unicité et son identité donnent un caractère transcendant. Elle est une remontée, une élévation vers l'unité et non une découverte du caractère harmonieux de l'entre-expression plurielle des langues les unes dans les autres. Quand on se souvient qu'avec le pur langage, il y va de l'essence spirituelle de l'homme, on conçoit aisément les conséquences d'un tel choix : en chaque individu, cette essence transcende ou surmonte davantage qu'elle n'assume cette différenciation de soi avec soi qui se trouve instruite et construite dans le caractère hétérogène et pluriel (l'origine éclatée) de toute langue.

CHAPITRE VI

GENÈSE ET PROMESSES DE LA PAROLE

FRANZ ROSENZWEIG

LE DÉFAUT DE LANGUE DE L'IDÉALISME

Si le procès de l'idéalisme allemand semble s'ouvrir, dès les premières pages de l'*Étoile de la Rédemption*, avec le rappel éloquent de son incapacité à apaiser l'angoisse de l'homme devant la mort, s'il s'accomplit dans la première partie, avec la décomposition du tout en ses éléments premiers : Dieu, le monde et l'homme, c'est bien plus loin, dans le cours du livre, que se dévoilent ses motivations les plus profondes. Celui-ci, en effet, ne peut prendre sa dimension la plus radicale qu'à partir du moment où devient possible la confrontation entre « le monde idéaliste », c'est-à-dire le monde tel que le pensent les grands systèmes de l'idéalisme allemand, et celui que donne à connaître la grammaire de la Création, dans « la nouvelle pensée ». Autant dire qu'il faut être sorti du pré-monde et de l'identification de ses éléments pour mettre au jour ce qui fait défaut à ce monde. Et pourtant, ce défaut ne concerne pas seulement la pensée du monde. Il mine l'ensemble du projet idéaliste, puisqu'il s'agit avant tout d'un défaut de langue.

La confrontation de ces deux mondes permet, en effet, de remonter à ce qui apparaît, en réalité, comme une toute première expérience de lecture (celle-ci dût-elle rester jusqu'alors sans explication) : la méfiance de la philosophie idéaliste envers le langage. Pour penser, l'idéalisme doit s'élever au-dessus de la langue. Il lui faut exhiber des relations logiques qui se construisent contre la langue. Le monde de l'idéalisme est donc un monde créé par la pensée et non par la parole – un monde auquel on ne peut accéder qu'en faisant violence à ce qui se donne dans l'évidence du langage. De fait, s'il est vrai que le pronom « je » en constitue toujours le principe, le lien entre ce pronom et les attributs du monde, les adjectifs qui en font la trame, reste purement logique. On ne saurait lui trouver de traduction grammaticale immédiate.

> C'est uniquement dans la "pensée pure", c'est-à-dire dans une pensée étrangère au sol naturel de la langue (*dem Naturboden der Sprache entfremdeten*), une pensée qui pense dialectiquement les oppositions, qu'elle peut saisir le passage du Je à l'attribut, passage que l'idéalisme pose au fondement. Et comme ce premier passage est décisif pour tous les passages ultérieurs, la méfiance envers la langue (*das Mißtrauen gegen die Sprache*) et son apparent accord avec la pensée reste un héritage durable de l'idéalisme, et elle le pousse toujours plus loin sur la pente descendante de sa logique pure, étrangère à la langue, en retrait de l'homme[1].

Autrement dit, le rapport idéaliste au langage n'est pas un effet accessoire de langue ou d'écriture (à supposer que cela puisse exister). Il touche à la fondation et à la possibilité même d'une connaissance systématique du tout[2]. Avant même qu'elle ne se déploie en une telle connaissance, la pensée pure se trouve grevée d'une lourde hypothèque : il lui manque cette confiance naïve dans le langage[3], dont Rosenzweig avoue, au tiers de l'*Étoile*, qu'elle doit servir de fil conducteur.

Or ce procès ne dévoile pas seulement le fond de la critique de l'idéalisme[4], il offre aussi, *a contrario*, une clef de lecture pour suivre le fil de l'œuvre de Rosenzweig : prendre au sérieux la confiance qu'il revendique dans la source du langage – comprendre, autrement dit, le rapport au langage (mais aussi à la parole) non seulement comme la pierre de touche de

1. Franz Rosenzweig, *L'Étoile de la Rédemption* (désormais ÉR), trad. fr. : Alexandre Derczanski et Jean-Louis Schlegel, Paris, Le Seuil, 1982, p. 170. *Der Stern der Erlösung* (désormais SE), Frankfurt am Main, Suhrkampf Verlag, 1988, p. 157.

2. Cf. *ibidem*, p. 169 : « La raison pour laquelle l'idéalisme tend à s'élever au-dessus de la langue grâce à une logique propre, ennemie de la langue (*mit einer eigenen sprachfeindlichen Logik*), doit donc résider dans la fondation, et non pas dans ce qui est fondé ; elle va donc apparaître clairement dans l'émergence originelle de la première réalité fondée à partir de la réalité qui fonde », [SE, p. 156].

3. Cf. *ibidem*, p. 175 : « Il lui manque la confiance naïve dans le langage (*zur Sprache fehlte ihm das schlichte Vertrauen*). Prêter l'oreille à cette voix, répondre à cette voix qui retentit en l'homme apparemment sans raison, mais d'autant plus réellement, l'idéalisme n'y était guère disposé. Il demandait des raisons, des justifications, des prévisions, toutes choses que le langage ne pouvait lui offrir, et il inventa pour son compte la logique, qui fournissait tout cela. Elle offrait tout cela, mais non pas ce que le langage possédait en propre : d'aller de soi (*ihre Selbstverständlichkeit*) », [SE, p. 161].

4. Sur la critique de l'idéalisme, on se reportera avec profit au livre de Gérard Bensussan : *Franz Rosenzweig, existence et philosophie*, PUF, 2000. Il fait de cette critique le point de départ d'une compréhension de *L'Étoile de la Rédemption*.

son opposition à l'idéalisme, mais aussi comme la pierre d'angle de sa propre construction.

D'où l'hypothèse de lecture, dont le présent travail voudrait vérifier la pertinence. *L'Étoile de la Rédemption* ne parlerait de rien d'autre que de la parole. Suivant la source qu'offre le langage, elle n'aurait d'autre objet que se demander comment nous pouvons parler de Dieu, de l'homme et du monde. Ce serait même le principal motif de la déconstruction du Tout que l'analyse rigoureuse des conditions du commencement d'une telle parole. La mise en pièce du tout serait finalement la condition nécessaire pour repartir de zéro (du néant), c'est-à-dire pour recoller au langage, et par là-même à la parole. Et c'est cette exigence qui imposerait une perspective génétique. Que savons-nous de Dieu, de l'homme et du monde pour commencer à en parler, quelle que soit la modalité de cette parole (récit, dialogue, chant, prière) ? Pour répondre à cette question, il faudrait d'abord savoir comment et quand nous en parlons vraiment.

Mais au-delà de cette perspective généalogique, il resterait encore à comprendre ce que nous attendons de la parole. S'il est vrai que le langage est une source, que la confiance que nous mettons en lui est irremplaçable, au point d'invalider les plus brillants systèmes de la philosophie, il nous faut demander ce qui guide une telle confiance, autrement dit ce qu'elle *nous* [1] promet. Pour que la langue soit une telle source, il faut, d'ores et déjà, qu'elle soit bien davantage qu'un simple instrument de communication – et qu'elle ne le soit pas de façon exceptionnelle, mais par essence. Il faut que l'écoute simple de la parole (de ce qui se joue dans la possibilité de parler de Dieu, des hommes et du monde) soit prometteuse. Mais alors, une tout autre question se pose : qui détient le sens de cette promesse ? Qui se trouve investi d'une autorité telle qu'il puisse dire ce que le langage promet.

Cette difficulté, tout lecteur de l'*Étoile de la Rédemption* la rencontre. Et elle n'est pas étrangère aux perplexités qui peuvent être les siennes. Un signe en est le souci constant qu'a Rosenzweig de ne pas aller trop vite, de ne pas brûler les étapes, comme s'il en savait toujours trop ou plutôt, comme s'il lui fallait masquer, dans un geste encore très hégélien, au commencement du parcours, qu'il en connaît déjà la fin. C'est qu'en réalité, il faut distinguer trois niveaux de parole dans le livre. Ou, pour le dire autrement, il est question de la parole de trois façons différentes. Il existe d'abord, comme nous essaierons de le montrer, une véritable genèse de la parole. Lorsque commence le livre, celle-ci n'est pas encore possible. La séparation du tout en trois éléments distincts n'autorise aucun mot audible. Elle en dessine seulement les conditions de possibilité. De Dieu,

1. Qui et que désigne ce « nous » est une partie non négligeable de la question.

du monde et de l'homme, nous ne pouvons encore rien dire (puisque nous ne savons rien d'eux, sauf qu'ils ne sont pas rien et qu'ils sont quelque chose[1]). Mais tout se met en place pour que nous puissions en dire un mot. Et pourtant ce pré-monde n'est pas un monde abstrait. Cette vision de Dieu, du monde et de l'homme, comme de trois éléments séparés, fut, à une époque donnée, la vision d'hommes réels qui avaient aussi un certain rapport au langage – c'est-à-dire qui parlaient malgré tout, ou du moins qui en avaient la possibilité. Que pouvaient dire de Dieu, du monde et de l'homme ceux qui ignoraient tout de la Création, de la Rédemption et de la Révélation, de la relation donc entre ces différents éléments. Ou fallait-il qu'ils se taisent ? Enfin (troisième niveau de langage), l'œuvre s'écrit. À ce pré-monde, en deçà de tout langage, une introduction et trois livres sont consacrés. Il faut donc se demander d'où parle celui qui décrit ce pré-monde. Que sait exactement celui qui est capable de retracer la genèse de la parole, telle qu'elle apparaît dans la méta-physique, la méta-logique et la méta-éthique ? Et puisqu'il en sait forcément davantage (sans quoi il ne pourrait rien écrire), de quel point de vue parle-t-il, jusqu'où va son savoir ? Au fil de l'*Étoile de la Rédemption*, la question est loin de se simplifier. S'il est vrai qu'à terme, c'est la promesse d'une langue qui unifie toute l'humanité qui constitue la clef de voûte – la langue de l'avenir, comment celui qui écrit ce livre sait-il quelque chose de cette langue à venir ?

Lisant *L'Étoile de la Rédemption*, on songe à ce qu'un peu plus tard, le poète Francis Ponge dira avec tant de sévérité de la parole humaine : « la sécrétion du mollusque homme ». Ce n'est certes pas la même méfiance ni la même absence de confiance que celle des idéalistes, mais c'est un signe égal que la parole peut être perdue. Tout se passe alors comme si l'œuvre de Rosenzweig avait pour but de sauver quelque chose de cette parole (de la parole vivante), de la restituer à sa profondeur – c'est-à-dire à sa promesse. De quelle autorité (au nom de quel savoir partagé) ? C'est toute la question.

La promesse des mots-origines

La question des mots-origines[2] est certainement l'une des plus complexes parmi celles qui traversent et structurent l'*Étoile de la Rédemption*. Les mots-origines procèdent d'abord de la mise en pièces du tout. Si celle-ci conduit à mettre au jour le néant de notre savoir de Dieu, de l'homme et du monde, ce néant est, malgré tout, néant du savoir de quelque

1. Ce qui n'est pas la même chose.

2. Sur les mots-origines, voir les pages très éclairantes que leur consacre G. Bensussan, *op. cit.*, p. 25 *sq.*

chose – un quelque chose qui est donc l'objet d'une croyance. Au sujet des trois objets de cette croyance, la seule question qui se pose se formule de la façon suivante : « Que pouvons-nous en dire ? ». Rien pour le moment. Sauf qu'avant même de pouvoir en dire quoi que ce soit, nous pouvons penser qu'ils ne sont pas rien (négation du néant) et qu'ils sont quelque chose (affirmation du non-néant). Tout ce que nous pourrons en dire (tout discours à propos de Dieu, du monde et de l'homme) sera donc sous-tendu par cette affirmation, par cette négation et par leur conjonction. Il les supposera comme la condition silencieuse de toute parole. Ainsi le Oui (de l'affirmation) est-il la condition de possibilité de tous les mots qui entrent dans chaque proposition. Le Non, quant à lui ne rend pas possible l'assertion, en tant que telle, mais son support ou son objet. Autrement dit, c'est, de façon principielle, parce que nous pensons que le néant n'est pas que nous pouvons affirmer quelque chose de quelque chose. Enfin le mot Et (la conjonction) est la condition indispensable de l'enchaînement des mots dans la proposition.

> Le Oui-origine (*das Ur-Ja*) était le mot de la position originelle, et comme tel dans chaque mot, le participant silencieux aux affaires que le mot fait dans le tout de la phrase. De même, le Non-origine (*das Ur-Nein*) était efficace dans la phrase, non pas dans la mesure où le mot est une assertion, mais en tant qu'il est objet d'assertions [...] Le Et n'est pas le compagnon secret du mot particulier, mais de l'enchaînement des mots. Il est la pierre, qui achève la voûte de la cave, sur elle est édifiée la construction de la raison dans la langue [1].

Cette analyse qui relève du premier livre (dans l'étude des éléments) se poursuit encore dans le second. De même que pour Dieu, il n'y aura de discours possible sur le monde que sur le fond de son énonciation originelle. Le Oui originel assure la possibilité d'une application universelle des prédicats [2]. le Non originel, quant à lui, met en œuvre l'engendrement infini des figures particulières susceptibles de se voir appliquer tel ou tel attribut. Le Et, enfin, réalise le lien du particulier et de l'universel, de la chose et de son concept.

Et pourtant, le Oui, le Non et le Et (les mots-origines) ne constituent pas encore un langage. Ils en désignent ce qui, à ce moment de l'analyse,

1. *Ibidem*, p. 44-45, [SE, p. 34-35].

2. *Ibidem*, p. 56-57 : « Le logos est l'essence du monde. [...] N'étant que possibilité d'application, mais possibilité partout et toujours, le logos du monde est ce qui vaut universellement. Avec ce concept d'universel, nous avons repéré un nouvel aspect de l'efficacité du Oui originel. Le Oui, rappelons-nous, était le mot de l'énonciation originelle, de l'énonciation par laquelle le "ainsi" est fixé et confirmé – une fois pour toutes. Dans le Oui originel, il y a donc déjà la validité universelle », [SE, p. 46-47].

apparaît encore seulement comme sa condition de possibilité logique. Ils sont le pré-langage d'un pré-monde. Ce qui impose une première remarque. Caractéristique de ce moment est, en effet, la dualité des niveaux de langage qui rentrent en ligne de compte. Il y a, d'une part, ce pré-langage qui amorce la sortie du néant de notre savoir. En retrouver la trame garantit qu'on ne s'éloigne pas, d'entrée du jeu, du langage. Suivre le fil méthodologique des mots-origine permet qu'on ne se perde pas, à l'instar de l'idéalisme, dans les rêts d'une pensée qui oublie de se demander comment elle peut commencer à être parlante. Mais il y a aussi tout ce que l'on dit ici de ce pré-langage, tout ce que Rosenzweig écrit. Le surgissement des mots-origine du néant de notre savoir ne se donne pour tel qu'à celui qui peut porter sur lui un regard rétrospectif – celui qui sait, en quelque sorte, qu'il s'agit là de bien plus que de simples conditions de possibilité. De quel point de vue parle Rosenzweig ? Que sait-il exactement de l'essence du langage, lorsqu'il exhibe la fonction des mots-origine ?

La question se précise, dès qu'on entre dans le troisième livre de cette première partie. À ces deux niveaux de langage (ou plutôt à cette dualité du langage de l'*Étoile* et du pré-langage du pré-monde), la méta-éthique vient en rajouter un troisième. Puisque celle-ci traite de l'homme (puisqu'elle le sort du néant du savoir), il convient de se demander sinon quelle langue parle cet homme (qu'on découvre comme un élément séparé), du moins quel est son rapport au langage. Les mots-origine (le Oui, le Non et le Et) concernent cette fois un être qui est être de langage, et même être de parole. En lui, écrit Rosenzweig,

> En lui aussi s'éveillent les mots-origines (*auch in ihm erwachen sie Urwörter*), le Oui qui crée, le Non qui génère, le Et qui articule[1].

Le résultat de cette création, de cette génération et de leur articulation, c'est, on le sait, le Soi animé d'une volonté de défi. Tandis que le Oui originel affirme l'essence éphémère de l'homme (sa nature propre), et le Non originel sa libre volonté, le Et offre l'homme vivant, le Soi, qui est plus qu'être et plus que volonté[2]. Or ce qui distingue le Soi, c'est, précisément, son rapport au langage, ou plus exactement à la parole.

> Car voilà le signe distinctif du Soi (*das Merkzeichen des Selbst*), le sceau de sa grandeur, comme le stigmate de sa faiblesse : il se tait.

1. *Ibidem*, p. 79 [SE, p. 68].

2. Cf. *ibidem*, p. 85 : « Voilà l'homme conscient de soi ou, pour le dire plus brièvement : voilà le Soi. Le « Soi » est cet empiétement de la volonté libre sur la nature propre, comme Et unissant le défi et le caractère », [SE, p. 73].

> Le héros tragique n'a qu'un langage qui lui corresponde parfaitement : le silence, précisément[1].

Le propre du Soi est de ne pouvoir entrer en dialogue avec aucune autre volonté que la sienne propre, de n'être porté vers aucune autre singularité que celle qu'il cultive lui-même. C'est pourquoi Rosenzweig en trouve l'incarnation dans le héros tragique. Voué à ne jamais sortir de lui-même, sous peine de devenir étranger à soi, celui-ci s'interdit, en effet, toute compréhension de Dieu ou du monde et reste replié sur lui-même. Il ne s'adresse qu'à lui-même, dans un interminable monologue – un monologue qui est l'autre nom de son mutisme. Sans doute, cela ne signifie pas qu'il est incapable de parler, qu'il ne dispose pas du langage, mais qu'il ne peut rester lui-même, conforme à l'idée qu'il se fait de sa propre essence, qu'en renonçant à toute parole.

S'il est vrai que *L'Étoile de la rédemption* met en scène une véritable genèse de la parole, celle-ci doit être dédoublée. Elle concerne à la fois ce que nous (qui philosophons avec Rosenzweig) pouvons dire du monde, de Dieu et de l'homme (comment, sortant du néant de notre savoir, nous pouvons commencer à en parler). Elle concerne aussi le devenir de la parole dans le monde, à travers les différentes figures dans lesquelles s'est incarnée la relation entre l'homme, Dieu et le monde. Le devenir de la parole, c'est donc aussi celui des hommes qui en ont la capacité, mais qui peuvent, pour des raisons qui engagent le regard qu'ils portent sur leur propre essence, s'en détourner. C'est le devenir du regard que l'homme porte sur lui-même, sur Dieu et sur le monde dans le paganisme, dans le christianisme, mais aussi en Chine et en Inde.

À ce moment de l'analyse, trois niveaux de langage se trouvent donc conjugués.

– Celui de l'Étoile, c'est-à-dire celui de Franz Rosenzweig, dont on ignore ce qu'il sait, mais qui en sait déjà plus qu'il ne le dit, notamment sur l'essence du langage.

– Celui du prélangage, un langage qui n'en est pas un – mais bien davantage un état de notre pensée sur Dieu, sur le monde et sur l'homme. Ce pré-langage (les mots-origines) ne fait l'objet d'un discours que parce que celui qui écrit en sait davantage. Il est forcément plus avancé. Le regard sur le pré-monde (et son pré-langage) est forcément extérieur ou rétrospectif. La méta-physique, la méta-logique et la méta-éthique impliquent une telle rétrospection.

1. *Ibidem*, p. 95 [SE, p. 83].

– Le langage du Soi, ou plutôt son rapport au langage, c'est-à-dire son mutisme[1].

La conjugaison de ces trois niveaux appelle deux remarques.

La première est que, si on retient l'idée que les mots-origines ont à voir avec une genèse, c'est moins du langage qu'il est question que de la parole. Ce que le Oui, le Non et le Et rendent possible, c'est la parole. Rosenzweig l'écrit avec beaucoup de force, dans les pages plus tardives, qui récapitulent le statut des mots-origines, alors que s'est déjà amorcée la sortie du pré-monde et du pré-langage – qui les prend donc du point de vue de ce qu'ils fondent (dans un regard et une parole, ceux de Rosenzweig, encore plus rétrospectifs). Sans doute, ils sont un pré-langage, un langage d'avant le langage :

> Lorsque nous avons contemplé les éléments du Tout surgissant en silence des abîmes secrets du Néant, nous avions rendu parlant leur mutisme (*ihre Stummheit redend gemacht*) en leur prêtant un langage qui pouvait être le leur parce qu'il n'en est pas. Un langage d'avant le langage, par conséquent, de même que ce surgissement est Création d'avant la Création. Par rapport à la langue vivante, il s'agissait de « mots-origines » : ils sont l'origine cachée présente derrière chaque mot manifeste (*als geheime Gründe unter jedem einzelnen offenbaren Wort verborgen liegen*) et, en lui, ils viennent à la lumière, mots élémentaires dans une certaine mesure, qui constituent la trame du déroulement manifeste de la langue[2].

Mais en même temps, le langage que ce pré-langage rend possible n'est langage véritable que parce que la langue devient audible. C'est à ce compte seulement que les mots sont réels. Ils doivent pouvoir être entendus, de la façon la plus concrète et la plus matérielle qui soit. Partir des mots-origines, c'est même précisément se donner les moyens d'une compréhension mutuelle qui, à la différence de celle que propose l'idéalisme, ne soit pas purement idéelle. Ce qui est créé alors, ce n'est rien de moins qu'une « communauté de parole » – une parole communément entendue et donc partagée. Passer du pré-monde au monde, de la pensée à la parole, prend alors une signification plus aiguë. C'est échanger l'inaudible contre l'audible, des éléments de pensée qui, fussent-ils universels, restent l'apanage d'une réflexion solitaire et silencieuse contre quelque chose qui, parce qu'il est entendu, est commun.

1. Cf. *ibidem*, p. 98 : « Il demeure soi seulement dans son parfait mutisme et sa parfaite absence de relation ; il les conserve même dans sa métamorphose ; il demeure toujours le Soi singulier, solitaire, sans parole (*das einzelne, einsame, sprachlose Selbst*) », [SE, p. 87].

2. *Ibidem*, p. 133 (trad. modifiée), [SE, p. 121].

> Ces mots élémentaires inaudibles se tenaient les uns à côté des autres sans relations ; c'était le langage des éléments muets, placés individuellement les uns à côté des autres, du pré-monde, le langage qu'on comprend au royaume silencieux des Mères, la possibilité purement idéelle de se comprendre; au contraire, le langage réel est celui du monde terrestre de surface. Cette langue-là, la langue de la logique, est la prédiction d'une langue réelle de la grammaire (*die Weissagung einer wirklichen Sprache der Grammatik*) : en chaque individu pour soi, la pensée est muette et pourtant commune à tous (*allen gemein*); à travers cette communauté, la pensée fonde la véritable communauté de la parole (*die wirkliche Gemeinsamkeit des Sprechens*)[1].

La seconde remarque est que cette conjugaison des trois niveaux de langage révèle la véritable nature du rapport entre le pré-langage et ce qu'il fonde. Il s'agit de bien davantage qu'une simple condition de possibilité. Le rapport entre le pré-langage et la parole est un rapport de prédiction. Les mots-origines sont la promesse ou la prophétie de mots véritables. La communauté de parole qui est annoncée est une communauté promise. À l'inverse, les mots que nous utilisons (ces mots qui inspiraient tant de méfiance à la pensée idéaliste) sont d'autant plus fiables que justement, ils ont été promis[2]. En exhibant les mots-origines, comme l'origine de cette promesse, l'auteur de *L'Étoile* donne au langage un socle qui conforte la confiance que nous mettons dans les mots. Lorsque nous parlons, les mots que nous utilisons ne sont pas sans rapport avec le monde, ils trouvent leur origine dans une promesse de parole qui est contemporaine du néant de notre savoir. Avant même que nous sachions quoi que ce soit sur Dieu, sur l'homme et sur le monde, ces mots nous sont promis. Et c'est à ce compte qu'on ne peut s'en détourner. Ce que sait Rosenzweig (ce qu'il est en mesure d'anticiper) lorsqu'il donne aux éléments surgis du néant la voix des mots-origines (cette voix qui n'en est pas une), c'est que ces éléments muets sont ceux de la Création, auxquels la Révélation seule donnera la parole, une parole qui ne sera accomplie que dans la Rédemption. De même, ce que la solitude du Soi tragique donne à comprendre rétrospectivement, c'est que son enfermement inscrit dans l'histoire une double attente, celle de son ouverture à Dieu (dans un dialogue) et celle d'un partage avec le prochain (dans la prière). Qu'un seul de ces trois niveaux fasse défaut, et c'est toute cette dimension de la promesse qui disparaît. D'où la question qui constitue le fil conducteur de cette étude (et que cette

1. *Ibidem*, p. 133, [SE, p. 121].

2. Cf. *ibidem*, p. 134 : « Cependant, par ailleurs, le mot réel qui "appelle" l'objet par son nom sent un fondement sous ses pieds uniquement parce que le mot-origine l'a promis », [SE, p. 122].

analyse des trois niveaux de langage fait apparaître) : d'où Rosenzweig tient-il le savoir de cette promesse. Si (dans sa deuxième partie) *L'Étoile de la Rédemption* décrit une voie, en quel lieu de cette voie faut-il se tenir (ou s'être tenu), quel parcours faut-il avoir accompli, quelle expérience vécue, pour pouvoir découvrir rétrospectivement, dans les mots-origines, le signe d'une promesse ?

Double promesse en vérité, puisqu'elle est d'abord celle de mots qu'une oreille puisse entendre et auxquels une bouche puisse répondre ; ensuite celle d'une langue qui, par delà la séparation des individus et des peuples, en dépit de la diversité des langues, serait audible par tous – une langue qui serait donc la langue de l'humanité, celle-là seule qui pourrait donner lieu à une parole universellement partagée.

> Elle [la langue] est tout à fait au commencement, l'homme devint homme quand il se mit à parler ; et pourtant, il n'y a pas encore à ce jour une langue de l'humanité : c'est seulement à la fin qu'elle existera. Cependant, la langue véritable entre le commencement et la fin est commune à tous, tout en étant particulière à chacun ; elle relie et divise en même temps. C'est ainsi que la langue réelle englobe tout, le commencement, le milieu et la fin ; le commencement est son accomplissement visible et actuel : car le langage, dont nous disons qu'il fait de l'homme un homme, est aujourd'hui, dans ses multiples figures, son signe distinctif visible ; il englobe la fin, car même comme langue singulière aujourd'hui et même comme langue de l'individu, il est dominé par l'idéal de la compréhension parfaite que nous imaginons à travers la langue de l'humanité (*von dem Ideal der vollkommenen Verständigung, das wir uns vorstellen unter der Sprache der Menschheit*)[1].

Mais cette seconde promesse, ce n'est plus directement aux mots-origine d'en détenir le secret. Elle se lit bien davantage dans les attentes de la grammaire.

Les attentes de la grammaire

S'il faut ici parler au pluriel, c'est que la grammaire se trouve prise entre *deux* attentes. Dans la mesure où elle était contenue dans la promesse des mots-origine, elle répond à une attente. La question qui se pose à son propos est donc la suivante : qu'est-ce qui était promis avec elle ? Ce qui peut encore se formuler de la façon suivante : qu'y a-t-il de plus dans la grammaire (dans le monde qu'exhibent les lois de la grammaire) que dans

1. *Ibidem*, p. 134, [SE, p. 122].

la logique (dans le monde que construit la pensée)? Mais la grammaire n'est pas le tout du langage et encore moins de la parole. S'il est vrai que le passage des mots-origine muets aux mots audibles – les mots-racine (*Stammworte*) – ouvre l'accès à tout « le corps de règles » qui structure la langue, ce corps ne saurait être identifié au « royaume de la langue réelle ». Pour reprendre les mots mêmes de Rosenzweig, il ne fait que l'« englober (*umfassen*) »[1]. Découvrir rétrospectivement ce qui était attendu (ce que les mots origine promettaient dans la grammaire), c'est donc *ipso facto* prendre conscience de ce qui manque encore, c'est se trouver renvoyé à une autre attente (à ce qu'on pourrait penser comme un au-delà de la grammaire). C'est découvrir que les lois de la grammaire ne remplissent pas, à elles seules, la promesse des mots-origines.

Une fois encore, cela suppose une anticipation (un savoir sur le langage qui excède celui de la grammaire). Qu'est-ce qui nous est donné avec la grammaire? Un ordre qui s'impose au langage, d'un seul coup. Comprendre la grammaire, pour Rosenzweig, ce n'est pas s'interroger sur une éventuelle genèse des différentes formes linguistiques – mais sur le moment où, à travers elle et grâce à elle, le monde se donne à la parole. C'est saisir, à travers un tableau synoptique de ces différentes formes, comment il se donne[2]. C'est pourquoi, l'auteur de *L'Étoile* peut écrire de la grammaire qu'elle est « la symbolique originelle de la réalité elle-même[3] ». À ce compte, elle n'a de sens que rapportée à l'ensemble de la voie que décrit la seconde partie de *L'Étoile de la Rédemption*. S'il est vrai que, de façon presque principielle, cette voie suit le fil conducteur du langage, la grammaire en décrit un moment. Mais cette description même suppose que toute la voie ait été parcourue – qu'en entendant cette parole de la Création,

1. Cf. *ibidem*, p. 152. (trad. modifiée) « Les mots origines muets, seulement accompagnés par la pensée, mais rendus visibles à travers les symboles algébriques, créaient, comme son harmonique inférieure, la couleur sonore de la triple voix de basse dans notre symphonie du monde; d'eux doivent jaillir directement des mots audibles, des mots-racine (*Stammworte*) en quelque sorte; comme mots déterminés, encore en contact étroit avec les mots-origines, ils sont néanmoins capables de produire tout le corps de règles qui englobe le royaume de la langue réelle », [SE, p. 140].

2. Cf. *ibidem*, p. 152 : « Exactement comme les catégories de la logique, les catégories de la grammaire ont la caractéristique de ne point se plier à une présentation généalogique [...] Aussi un ordre véritable est-il nécessaire, non pas un ordre immanent, mais un ordre amené à la grammaire, et dans une certaine mesure à la langue en général, à partir du dehors, c'est-à-dire à partir du rôle que joue le langage vis-à-vis de la réalité (*aus der Rolle der Sprache gegenüber der Wirklichkeit*); un ordre susceptible d'intégrer en lui la multiplicité des formes linguistiques (*die Vielheit der Wortformen*), à travers des tableaux synoptiques successifs obtenus grâce aux radicaux. À la place de la forme généalogique pourrait seule entrer en ligne de compte la forme d'un tableau pour cette présentation », [SE, p. 140].

3. *Ibidem*, p. 181, [SE, p. 167].

on sache déjà comment elle s'articule à la Révélation et à la Rédemption. Celui qui décrit ainsi l'apparition de la grammaire (saisie comme un tout) connaît déjà ce qui excédera la grammaire. Autrement dit, il sait déjà qu'elle ne comblera pas, à elle seule, la promesse inscrite dans les mots-origines.

> Le langage n'est pas un contenu propre qui devrait se développer d'après une systématique interne, mais la description du parcours qu'effectuera le jour universel de notre astre (*die Beschreibung des Welttageslaufs unsres Gestirns*) le long de la voûte céleste du temps universel, par conséquent une description de cette voie dont les éléments nous sont apparus dans les symboles algébriques. Nous décrivons la voie que nous croyons avec les mots auxquels nous nous fions (*Wir beschreiben die Bahn die wir glauben, mit den Worten, denen wir vertrauen*). Croire la voie est chose difficile, car nous ne voyons jamais que le point singulier où nous vivons ; mais le langage est véritablement la mathématique « supérieure », qui nous révèle, depuis le point singulier du miracle vécu, *le parcours entier*[1] du miracle cru ; et se fier à lui est facile, car il est en nous et autour de nous, et alors qu'il nous vient du "dehors", nul autre que lui ne fait écho de notre "dedans vers le "dehors"[2].

Il reste que cette anticipation se traduit surtout dans l'orientation particulière donnée à cette saisie grammaticale du monde créé. La présentation de la grammaire vise à organiser l'ensemble des formes linguistiques sous la domination d'une personne grammaticale (la troisième personne du singulier) et d'un temps de la conjugaison : le passé simple. Si la question est : comment se fait le passage des mots-origines (et plus particulièrement du oui primordial) à toute la réalité audible de la langue – c'est-à-dire à une parole possible –, la réponse est, d'entrée de jeu, guidée par le souci d'exhiber le caractère premier (et quasi-exclusif) de ce temps et de cette personne. Tout commence, écrit Rosenzweig, par l'énonciation d'un adjectif énoncé sous la forme d'un prédicat. Le « Oui primordial » sort de son silence lorsqu'il prend la forme affirmative d'un « c'est ainsi ». Encore faut-il préciser que dans cette forme qui privilégie l'attribut, il ne peut s'agir de n'importe quel adjectif. Dès lors que cette affirmation est première, qu'elle n'en suppose aucune autre à laquelle elle doive être comparée, cette attribution originaire doit prendre la forme d'un jugement de valeur positif : « c'est bon ». Dire « c'est bon », ainsi que Dieu le fit en contemplant sa création, c'est la seule façon de sortir l'affirmation originaire du non-néant (le Oui primordial) de son mutisme. C'est donc le

1. Nous soulignons.
2. *Ibidem*, p. 181, [SE, p. 167].

seul moyen d'entrer dans l'univers du langage, et donc aussi dans celui de la parole. Une fois cette sortie effectuée (cette traduction d'un oui inaudible en acquiescement sonore accomplie), une infinité d'attributions devient possible. Et, à partir d'elles, c'est l'ensemble des formes linguistiques qui peuvent être enchaînées. Non, comme on l'a vu, au sens où elles s'engendreraient les unes les autres, mais de façon à ce qu'elles se complètent pour former ce tableau qu'on évoquait plus haut[1]. Ainsi apparaissent le pronom indéfini, puis le pronom défini. Et comme l'idée d'un tableau l'indique suffisamment, leur apparition ne fait l'objet ni d'une déduction logique ni d'une histoire généalogique. Ces formes, bien davantage, s'appellent les unes les autres pour remplir une promesse. À lui tout seul, l'adjectif n'y suffirait pas, pas plus que le verbe, le nom ou le pronom. Il faut qu'elles s'accordent toutes, se complètent les unes les autres, pour que la sortie du pré-langage soit effective – pour que l'attente dont les mots-origines étaient porteurs soit récompensée.

C'est ainsi qu'apparaît enfin ce qui était attendu (l'objet de la promesse). De cette complétude des formes grammaticales, il résulte effectivement que, lorsqu'il s'agit de dire le monde, aucune personne grammaticale ne convient davantage que la troisième personne du singulier et aucun temps davantage que le passé. La parole promise par les mots-origines est d'abord un récit au passé et à cette troisième personne du singulier. Car c'est de cette façon (et de cette façon seulement : au plus près du langage) que le monde issu du prémonde – un monde auquel nous n'avons donc aucun autre accès que ce langage issu du pré-langage, et la parole qu'il autorise – apparaît comme un monde créé, plus exactement un monde qui a été créé (un monde achevé). C'est pourquoi cette approche de la grammaire trouve sa confirmation dans l'analyse grammaticale de *Genèse I*. Lorsque le livre des commencements raconte la Création, la première chose que nous remarquons, souligne Rosenzweig, est précisément le privilège que ce récit reconnaît à cette personne et à ce temps grammaticaux. L'attribution originaire : « c'est bon » s'applique à une œuvre qui, du point de vue de Dieu, a déjà été accomplie, et, de son point de vue, est déjà devenue ce qu'elle est.

> Qu'est-ce qui est "bon" ? Qu'approuve donc ce Oui divin prononcé six fois ? L'œuvre quotidienne de chaque jour de Création. La chose non pas comme simple chose, mais comme œuvre, comme chose effectuée, l'existence comme être-déjà-là. L'existence est affirmée au moment où Dieu dit "bon" à sa propre œuvre : c'est lui qui l'a faite ; elle est bonne. Il créa – cette forme narrative traverse tout le

1. Cf. *supra*.

chapitre : il créa, il dit, il sépara, il vit, et ainsi de suite. Passé et forme du “il” – caractère doublement concret[1].

Cet avantage accordé au passé, c'est d'abord ce qui distingue le plus visiblement le monde offert par la grammaire du monde métalogique[2]. Mais c'est aussi un point décisif pour comprendre le procès intenté à l'idéalisme, au nom de son rapport manqué avec le langage (de son absence de confiance). Ce n'est pas un hasard si, dans le cours de l'*Étoile de la Rédemption*, c'est à ce moment précis qu'il revient, avec le plus de virulence. Tandis que la Création, pour nous, est toujours quelque chose qui a eu lieu, que le monde se donne à nous comme déjà là, la pensée idéaliste du monde en masque, par tous les moyens, le caractère passé. Ou plutôt, c'est de cet ancrage dans le passé que la substitution de la logique à la grammaire – l'échange d'un monde pensé contre un monde parlé dans la langue et au plus près de la langue, la préférence du pronom « Je » à la forme attributive « c'est bon » – se prive, comme si la pensée abstraite autorisait une révélation immédiate qui fasse l'économie de la Création.

Mais que la grammaire manifeste l'être du monde comme être créé (qu'elle fasse du rapport au monde un récit à la troisième personne et au passé) désigne aussi ce qui fait, au-delà de la grammaire, l'objet d'une attente. De la troisième personne (il, elle), on ne peut se satisfaire pleinement. De même le passé ne peut être passé que rapporté à un présent. Il est passé pour un présent. Privilégier, dans la grammaire, le temps passé, c'est donc forcément désigner la place du présent, c'est créer un appel du présent (comme cela seul qui permet de comprendre pleinement le passé comme tel). C'est ainsi que la Création n'a pas de sens en dehors de la Révélation. Suivre le fil conducteur du langage (et plus précisément de la parole), c'est se donner les moyens d'articuler les deux.

> Nous pouvons tranquillement considérer le concept de Création comme un début du savoir, sans donner aussitôt à toutes choses son achèvement en lui. Nous le replaçons dans le contexte plus large de la Révélation. Il n'a donc nul besoin d'être ressaisi dans la rationalité des symboles mathématiques ; il est au-delà ; la symbolique qui explicite son contenu nous a été fournie par la

1. *Ibidem*, p. 182, [SE, p. 168].

2. Cf. *ibidem*, p. 161 : « Une telle temporalisation et, plus spécialement, le fait de porter le caractère distinctif du passé (*ein solches Ausgezeichnetsein mit dem Charakter des Vergangenen*), voilà ce qui manquait totalement au sens du monde dans le cadre du monde métalogique : aussi ne pouvait-on invoquer là qu'un « n'importe où » en ce qui concerne son unité – l'unité du logos du monde », [SE, p. 147].

> construction de la langue vivante, la grammaire (*der Aufbau der lebendigen Sprache, die Grammatik)*[1].

Au moment où nous pourrions être tentés de traduire le monde dans des symboles mathématiques, le fil conducteur du langage nous avertit que toute fixation serait, comme telle, prématurée. À la différence de l'idéalisme, pour qui la pensée du monde (qu'il fixe dans une telle symbolique) en achève le savoir, le philosophe qui suit le fil de la langue ne peut s'arrêter à la grammaire. Celle-ci (en tant que symbolique de la langue vivante) renvoie à ce qui, dans cette langue, excède la grammaire. C'est, en quelque sorte, l'inadéquation de la parole promise et de la grammaire de la Création qui fait signe vers la Révélation. Là encore, on découvre à quel point toute la construction de Rosenzweig anticipe l'achèvement de l'*Étoile*, de telle sorte que plus on avance, plus sa position singulière (celui qui détient le sens de la promesse – qui sait, depuis le début, ce qui est promis) apparaît comme l'énigme centrale du livre.

Significatif est à cet égard le procès (un de plus) qu'à ce moment précis, Rosenzweig fait à la philosophie idéaliste d'avoir divinisé l'art (alors qu'« elle était chassée du paradis de la confiance dans le langage[2] »). Une telle divinisation de l'art représente, aux yeux de l'auteur de *L'Étoile*, une triple faute. Elle manque d'abord l'essence du langage, et plus précisément de la parole, puisqu'elle procède d'une défiance à son encontre. Mais elle manque aussi celle de l'art (qui est d'être le langage du pré-monde – d'appartenir donc, de façon silencieuse, à la promesse qui est inscrite en lui). Autant dire qu'il existe entre l'art et la parole (en tant qu'elle est promise) un rapport étroit dont la méconnaissance est le troisième défaut caractéristique de cette divinisation. C'est pourquoi Rosenzweig peut écrire :

> La vie est plus riche que le monde et que son devenir ; de même, dans ses structures singulières, le langage, comme l'art d'ailleurs, est trop riche pour être totalement connaissable à partir de l'idée de Création[3].

Or pour qu'un tel énoncé soit possible, il faut se tenir en un lieu ou l'art, comme le langage, ont déjà révélé le sens de leur promesse. Il faut avoir entendu déjà, au-delà du récit de la Création, l'appel de la parole vivante.

1. *Ibidem*, p. 168, [SE, p. 154-155].

2. *Ibidem*, p. 176, [SE, p. 162]. Voir aussi un peu plus loin : « À la place du jardin du langage créé par Dieu (*des geschaffenen Gottesgartens der Sprache*), où elle avait vécu sans la défiance et les arrière-pensées de la logique, et qu'elle avait dû quitter par sa propre faute, elle se mit en quête d'un jardin d'hommes, d'un paradis humain ; [...] Il arriva ainsi que l'idéalisme se mit à diviniser l'art, au moment même où il rejeta le langage ».

3. *Ibidem*, p. 178, [SE, p. 164].

L'APPEL D'UNE PAROLE COMMUNE

S'il est vrai que L'*Étoile de la Rédemption*, écrite au fil conducteur du langage, restitue la genèse de la parole, notre connaissance (encore partielle) du monde, comme monde créé, ne nous donne qu'un récit (écrit au passé et à la troisième personne du singulier). Le langage qui confirme notre croyance dans l'existence du monde est encore loin de constituer une parole. Surtout, nous ne lui connaissons pas d'adresse. Nous avons affaire à un récit, audible par tous, mais qui ne touche encore personne, au sens où il ne sollicite aucune réponse. Le récit de la Création se présente ainsi comme un monologue qui concerne essentiellement celui qui le prononce et (du moins en apparence)[1] n'attend rien de celui auquel il serait adressé.

Voilà qui dessine les contours de ce qui est attendu, au delà de la grammaire : au-delà des catégories linguistiques dont la complétude rend audible le mots-origines, celle-ci doit se dépasser dans une parole vivante, adressée – une parole qui interpelle et qui attend une réponse. Et c'est à cette seule condition que les mots qu'elle utilise sont des mots réels, des mots qui remplissent pleinement leur fonction.

> Nous n'allons pas continuer, comme lors de la Création, à passer de catégorie linguistique en catégorie linguistique (*von Wortart zu Wortart fortschreiten*), mais *conformément au devenir-parlé tout à fait réel du langage, où nous séjournons parce qu'il est pour nous la partie centrale de tout cet ouvrage* (*gemäß dem ganz wirklichen Gesprochenwerden des Sprache, in dem wir uns hier als im Mittelstück dieser ganzen Schrift aufhalten*)[2]. nous allons passer de mot réel en mot réel. C'est uniquement par la réflexion que nous serons capables – et que nous serons obligés évidemment – de reconnaître dans le mot réel également le représentant de sa catégorie linguistique. mais comme tel, nous ne le découvrons pas représentant d'une catégorie : nous le découvrons immédiatement comme mot et comme réponse (*als Wort und Ant-wort*)[3].

Les choses pourraient donc se traduire de la façon suivante : tant que nous croyons seulement que le monde a été créé par Dieu, nous ne croyons pas encore à grand chose. Et surtout, nous n'avons pas plus de motif de le

1. Cette réserve ne vaut que parce qu'en réalité, toute l'architecture de l'*Étoile* vise à montrer que ce récit est indissociable de l'adresse (qu'on cherche à mettre en perspective à présent) et de la prière commune (qu'on étudiera un peu plus loin). Nous sommes confrontés ici à la même difficulté que Rosenzweig – qui est celle de l'anticipation.

2. Nous soulignons.

3. *Ibidem*, p. 207, trad. modifiée [SE, p. 194].

croire que n'importe quel autre récit[1]. De la même façon, entendre un récit est une chose, recevoir une parole qui nous est adressée en est une autre. Sans doute faut-il donc croire à cette adresse pour que ce récit se distingue de tous les autres (même si, comme nous le verrons plus tard, cette croyance n'est pas encore suffisante).

La question serait alors : à quelles conditions les mots deviennent-ils autre chose que les représentants de leur catégorie linguistique ? Comment le mot devient-il réel, comment pouvons-nous le découvrir comme parole et comme réponse ? Une fois encore, c'est des mots-origines qu'il faut repartir. S'il est vrai qu'avec la grammaire, une voix est donnée à leur mutisme, le récit de la Création ne donne voix qu'au Oui originel (à cette affirmation première qui vient confirmer notre croyance dans l'existence du monde). Avec l'adresse (et sa réponse), dans le dialogue vivant, c'est, au contraire, le Non originel qui trouve sa voix. Car pour que le dialogue puisse commencer, il faut déjà que le *Je* s'affirme comme tel – c'est-à-dire comme celui qui est autrement que tout. Mais il faut aussi qu'il rencontre un *Tu* extérieur à lui, sous peine de se transformer en monologue. Enfin (et nous verrons que c'est ce qui en trace les limites), pour que l'échange de paroles entre un *Je* et un *Tu* soit vraiment un dialogue, il faut que la parole nie tout ce qui est étranger à cette adresse – tout ce qui risquerait de la faire basculer dans le récit et de rendre ainsi le *Je* et le *Tu* étrangers à leur propre dialogue[2].

> C'est seulement lorsque le "Je" reconnaît le "Tu" comme quelque chose d'extérieur à lui, c'est-à-dire lorsqu'il passe du monologue au véritable dialogue qu'il devient ce que nous venons de définir comme la phonémisation du Non originel[3].

C'est pourquoi le paradigme du dialogue est la langue de l'amour. Dans cette langue, en effet, se trouve mis en scène tout ce qui, dans la parole, excède la grammaire – tout ce qui fait que, lorsque nous parlons, notre acte de parole ne se réduit pas aux catégories linguistiques que nous employons. Être dans la parole (au sens du dialogue), c'est d'abord s'exposer à un appel

1. Rosenzweig, toujours par anticipation, le dit dans les pages consacrées à la Création. Cf. *ibidem*, p. 162-163 : « Le Créateur est aussi le Révélateur. La Création est la prédiction qui n'est confirmée qu'à travers le signe miraculeux de la Révélation. Il est impossible de croire en la Création, parce qu'elle offre une explication cohérente de l'énigme du monde, comme s'il s'agissait d'une hypothèse scientifique », [SE, p. 149].

2. À ce compte, il faut sans doute contester l'inter-titre rajouté par les traducteurs de l'*Étoile* : « grammaire de l'Éros » (p. 206). Le propre du langage de l'amour est précisément, comme nous allons le montrer dans les pages qui suivent, qu'il excède les catégories grammaticales (ou linguistiques). Avec la Révélation, on n'a plus affaire à la grammaire, mais à toutes les modalités de l'adresse.

3. *Ibidem*, p. 207, [SE, p. 195].

singulier. Celui qui me parle ne s'adresse pas à moi comme au représentant d'un genre, mais comme à un *Je* singulier. Pour que la réponse soit possible (et, avant elle, simplement l'écoute), il me faut être sûr que la parole s'adresse à moi. Il faut aussi, conformément au récit de la *Genèse* (à la question de Dieu à Adam[1]) que je ne dispose d'aucun moyen de me dérober. Cette certitude, seul l'appel du nom propre la donne. Je suis contraint d'écouter et de répondre, dès lors que je suis appelé par mon nom propre. À cette interpellation, en effet, aucun récit à la troisième personne ne peut répondre de façon satisfaisante.

Cette impossibilité, la langue de l'amour la traduit par une double exigence. Elle se présente toujours comme un commandement, à l'impératif et au présent. Dans l'amour, la parole qui exige une écoute et une réponse se traduit toujours par un « aime moi ! ». De cette double caractéristique, Rosenzweig fait donc un nouveau paradigme de la parole – un paradigme qui l'arrache à l'ordre neutre, objectif et impersonnel du récit.

> Le commandement à l'impératif, le commandement immédiat, jailli de l'instant et déjà en voie de devenir sonore à l'instant de son jaillissement – car devenir sonore et jaillir sont une seule et même chose dans l'amour –, le « aime-moi » de l'amant, voilà l'expression absolument parfaite, le parfaitement pur langage de l'amour. Alors que l'indicatif a derrière lui toutes les circonstances qui ont fondé l'objectivité et que le passé apparaît comme sa forme la plus pure, le commandement est un présent absolument pur, sans rien qui le prépare[2].

À cet impératif, la réponse se fait aussi au présent. On sait que, dans l'analyse de l'amour que propose Rosenzweig, cette réponse intègre d'abord un sentiment de honte – la honte d'un passé étranger à cette parole d'amour (c'est-à-dire d'un passé dans lequel le soi se trouvait replié sur lui-même, étranger à toute parole); l'aveu de cette honte (c'est-à-dire la reconnaissance présente du passé comme tel) et enfin la confession de l'amour lui-même (« je suis à toi ») – une confession qui donne à l'amant (Dieu) la dimension d'un être révélé.

Si l'on veut bien admettre l'idée que *L'Étoile de la Rédemption* se présente comme une genèse de la parole, cette analyse est hautement significative. Elle attire l'attention sur tout ce qui, dans la parole, ne saurait être réduit aux catégories linguistiques (même si, *a posteriori*, on peut appliquer à ces phénomènes telle ou telle de ces catégories). En parlant d'écoute, d'aveu, de confession, elle présente une relation (celle-là même de la Révélation) qui apparaît comme une dimension fondamentale de la parole. Parler, ce n'est pas

1. Cf. *ibidem*, p. 209, [SE, p. 196].
2. *Ibidem*, p. 210, [SE, p. 197]

seulement décrire, dire quelque chose sur le monde (connaître quelque chose de l'essence du monde), c'est aussi s'adresser à quelqu'un (une adresse qui prend forcément la dimension d'un commandement d'amour). Dans la parole, le savoir ne se réduit pas au contenu (à ce qui est dit objectivement sur le monde, tel qu'il a été créé), le savoir concerne aussi celui à qui s'adresse cette parole et la façon dont elle s'adresse à lui. Si la Création est forcément Création de la Révélation, alors tout récit doit prendre la forme d'une parole révélée. Et il ne peut être cru que si, au-delà de sa forme objective, il met en scène un *Je* qui s'adresse à un *Tu*.

Quand on sait combien la question de l'adresse (de la destination de la parole philosophique et, à travers elle, du savoir) hante l'idéalisme allemand, à commencer par la philosophie de Fichte[1], nul doute qu'avec cette articulation entre récit et dialogue, Rosenzweig touche à l'un des problèmes les plus ardus et les plus insolubles qu'ait rencontré la philosophie du « moment 1800 » : comment concilier l'objectivité universelle du savoir et la particularité de son adresse – ce qui veut dire ici : comment faire que la philosophie soit vraiment une parole qui a besoin de celui auquel elle s'adresse[2]. Ou encore, la philosophie peut-elle avoir encore un sens, si le *Il*, le *Elle*, le *Cela* – cette troisième personne du singulier qui est la personne de la Création – ne s'efface pas devant le *Je* et le *Tu* comme le passé doit s'effacer devant le présent. La philosophie garde-t-elle toute sa pertinence, quand elle fait l'économie du nom propre[3] ?

Et de fait, c'est bien en dernier ressort sur ce point que culmine l'attente de la grammaire. Car c'est là que se concentre, sous une nouvelle forme,

1. Sur ce point, cf. notre ouvrage : *Les géographies de l'esprit*, Paris, Payot, 1996.

2. De ce besoin, Rosenzweig fait, dans *La pensée nouvelle, remarques additionnelles à l'Étoile de la Rédemption*, le principal critère de distinction entre ce qu'il appelle « la pensée traditionnelle » et « la pensée nouvelle » : « Ce qui sépare la pensée traditionnelle de la nouvelle, la pensée logique de la pensée grammaticale, ne réside pas dans le fait que l'une est silencieuse et que l'autre parle, mais en ceci que la pensée nouvelle a besoin de l'autre (*im Bedürfen des andern*), ou, ce qui revient au même, dans le fait qu'elle prend au sérieux le temps : penser, c'était penser pour personne et ne s'adresser à personne (ou, si l'on préfère, on remplacera « personne » par « tous », c'est-à-dire par le célèbre « tout le monde »); parler, en revanche, c'est parler à quelqu'un et penser pour quelqu'un : et ce quelqu'un est toujours une personne bien précise qui n'a pas seulement des oreilles, comme tout le monde, mais aussi une bouche. », *La pensée nouvelle*, traduction Marc de Launay, *Les Cahiers de la nuit surveillée, Franz Rosenzweig*, éd. Verdier, 1982, p. 52-53; « Das neue Denken », in Franz Rosenzweig, *Der Mensch und sein Werk, Gesammelte Schriften, III, Zweistromland, kleinere Schriften zu Glauben und Denken*, Dordrecht-Boston-Lancaster, Martinus Nijhoff, 1984, p. 151-152.

3. C'est sur ce point, sans doute, que le thème de la langue et de la parole rejoindrait celui de la mort, sur lequel s'ouvre *L'Étoile de la Rédemption*.

l'objet de la promesse. Ce qui est promis dans et avec la parole, c'est le nom propre.

> Avec l'appel du nom propre, la parole de la Révélation entre dans le véritable dialogue ; dans le nom propre, c'est une brèche qui est ouverte dans le mur figé de la choséité. Ce qui possède un nom propre ne peut plus être chose ni la chose de tout le monde ; il est incapable de se dissoudre dans le genre, car il n'y a pas de genre auquel il puisse appartenir ; il est à lui-même son propre genre[1].

Et pourtant, ce n'est pas avec cet appel que la parole épuise le sens de la promesse. Ainsi que nous l'avons vu, le propre du langage de l'amour est de couper cette parole du reste du monde – en l'ancrant dans un commandement présent qui ne veut rien connaître des autres et ignore toute perspective d'avenir. L'impératif, qui reste le mode dominant du langage de la Révélation, dessine en creux la place d'une autre dimension de la parole. Loin de se réduire à un récit que l'on entend, à un commandement que l'on reçoit et auquel on répond, la parole doit être aussi quelque chose que l'on partage. Elle porte en elle l'appel d'une communauté dont ni le langage de la Création ni celui de la Révélation ne sont en mesure de satisfaire la promesse. La parole n'est pas seulement l'affaire d'un *Je* et d'un *Tu*. Elle est aussi celle d'un *Nous*. À défaut de satisfaire une telle exigence, c'est le danger du mutisme originel qui la menace à nouveau. Si la parole se contente du face-à-face d'un *Je* et d'un *Tu*, elle risque à terme de ne plus être parlante – de ne plus être nécessaire comme parole vivante. Son présent pourrait bien devenir un présent figé.

À suivre le fil conducteur du langage, le problème pourrait donc se reposer dans les termes suivants : à quelles conditions la parole remplit-elle effectivement cette promesse – comment peut-elle être davantage qu'un récit (à la troisième personne du singulier et au passé) et qu'un dialogue (entre les deux premières personnes du singulier) ? La question n'est pas si simple – et là encore, elle renvoie à l'une des difficultés les plus durables auxquelles s'est heurtée la philosophie depuis l'idéalisme allemand. Il est possible que, si la solution fut presque toujours aporétique (voir catastrophique), c'est faute de s'être guidée sur le langage.

Dans le langage, quelle est donc la forme qui satisfait cette exigence ? La réponse de Rosenzweig est brève et décisive : ce ne saurait être autre chose qu'une louange commune, un chant d'action de grâce. Dans tout autre cas de figure, on retombe dans le récit ou le dialogue.

> Voilà la proposition généalogique de la Rédemption, le toit sur la maison du langage (*das Dach über dem Hause der Sprache*), la

1. *Ibidem*, p. 221, [SE, p. 208].

> proposition vraie en soi, la proposition qui reste vraie, en quelque sens qu'on la prenne et de quelque bouche qu'elle sorte : il est bon. [...] Au lieu d'être récit que le narrateur veut amener à son objet, au lieu d'être dialogue qui va et vient d'un interlocuteur à un autre, *la grammaire entre maintenant en scène, comme chant aux strophes de plus en plus prégnantes*[1]. Et c'est un chant originel qui est toujours chant à plusieurs voix ; l'individu ne chante pas ; c'est uniquement lorsque le chant est apparu comme chant à plusieurs qu'il se met à investir les formes non chantées du récit et du chant dialogué[2].

Avec cette forme, c'est donc une nouvelle métamorphose de la grammaire qui apparaît – une métamorphose qui, une fois encore, excède l'inventaire des catégories linguistiques. De cet excès, c'est d'abord le rapport au futur qui témoigne. S'il est vrai que la parole, déclinée au passé dans le récit de la Création, et au présent dans le dialogue de la Rédemption, portait en creux l'absence d'une parole au futur, c'est avec le chœur, le chant partagé, que celle-ci se donne à entendre. Avenir et communauté de parole sont, en effet, indissociables. Car pour l'avenir aussi, le risque d'une parole qui, au lieu de dire le futur, ne ferait qu'étirer le passé est indéniable. Tel serait, notamment, tout récit au futur. Raconter ce qui arrivera (sur le mode : « il sera »), ce n'est rien d'autre qu'étendre le passé par delà le présent. Ce n'est donc pas dans l'usage linguistique du futur comme temps de la conjugaison que la parole est une parole d'avenir.

Elle l'est, nous dit Rosenzweig, lorsqu'elle prend la forme d'une demande commune (d'une prière), qui peut être exaucée à chaque instant – dont l'exaucement donc est anticipé. Car c'est alors que s'accomplit l'ultime promesse de la parole. Ce qui était promis dans les mots origines, c'était finalement cela : une parole commune qui anticiperait l'avenir. Ou, pour le dire autrement, avoir la parole en commun (quand il ne s'agit ni de raconter ni de dialoguer), c'est d'abord partager l'anticipation qui réalise cette ultime promesse. Un tel raccourci appelle plusieurs remarques. – Nous découvrons d'abord la façon dont la conception messianique du temps (qui constitue la clef de voûte de l'*Étoile de la Rédemption*) se trouve au cœur de cette genèse de la parole. S'il est vrai que cette conception signifie, en son fonds, qu'à chaque instant on doit attendre la fin (que l'éternité donc est anticipée dans l'instant présent), c'est seulement quand la parole devient parole commune qu'une telle anticipation est possible.

> Sans cette anticipation et la pression interne pour la réaliser, sans le désir de faire survenir le Messie avant son temps et la tentation de

1. Nous soulignons.
2. *Ibidem*, p. 273, [SE, p. 258].

> faire violence au royaume des Cieux, le futur n'est pas un futur, mais seulement un passé étiré sur une longueur infinie, un passé projeté vers l'avant. Car sans cette anticipation, l'instant n'est pas éternel, mais quelque chose qui se traîne interminablement sur la longue route stratégique du temps[1].

– Cette genèse de la parole est inséparable d'une pensée de la communauté. Lorsque, dans le chant et la prière, la parole commune prend la forme d'un chœur, elle donne forme à une communauté. C'est même l'horizon ultime du déploiement de ce chant que l'union des voix à laquelle elle s'identifie. De même que les pronoms *Il*, *Elle* et *Cela* étaient les pronoms de la Création, de même que le *Je* et le *Tu* étaient ceux de la Révélation, le *Nous* est celui de la Rédemption. Mais que recouvre exactement ce *Nous* ? Là encore, une analyse strictement grammaticale ne suffit pas. Car il faut distinguer, explique Rosenzweig, deux formes du *Nous*. Dans le chant (qui réalise la promesse des mots-origines), le *Nous* ne connaît pas de limite. Il s'étend à toute l'humanité[2]. Par contre, lorsque nous parlons, le *Nous* que nous employons est toujours restrictif. Le simple fait que nous l'employons renvoie à un *Vous* extérieur. Dire *Nous*, cela veut toujours dire *Nous*, à la différence de *Vous*. Cela suppose, pour le dire autrement, qu'un jugement s'exerce sur ce *Vous*. Mais cette différence entre le *Nous* dont on peut parler, celui qui peut faire l'objet d'une parole, comme le *Nous* du chant (le *Nous* dans lequel toutes les voix s'accordent), et le *Nous* qui parle, le *Nous* qui suppose un *Vous*, c'est précisément le chant qui nous permet de la percevoir.

> La parole qu'elles chantent [les voix du monde habité d'âme], c'est Nous. Comme chant, ce serait un ultime et plénier accord final. Mais comme parole, elle est aussi incapable que n'importe quelle autre parole d'être parole ultime. La parole n'est jamais ultime, elle n'est pas simplement parlée, elle est aussi parlante. Voilà le véritable mystère du langage, sa vie propre ; la parole parle. Et c'est ainsi que le mot énoncé, issu du Nous chanté, parle et dit Vous[3].

Avec le pronom *Nous* se produit, par conséquent, quelque chose qui n'existait ni avec le *Il*, ni avec le *Je*, ni avec le *Tu*. Du point de vue de la genèse de la parole, il reflète le décalage qui existe entre ce que nous

1. *Ibidem*, p. 268, [SE, p. 253-254].

2. Cf. *ibidem*, p. 279 : « Le Nous est la communauté de tous développée à partir du duel (*die aus dem Dual entwickelte Allheit*) ; à l'inverse de la singularité du Je et de son compagnon le Tu, qu'on ne peut qu'élargir, cette communauté n'est susceptible ni de s'élargir ni de se resserrer [...] dans le Nous enfin, tout se rassemble pour entrer dans le rythme unanime du chœur dont les voix multiples chantent le chant final », [SE, p. 264].

3. *Ibidem*. p. 279-280, [SE, p. 264].

pouvons dire (et savoir) de la parole, lorsque la promesse des mots-origines culmine dans le chant, et notre usage persistant de la parole (la façon dont nous continuons à parler, chaque fois que nous disons *Nous*). Mais, pour qu'un tel décalage existe, il faut que tout ce que nous pouvons savoir de la parole et de la communauté dans le chant fasse l'objet d'une anticipation. Le *Nous* auquel le chant renvoie est toujours un *Nous* à venir – un *Nous* dont, avec le chant, nous ne faisons qu'anticiper la venue. Aussi est-ce toute la question du rapport entre ces deux régimes du *Nous* qui se trouve posée – entre le *Nous* qui anticipe (et auquel s'oppose un *Vous*) et le *Nous* anticipé. Doit-on accorder au premier une spécificité particulière ? Et si tel est le cas, qui a autorité pour le spécifier ? N'est-ce pas cela que, partout dans *L'Étoile*, Rosenzweig anticipe ?

La langue sainte, présupposé des promesses de la parole ?

Dès que se trouve mise en évidence la différence entre le *Nous* qui anticipe et le *Nous* anticipé, deux problèmes se posent. Puisque le *Nous* anticipant se caractérise par son opposition à un *Vous,* il s'agit d'abord de savoir ce qui permet d'identifier ce *Nous* dans sa particularité. Il s'agit ensuite de se demander si cette identité particulière a des incidences sur la forme de prière (la langue de la prière) de la communauté. De la diversité des *Nous* (communautés de langue, communautés de mœurs, communautés politiques) découle-t-il une diversité d'aptitudes à porter ou assumer la promesse du *Nous* à venir – c'est-à-dire d'un *Nous* qui ne s'oppose plus à aucun *Vous*, le *Nous* anticipé de la Rédemption ?

Dans la structure générale de *L'Étoile de la Rédemption*, ces deux questions (qui ouvrent la troisième partie : « la figure ou le sur-monde éternel ») marquent un tournant décisif : elles donnent à la remémoration de la genèse de la parole, à la mise au jour des promesses qu'elle recèle, la dimension d'une réflexion politique. Ce à quoi introduit l'opposition du *Nous* et du *Vous* n'est, en effet, rien de moins qu'une interrogation sur la diversité des peuples et, avec elle, sur la diversité des attachements particuliers : à un destin, à une langue, à un sol, une terre ou une patrie. Mais surtout, elle y introduit en offrant à cette question souvent posée un angle d'attaque particulièrement original : celui de la demande. Plus précisément, c'est en tant que l'attachement d'un peuple à son destin, à sa langue ou au sol qu'il occupe fait l'objet d'une prière – d'un discours qui voudrait faire de ces attachements le signe d'un avènement et donner à chacun d'eux la dimension de liens sacrés – que l'exposition de la genèse de la parole prend cette signification politique.

De fait, le rapport entre la prière et l'attachement a un caractère paradoxal. Il détourne la prière de sa prédiction d'un *Nous* à venir – universel. Il abolit l'écart entre le *Nous* anticipant et le *Nous* anticipé, en repliant la demande sur un type de foi bien particulier : la foi de chacun en son propre destin, la certitude qu'il lui revient, de façon singulière, de devoir incarner un jour l'avènement du royaume de Dieu. C'est pourquoi, pour Rosenzweig, ce type de prière ne fait qu'étendre à toute une communauté celle que Goethe adressait à son destin personnel :

> Et désormais, les peuples aussi prient cette prière, ainsi que tous les ordres profanes de la chrétienté. Tous savent maintenant que leur vie doit être vie personnelle et qu'il faut l'insérer, comme telle, dans la marche du monde; tous, ils trouvent la justification de leur existence dans la vitalité de leur destin (*in der Lebendigkeit ihres Schicksals*). [...] Mais voici que les peuples ont en eux-mêmes une vitalité pleine et entière : c'est depuis que chaque peuple sait et croit qu'il a "son jour dans l'histoire"[1].

De ce repli des peuples sur leur destin découle un désir d'éternité qui donne à l'attachement qu'ils portent au sol et à la langue sa forme particulière : la volonté d'assurer leur propre immortalité[2]. C'est vrai du territoire, sans lequel les peuples sont dépossédés de ce qui préserve leur identité (un peuple dont la terre est occupée est menacé dans la foi qu'il accorde à cette immortalité). Ça l'est encore plus de la langue.

Ce n'est pas un hasard ni un oubli si, dans la genèse de la parole, dont on n'a retracé ici les grandes lignes; il n'avait, jusqu'à présent, jamais été question des langues, dans leur diversité et dans la spécificité propre à chacune. Il fallait attendre que soit posée la question éminemment politique du *Nous* pour que celle-ci soit thématisée. Deux remarques s'imposent au sujet de cette diversité.

D'abord, nous dit Rosenzweig, elle est le signe que le temps de la Rédemption n'est pas encore arrivé. Dès lors que la venue du Royaume est liée à la promesse d'une parole qui accorderait tous les cœurs, au point qu'elle ne serait même plus nécessaire, la diversité révèle tout ce qui s'oppose encore à un tel accord. C'est pourquoi les peuples, pressés d'avoir leur moment dans l'histoire, tentent de court-circuiter cet obstacle en favorisant l'hégémonie de leur langue – en faisant comme si celle-ci, en dépit de sa particularité, était vouée à réconcilier tout le monde, comme si elle pouvait s'imposer comme *La* langue de l'humanité (de telle sorte que la diversité ne soit plus un obstacle).

1. *Ibidem*, p. 335, [SE, p. 315].
2. *Ibidem*, p. 354, [SE, p. 332].

> Que le monde ne soit pas encore entré dans la Rédemption, rien ne l'apprend plus clairement que la multiplicité des langues. Entre des hommes qui parlent une langue commune, un regard suffit à coup sûr pour se faire comprendre; justement parce qu'ils ont une langue commune, ils sont au-delà de la langue. Mais entre différentes langues, seul le mot balbutié fournit une médiation, et le geste cesse d'être le moyen de compréhension immédiat qu'il était dans le clin d'œil muet, pour se réduire au balbutiement du langage gestuel, cette pauvre passerelle de fortune pour se faire comprendre [1].

Ensuite, il n'existe aucune explication plus probante du travestissement de la Rédemption que la volonté qu'ont les peuples d'éterniser leur langue – de lui donner l'apparence d'une langue qui ne peut pas disparaître. Pourquoi chacun de ces *Nous* singuliers cherche-t-il à incarner la venue du Royaume? Pour ne pas s'avouer qu'il est mortel, pour se masquer à soi-même son propre destin [2], pour gagner du temps, encore et toujours, sur l'échéance inéluctable de sa propre mort. Du même coup, les langues, elles-mêmes, sont liées à toutes les tentatives des peuples (plus ou moins désespérées, plus ou moins catastrophiques) pour forcer cette venue. Dans leur particularité, elles n'échappent pas aux aventures politiques, aux vicissitudes idéologiques. Elles portent les stigmates de tout ce que tel ou tel peuple a pu faire pour avoir son moment dans l'histoire. Pour tout dire, elles sont trop liées au destin des peuples qui les parlent pour pouvoir être la langue de la Rédemption. L'attachement de chacun de ces *Nous* particuliers à sa langue fait qu'aucune d'entre elles ne peut chanter la promesse du *Nous* à venir. Elles sont, chaque fois qu'elles le tentent, inéluctablement vouées au repli [3].

1. *Ibidem*, p. 349, [SE, p. 328].

2. Cf. *Ibidem*, p. 355, [SE, p. 334] : « La langue des peuples suit dans ses moindres détours la vivante métamorphose du destin des peuples, mais ainsi calquée sur le vivant, elle est aussi entraînée dans le destin du vivant qui est de mourir. La langue est vivante parce qu'elle… peut même mourir. L'éternité serait pour elle un cadeau empoisonné; c'est seulement parce qu'elle n'est pas éternelle, c'est seulement parce qu'elle reflète fidèlement les époques changeantes du peuple qui s'accroît au fil des âges et de ses destinées parmi les peuples que la langue mérite d'être appelée la part la plus vivante du peuple, et même sa vie proprement dite. Les peuples ont donc raison de lutter pour leur propre langue (*um ihre eigne Sprache zu kämpfen*); mais ils devraient savoir qu'ils ne luttent pas dans ce cas pour leur éternité, mais ce qu'ils gagnent dans ce combat, c'est toujours autre chose que de l'éternité : du temps ».

3. Nul doute que c'est là l'un des motifs qui pousseront quelques années plus tard Rosenzweig et Buber à retraduire la Bible en allemand, c'est-à-dire, à inventer, à l'intérieur de la langue, ce que Derrida appellerait un idiome (une autre langue découplée, affranchie de ces vicissitudes historiques, politiques et idéologiques). Sur les motifs de cette traduction, cf. Pierre Bouretz : « L'Écriture entre la lettre et la Loi », in *Bible et philosophie*, *Revue de métaphysique et de morale*, octobre-décembre 2000, p. 581-515.

Mais alors, cela signifie que la genèse de la parole et les exigences de sa promesse dessinent en creux la place d'un autre *Nous* et d'une autre langue. Elles ne les dessinent pas seulement, elles les appellent comme cela seul qui justifie et qui légitime l'ensemble du parcours. Pour que tout tienne, pour que la parole soit effectivement tendue par l'attente du Royaume à venir, il faut une communauté qui ne s'identifie pas au sol qu'elle occupe, qui ne s'imagine pas non plus être le propriétaire de la langue qu'elle parle. Il faut une langue que les espérances politiques des peuples (leurs calculs stratégiques, leurs rêves d'hégémonie) ne soient pas susceptibles d'affecter et de faire mourir – une langue qui n'ait besoin d'aucune politique pour être éternisée, parce qu'elle est d'elle-même éternelle.

Cette place, on le sait, c'est celle que Rosenzweig reconnaît au peuple juif et à la langue sainte. Les pages qu'il consacre à leur exceptionnalité, dans le premier livre de la troisième partie de *L'Étoile* : « le feu ou la vie éternelle », sont parmi celles qui arrêtent le plus le lecteur[1]. Et il est vrai que, si elles constituent effectivement la clef de voûte de cette genèse, elles méritent qu'on s'y attarde. Le double fil conducteur de cette exceptionnalité, c'est l'appartenance et l'attachement, ou plutôt la non-appartenance et le non-attachement. Ils concernent d'abord le sol (la Terre). Ce qui, pour Rosenzweig, distingue le peuple juif des autres peuples – ce qui en fait un peuple unique et peut-être même l'unique peuple – c'est que la terre qu'il occupe n'est jamais la sienne et qu'il n'a pas besoin de se sentir le propriétaire d'une terre pour assurer sa pérennité. Pour les autres peuples, la possession du sol est indispensable, car elle constitue la seule garantie d'une identité perdurante. L'enchaînement des générations n'y suffit pas. Mieux, c'est parce que cette transmission naturelle est fragile que les peuples tendent à confondre cet enchaînement et l'attachement au sol – à replier l'un sur l'autre, dans un travail politique incessant, creuset de toutes les guerres et de toutes les exclusions. À l'inverse, le peuple juif voit son identité et sa pérennité assurées par le seul ordre naturel – ce que Rosenzweig appelle « une communauté de sang » :

> Il n'existe qu'une seule communauté qui connaisse une telle continuité de la vie éternelle, allant du grand-père au petit-fils, une seule qui ne puisse exprimer le « Nous » de son unité sans entendre simultanément dans son cœur le « sommes éternels » qui est son complément. Il faut qu'il s'agisse d'une communauté de sang (*eine Gemeinschaft des Bluts*), car seul le sang donne à l'espérance en l'avenir une garantie dans le présent. Toute autre communauté, toute communauté qui ne se perpétue point par le sang, peut, si elle

1. Elles ont suscité souvent des commentaires extrêmement réservés. Voir notamment Jacques Derrida, *Le Monolinguisme de l'autre*, Paris, Galilée, 1996, p. 93-94.

> veut fixer son « Nous » pour l'éternité, le faire uniquement en lui assurant une place dans l'avenir ; toute éternité non-fondée sur le sang se fonde sur la volonté et l'espérance[1].

Mais parler de communauté de sang (qui a pour nous, aujourd'hui, des résonances insupportables), comme le fait Rosenzweig, est-ce vraiment parler d'un ordre naturel ? N'est-ce pas plutôt d'un théologoumène qu'il s'agit – à savoir d'une règle théologique de la transmission de l'identité. Être juif, ce ne serait pas appartenir à un pays (être attaché à un sol), ce ne serait pas une nationalité, ce serait descendre d'une mère juive. La notion de « communauté de sang » ne doit donc pas être entendue à tord. Elle n'a d'autre fonction que dépolitiser, dans ce cas précis, la notion de communauté. Elle revient à dire que l'identité appelée par ce *Nous* ne saurait être, en aucun cas, une identité politique.

Pour la langue aussi, c'est, selon l'auteur de *L'Étoile*, une non-appartenance et un non-attachement qui définissent la singularité du peuple juif dans le rapport à la ou (mieux vaudrait dire) aux langue(s). Car cette non appartenance et ce non-attachement sont doubles. Ils tiennent au fait que le peuple Juif est pris toujours entre deux langues, une langue nationale, à laquelle il ne peut totalement s'identifier, et la langue sainte (la langue de ses prières) – deux langues donc, dont aucune n'est sa propriété. La langue qu'il parle tous les jours ne saurait l'être, parce que ce n'est pas la langue dans laquelle il chante – mais peut-être aussi parce que (à l'époque de Rosenzweig encore, et depuis des siècles), on dénie aux Juifs le droit de s'identifier pleinement à la communauté qui reconnaît dans cette langue sa langue maternelle[2]. Quant à la langue sainte, elle est, par essence, la langue qu'on ne peut s'approprier – au sens où cette appropriation signifierait la disposition d'un instrument commode pour les besoins de la vie quotidienne. Elle résiste à toute maîtrise, à tout sentiment de pleine possession, en vertu de sa sainteté même. Plus précisément encore, si on veut bien admettre que l'appropriation de la langue est toujours liée à l'instauration d'un ordre politique, il faut dire alors que c'est parce que ses

1. *Ibidem*, p. 353, [SE, p. 331].

2. Cf. *ibidem*, p. 356 : « Alors que les autres peuples sont par conséquent identifiés à leur langue propre et que la langue se dessèche dans leur bouche le jour où ils cessent d'être un peuple, le peuple juif ne s'identifie plus jamais à la langue qu'il parle ; même là où il parle la langue de l'hôte qui l'accueille, un vocabulaire propre ou du moins une sélection spécifique dans le vocabulaire commun, des tournures propres, un sentiment propre de ce qui est beau ou laid dans la langue en question, tout cela trahit que cette langue … n'est pas la sienne », [SE, p. 334-335]. On ne peut lire ses pages sans les resituer dans le contexte de la montée de l'antisémitisme, partout en Europe, au lendemain de la première guerre mondiale. Voir aussi, pour une mise en perspective de cette caractérisation du rapport à la (aux) langue(s), : Derrida, *Le Monolinguisme de l'autre*, *op. cit.*, p. 91-114.

contraintes sont irréductibles à toute organisation de cet ordre, parce qu'elle se définit comme une langue avec laquelle on ne peut pas faire tout ce qu'on veut – c'est-à-dire qu'on ne peut pas instrumentaliser –, que la langue sainte ne peut faire l'objet d'une propriété. Ce qui revient à dire que cette langue (et elle seule) ne peut jamais être la langue des autres – une langue que d'autres m'imposent.

> C'est précisément ce naturel ultime (*diese letzte und selbstverständlichste Unbefangenheit des Lebens*), le plus évident de tous, qui est interdit au Juif, à partir du moment où il parle avec Dieu une autre langue qu'avec son frère. Avec son frère, il est d'ailleurs absolument incapable de parler pour cette raison ; avec lui il se fait mieux comprendre avec le regard qu'avec la parole, et il n'y a rien de plus juif au fond qu'une ultime méfiance envers la puissance de la parole (*die Macht des Worts*) et une confiance intime en la force du silence[1].

C'est donc, en dernier ressort, dans une véritable politique des langues (ou de la langue) que culmine la genèse de la parole qu'expose *L'Étoile de la Rédemption*. La promesse du Royaume suppose une langue qu'aucune communauté ne puisse instrumentaliser et une communauté qui, ne se repliant sur aucun sentiment d'appartenance, reste ouverte à cette promesse – la langue sainte, comme langue inappropriable, et le peuple Juif. Mais l'une et l'autre sont aussi ce que Rosenzweig anticipe à chaque pas de *L'Étoile*. Ce que sait l'auteur du livre, c'est qu'il existe un peuple (le peuple) qui, à chaque fois qu'il chante *Nous* dans ses prières, laisse entendre la promesse d'un autre *Nous* étendu à l'humanité tout entière. Pour que la décomposition du Tout dans ses éléments premiers (Dieu, le monde et l'homme) ne s'abîme pas dans le nihilisme, pour qu'elle soit effectivement aussitôt tendue par la promesse d'une parole rédemptrice, il faut savoir, dès le commencement, qu'une langue – la langue sainte – pourra porter cette promesse.

Aussi est-ce une nouvelle interrogation qui s'impose en conclusion : cette anticipation est-elle nécessaire ? S'il s'agit de restituer au langage sa dimension messianique, cette restitution exige-t-elle qu'une langue singulière soit reconnue comme langue sainte et une communauté (le peuple Juif) abstraite de l'histoire ? Pour le dire autrement, cette promesse n'a-t-elle pas sa place dans le rapport qu'il appartient à chacun d'entretenir avec la langue qu'il parle, qui ne lui appartient pas. Et qu'il lui revient, à chaque instant, de réinventer, pour qu'elle ne soit pas effectivement une langue appropriée et instrumentalisée ?

1. *Ibidem*, p. 357, trad. modifiée, [SE, p. 335].

CHAPITRE VII

LA COMPRÉHENSION MUTUELLE DES PEUPLES [1]

MUSIL, HEIDEGGER ET L'IDÉE DE « PHILOSOPHIE NATIONALE »

Pour Jean-Luc Nancy

UNE MALADIE DE LA PENSÉE

Si l'idée de philosophie nationale prend entre les deux guerres une résonance particulière, c'est que rarement l'exaltation de la différence entre les peuples sera devenue à ce point « la maladie de la pensée (*Denkkrankheit*)[2] » la plus ordinaire. Robert Musil, à qui l'on doit ce diagnostic, n'aura de cesse de le rappeler et de le dénoncer dans les nombreux essais qui abordent cette question, à mesure que se précise, d'années en années, le risque de voir ce fanatisme de la singularité déboucher sur un déchaînement de violence sans précédent. Deux éléments nourrissent une telle exaltation. Le premier est l'idéalisation de la nation, d'autant plus forte qu'elle trouve dans le concept de race son support le plus immédiat. En faisant de tout individu le produit de sa race, ce discours qui se répand dans toute l'Europe impose à chaque individu de s'identifier à cette différence. Ce qu'il est se réduit par essence à ce qu'il a en commun avec « ceux de sa race », qui le différencie de tous les autres. Du même coup, aucun autre mode de différenciation n'est requis. L'individu n'a pas à

1. Une version antérieure de ce texte, sensiblement différente, doit paraître dans *La revue de métaphysique et de morale*, automne 2001, dans un numéro spécial intitulé : « Philosophies nationales, controverses franco-allemandes ».

2. Robert Musil, « La nation comme idéal et comme réalité », trad. fr. : Philippe Jacottet in *Essais*, Paris, Le Seuil, 1978, p. 123 ; *Die nation als Ideal und als Wirklichkeit*, *in* Robert Musil, *Gesammelte Werke* (désormais GW), hrsg von Adolf Frisé, Hambourg, Rowohlt Verlag, 1978, tome II, p. 1064.

se faire, à se créer, à se donner ses propres valeurs, puisque tout cela lui est accordé d'office par son appartenance à une « communauté de race ».

> Rejeter toute la responsabilité du bien ou du mal non plus sur l'individu, mais sur la race revient à se retrancher perpétuellement derrière autrui ; il s'ensuit non seulement un émoussement de la véracité et de la finesse intellectuelle, mais une dégénérescence des cellules germinales de la morale. Là où la vertu est nationalisée par prédestination, les vignes du seigneur sont expropriées, et plus personne n'éprouve le besoin d'y travailler. On fait croire à l'individu qu'il a en lui tout ce qu'il faut, pour peu qu'il soit fidèle aux vertus de sa race[1].

D'où la nécessité d'une déconstruction du concept de race, à laquelle Musil se consacre, dès 1923, dans un ensemble d'ébauches réalisées en vue d'un essai : « l'Allemand comme symptôme », qui ne sera jamais achevé. Fait rare pour l'époque, il pousse sa critique encore plus avant et montre que le concept de race n'a pas plus de pertinence pour penser la différence entre les peuples occidentaux que celle qui sépare tel peuple européen de tel peuple africain. Ainsi se trouve récusées la biologie et l'hérédité pour penser la différence entre les groupes humains. Mais la culture – ce que Musil appelle une différence sociale au sens large (pour la découpler de tout support naturel) – ne s'en trouve pas pour autant validée. Car si l'on se place sur ce terrain, il faut aussitôt mentionner l'existence d'autres formes de solidarité et de communauté, transnationales, qui viennent contrer le repli de l'identité sur cette forme de différence[2], comme le sont la profession ou les conditions sociales d'existence (la misère, la pauvreté, la richesse, telles qu'elles se traduisent dans les esprits et dans les corps).

Le second élément qui nourrit l'exaltation de la différence est l'idéalisation de l'État. Elle produit le même effet que celle de la nation ou de la race. À l'individu, elle ne reconnaît aucune autre responsabilité que celle de son sacrifice au profit de l'État. Elle ne conçoit donc pas les institutions comme une donnée perfectible, qui exigerait de chacun un travail de

1. Robert Musil, *ibidem*, p. 123, GW, II, p. 1064-1065.

2. Nous reviendrons ultérieurement sur ce point. Citons simplement, en attendant, ce passage significatif de l'essai : « l'Allemand comme symptôme (*Der deutsche Mensch als Symptom*) » (*op. cit.*, p. 344-345, GW, II, p. 1366) : « Si elle [la différence] ne se laisse pas définir par la race ou le peuple, elle pourra l'être éventuellement par la culture et la nation, influences comprises. On sait que cette idée est très controversée elle aussi. C'est ainsi que les professions, les états, les classes ont suscité des ressemblances et des différences, aussi bien spirituelles que physiques, qui fondent, par delà les unités nationales, des liens internationaux infiniment plus forts et plus naturels aujourd'hui que celles-ci ».

critique et de démystification, mais comme un tout qui exige soumission et discipline :

> De même que l'on n'a pas conçu l'hypothèse de la race sous forme progressive, comme un but à atteindre, mais sous forme régressive, comme un fétiche mystique, on a sublimé l'État en le soustrayant au désir irrespectueux de le considérer comme aménageable, à l'instar d'un quelconque appartement, et le concept de nation n'a pas été reconnu, institutivement, comme une matière à informer, mais proclamé constitutivement comme un donné dont l'expression seule serait imparfaite[1].

« Un fétiche mystique ». tel est finalement le maître mot de l'analyse récurrente de Robert Musil. Ce que cette fétichisation de l'identité instaure, ce n'est, en effet, rien d'autre qu'une forme très particulière de foi – la foi en quelque chose de substantiel et de statique qui n'est susceptible d'aucune forme d'évolution et de modification, sinon l'augmentation du nombre de fidèles qui lui sont dévoués. Autrement dit, ce n'est jamais la forme de l'idéal que cette fétichisation aménage, mais la réalité qu'elle entend modifier afin qu'elle lui corresponde dans le double sens d'une plus grande pureté de la race et d'un plus grand contrôle de l'État sur la vie des individus. Pour Musil, une telle analyse dessine les grandes lignes de la tâche à accomplir. Il s'agit d'abord de dénoncer les fétiches comme fétiches, de montrer qu'il sont l'objet d'une foi de substitution, vide de tout contenu spirituel – que l'idée de race donc ne résiste à aucune analyse scientifique et que la nation, quand bien même elle s'identifierait à l'État, est toujours une fiction[2]. Il s'agit aussi de mettre en évidence toutes les formes de communauté transnationales, tous les partages, les échanges et les transferts qui désubstantialisent l'objet de la foi, qui le découplent de tout support naturel (au sens de la race) ou culturel.

« Un mauvais usage de l'idéal » est ce qui s'oppose le plus à la compréhension mutuelle des peuples. L'idéalisation de la nation, de la race ou de l'État, qui fait de ces formes substantialisées de la communauté des réponses, a toujours pour effet de figer les peuples dans des différences fictives et de les dresser les uns contre les autres.

> Dès lors que les notions de race et de culture, de peuple et de nation (et même cette inutile notion auxiliaire d'époque empruntée à

1. Robert Musil : « la nation, comme idéal et comme réalité », *op. cit.*, p. 130, GW II, p. 1071.

2. Cf. Robert Musil, *op. cit.*, p. 133, GW II, p. 1074 : « Rien ne peut gêner davantage une articulation naturelle de la société humaine, que d'élever au dessus de l'homme ces deux idéaux : l'État et la nation. La seule issue est de travailler à favoriser l'évolution qui se poursuit en dehors d'eux, d'éveiller et de maintenir vivante la conviction de leur désuétude ».

> l'histoire des civilisations), si elles renvoient évidemment à une réalité, n'en désignent pas moins visiblement rien de tangible ni même de simple, on ne peut en faire un usage raisonnable qu'en les traitant comme des questions et non comme des réponses, non comme des substrats de phénomènes mais comme des phénomènes complexes, non comme des facteurs sociologiques, mais comme des résultats ; en d'autres termes comme des produits et non comme des producteurs [1].

Le drame que vit l'Europe (et au-delà), dans l'entre-deux-guerres, est que rien n'est plus transnational, rien en réalité n'est plus commun à l'ensemble des « peuples » que la volonté déterminée d'ériger ces substances, ces « substrats de phénomènes en réponse [2] ».

Heidegger et la compréhension des peuples

C'est aussi une telle réduction qu'appréhende Heidegger, lorsque, dans les années 30, après son année de rectorat – et comme pour mieux en conjurer l'échec – il critique, à de nombreuses reprises [3], le repli du « peuple » sur une identité de race et souligne le risque de voir l'État s'identifier à lui. Mais la voie qu'il indique alors, comme unique chance de salut, est d'un tout autre ordre. Une compréhension mutuelle des peuples n'est possible que dans la mesure où chacun reconnaît la tâche qui lui est assignée par l'histoire – c'est-à-dire la mission qui lui est impartie – en même temps que celle dont les autres sont investis. Si le peuple ne peut être identifié à la race et à l'État, c'est donc essentiellement parce que leur idéalisation factice ne permet pas de reconnaître cette mission pour telle. Mais c'est aussi ce qui discrédite à ses yeux toute entente contractuelle, tout traité qui prétendrait faire abstraction de cette dimension. Cette mission, Heidegger l'expose déjà explicitement dans l'*Introduction à la méta-*

1. Robert Musil, « L'Allemand comme symptôme », *op. cit.*, p. 345, GW II, p. 1366.

2. Cf. *ibidem*, p. 345, GW II, p. 1366 : « Pourquoi donc la référence à l'élément national, qu'il s'agisse de la race ou de la culture, mais toujours conçu comme une mystérieuse unité, est-elle devenue de nos jours un phénomène si paradoxalement international ? On dirait qu'à un moment donné, l'horreur du vide produit, comme pour le combler cette réaction ; mais de quelle nature est-il, et quelle est son origine ? ».

3. Voir notamment *infra*, les passages que nous étudions des commentaires des hymnes de Hölderlin, ainsi que de nombreux extraits des *Beiträge zur Philosophie*. Quelles que soient les critiques que l'on doit formuler, sans réserve, à l'encontre des engagements et des mesures prises par Heidegger pendant son année de rectorat et le soupçon que fait peser le poids de son silence, on ne peut faire comme si ces textes n'existaient pas, on ne peut occulter l'aversion dont il a témoigné à plusieurs reprises à l'encontre du concept de race, ni les critiques qu'il n'a pas manqué de formuler contre l'œuvre de Spengler.

physique (1935). Mais c'est dans un bref essai de 1937, intitulé *Chemin d'explication*, qu'elle est clairement rattachée à la question de la différence des peuples, c'est-à-dire d'abord à celle de la différence des philosophies propres à chacun de ces peuples, et donc à leurs chances de pouvoir un jour se comprendre, à supposer que pour l'heure, aucune compréhension ne soit possible. Il ne s'agit de rien de moins que du salut de l'Occident – un salut dont l'urgence impose à chacun un effort différent.

> À l'heure actuelle, la mission de ces peuples occidentaux faiseurs d'histoire consiste pour l'essentiel à sauver l'Occident. Sauver ne veut pas dire ici simplement conserver ce qui existe encore, mais signifie originairement une justification novatrice de sa propre histoire passée et à venir. C'est pourquoi *la compréhension mutuelle des peuples voisins dans ce qu'ils ont de plus propre implique de savoir se donner la nécessité de cette salvation comme tâche propre à chacun*[1]. Le savoir de cette nécessité vient surtout de l'expérience de la détresse née de la menace qui atteint l'Occident au plus profond de lui-même, ainsi que de la force capable d'un projet qui transfigure les possibilités les plus hautes de l'être-là occidental[2].

Trois remarques s'imposent, avant d'aller plus loin.

La première est que cette approche de « la compréhension mutuelle des peuples » n'est possible que sur le fond de la désignation d'un péril commun. Elle est donc tributaire à la fois d'un diagnostic de la situation historique de l'Occident (sur lequel s'ouvre déjà l'*Introduction à la métaphysique*) et d'une pensée de l'histoire qui reste à élucider.

La deuxième est que l'entente concerne d'abord la pensée. Elle est même inséparable d'un double statut reconnu à la philosophie et aux philosophes. Le philosophe est d'abord celui qui sait, ou du moins celui dont la méditation ouvre l'accès à la différence. Il lui revient de dire ce qui est propre à chaque peuple. Or ceci n'est possible que si la philosophie se voit reconnue une double indépendance. Elle est d'abord indépendante par rapport à l'État, ce qui suppose que toute utilité pratique, toute instrumentalisation politique est contraire à son essence. La philosophie ne peut être mise au service d'une entente ou d'une mésentente entre les peuples, dont il lui serait imposé de soutenir le programme ou auxquelles elle devrait apporter sa caution intellectuelle. Sa responsabilité ne consiste pas à se

1. Nous soulignons.

2. Heidegger, *Chemins d'explication*, trad. fr. : Jean-Marie Vaysse et Luc Wagner, in *Cahier de l'Herne Heidegger*, 1983, p. 72 (nous citons d'après l'édition de poche de ce volume), [*Wege zur Aussprache*, in *Aus der Erfahrung des Denkens*, *Gesamtausgabe*, vol. 13, Francfort, Klostermann, 1983 (désormais GA, 13), p. 15-16].

mettre au service d'une cause ni même à l'éclairer de l'extérieur[1]. Mais elle est aussi indépendante, au sens où, pas plus que la poésie, elle ne peut être rapportée à des conditions extérieures. Elle n'est identifiable ni à un phénomène culturel parmi d'autres ni au produit de la race, du milieu ou du moment, entendus comme un faisceau de circonstances. Sa position de savoir ne vient pas de ce qu'elle exprimerait (ou refléterait) ce qui sépare les peuples (leurs mœurs, leurs traditions et, plus que tout, leurs caractères) et qu'ils auraient à comprendre mutuellement pour mieux s'entendre. Au contraire, c'est la focalisation sur de telles considérations qui rend impossible toute compréhension à venir, toute entente entre les peuples.

Car l'appel à la philosophie circonscrit non seulement l'ensemble des acteurs, mais aussi celui des phénomènes concernés par cette entente. Ce dont la philosophie parle (ou doit parler) quand elle s'intéresse à la différence entre les peuples et à leur compréhension mutuelle, c'est encore de philosophie. C'est même de l'histoire de la pensée. Les philosophes ne sont donc pas seulement ceux qui disent le sens de la différence, mais aussi ceux qui la font. Significatif est à cet égard l'essai de 1937 (*Chemins d'explication*). Pour savoir à quelles conditions les deux peuples voisins (français et allemands) pourraient parvenir à s'entendre, trois choses sont requises. Il faut d'abord ne pas se méprendre sur le sens de l'entente. La réponse tient alors dans le concept de mission. S'entendre, c'est connaître (reconnaître) la mission propre à chacun. Il faut ensuite accepter que cette mission soit l'affaire des philosophes (et non des politiques). L'entente repose donc sur un dialogue de créateurs. Enfin, dans le cas présent, ce dialogue revient à savoir, pour les Français, ce qu'ils doivent à la philosophie de la nature (et de sa domination technique) introduite par Descartes, pour les Allemands, à la pensée spéculative de l'histoire inaugurée par l'idéalisme allemand. En dernier ressort, c'est à la différence entre le cartésianisme et l'idéalisme allemand, présentés comme des philosophies ouvertes à deux domaines de l'étant opposés et étroitement imbriqués l'un dans l'autre, la nature et l'histoire, que se résume l'opposition entre

1. Nul doute que ce fut là l'une des raisons majeures de « l'échec » du rectorat. Il est probable que Heidegger se fit quelques illusions sur la capacité du régime nazi à reconnaître à la pensée le rôle qu'il lui assignait. Mais rien ne garantit non plus, malheureusement, qu'au-delà de cet échec, ces illusions se dissipèrent, et qu'en dépit de sa violence insupportable, Heidegger ne persista pas à voir dans le régime nazi l'organisation qui permettrait à l'Allemagne de remplir sa mission historique, celle-ci dût-elle être définie sur un plan ontologique. Pour une chronologie précise des prises de position (des allusions) heideggériennes, cf. Dominique Janicaud, *L'Ombre de cette pensée, Heidegger et la question politique*, Millon, 1990, p. 40 *sq.*

Français et Allemands[1]. Or un tel repli a au moins deux conséquences. La première est qu'il récuse toute caractérisation simpliste des ces pensées nationales. Au crédit de Heidegger, il faut mettre son refus de reproduire le schéma classique qui oppose la clarté française et la profondeur allemande.

> On méconnaîtrait totalement le type de méditation qui échoit aux peuples dans une compréhension philosophique authentique si l'on voulait se contenter de constatations ou de définitions superficielles des qualités de pensée française par rapport à l'allemande ou même d'entreprendre un rapprochement par ce biais[2].

La seconde est que chacune de ces philosophies se trouve, malgré tout, indexée à un peuple, sans qu'on sache, du moins dans ce texte, ce qui autorise une telle indexation. Sont-ce des circonstances historiques, une différence de caractères ou d'esprits ? La langue ? Sans doute Heidegger échappe-t-il à cette caractérologie qui, aux dires de Musil, constitue la forme la plus profonde de la maladie nationaliste de la pensée, celle-là même qui rapporte tout à un même substrat, en même temps qu'elle en fait l'éloge[3]. Mais on doit se demander de quelle façon il reconduit, en la déplaçant, l'idée de philosophie « nationale ».

La troisième remarque est que cette tâche ne peut être accomplie sans que soit repensée, à nouveaux frais, la notion même de peuple. À mesure que s'approfondit la conscience de la mission historique impartie au peuple, aucune des compréhensions classiques de la notion ne se révèle encore adéquate. Les approches anthropologiques, sociologiques, historiques se trouvent récusées au profit d'une pensée du peuple qui, sans que cela n'enlève rien à son caractère problématique, ne relève d'aucune détermination extérieure. Pour Heidegger, cette pensée s'affine dans une confrontation décisive avec la poésie de Hölderlin.

Tout se passe, en effet, comme si, dans la seconde moitié des années 1930, la détermination de l'essence de la poésie était la voie choisie par

1. Cf. Heidegger, *Chemins d'explication*, *op. cit.*, p. 75 [GA, 13, p. 19] : « C'est au penseur français Descartes que l'on doit d'avoir jeté les bases décisives du fondement et du modèle d'un savoir mathématique au sens principiel du terme. Et l'un des plus allemands des penseurs allemands, Leibniz, est continuellement guidé dans sa méditation par une explication avec Descartes [...] Mais d'un autre côté, c'est, pour la première fois dans l'histoire de l'Occident, grâce aux écrivains et aux penseurs de l'époque de l'idéalisme allemand qu'un savoir métaphysique de l'essence de l'histoire a été inauguré ». Notons qu'on ne saura pas ici ce qui fait de Leibniz l'un des plus allemands des penseurs allemands – en dehors de son explication avec Descartes (qui caractérise tout autant la philosophie de Spinoza).

2. Heidegger, *Chemins d'explication*, *op. cit.*, p. 76 [GA, 13, p. 20].

3. Nous aurons l'occasion de voir un peu plus loin que, pour autant, la question du substrat reste posée, même si c'est dans de tout autres termes.

Heidegger pour repenser l'essence de la communauté. S'il est vrai que la poésie, en tant qu'elle instaure l'être, est ce qui permet à chaque individu de « se ressourcer au plus profond de son *Dasein* » et qu'à ce titre, elle le reconduit à l'origine de ce qui le lie à d'autres – à l'origine de ce qui lui est donné en commun –, la communauté à laquelle renvoie ce partage originaire ne se laisse pas penser en termes d'organisation étatique. Avec la méditation sur l'essence de la poésie, le rejet de l'identification du « nous » à l'institution étatique trouve ainsi sa véritable raison d'être.

> La poésie, [...] c'est l'éveil et la concentration de l'essence la plus propre de l'individu, grâce à quoi il se ressource au plus profond de son *Dasein*. Si chaque individu en est issu, le rassemblement authentique de ces individus en une communauté originelle est acquis d'avance. Le grossier enrégimentement de la masse en surnombre dans *ce qu'on nomme organisation*[1] n'est qu'une mesure de fortune, l'essence lui échappe[2].

Sans doute faut-il reconnaître que, pour autant, Heidegger ne renonce pas à reconnaître une fonction déterminée à l'État, mais celle-ci reste secondaire. L'État ne fait rien d'autre qu'actualiser l'existence du peuple en temps que peuple. Il encadre et organise une existence commune qui trouve son fondement dans la poésie et la philosophie, en tant qu'instauration de l'être et savoir authentique de ce qui est à partager. Le risque d'une telle construction est évidemment qu'on ne sache plus quelle est, en aval, la fonction du philosophe (et de la philosophie) par rapport à l'organisation étatique. Est-ce de veiller à la conformité des institutions à leur source poétique ? Quelles seraient alors les règles de cette conformité ? Ou s'agit-il de rappeler à l'État la source de sa légitimité ? À moins que le philosophe n'ait rien d'autre à faire que de laisser de côté, au nom de cette reconduction au fondement, tout ce qui concerne l'organisation de l'État (à commencer par le problème de la violence légitime), comme si la question était accessoire et qu'elle n'était pas vraiment l'affaire de la philosophie[3]. D'un autre côté, la méditation sur l'essence de la poésie est aussi ce qui guide le

1. Nous soulignons. Rappelons que le terme « organisation » est souvent utilisé par Heidegger pour désigner l'État, notamment dans les *Beiträge zur Philosophie*.

2. Heidegger, *Les Hymnes de Hölderlin* : *La Germanie*, trad. fr. : François Fédier, Paris, Gallimard, 1988, p. 19 [*Hölderlins Hymnen "Germanien" und "Der Rhein"*, *Gesamtausgabe*, vol. 39, Francfort, Klostermann, 1980 (désormais GA, 39), p. 8].

3. Cf. Heidegger, *op. cit.*, p. 58 [GA, 39, p. 51] : « Le *Dasein* historique des peuples, leur ascension, leur apogée et leur déclin jaillissent de la poésie, et en jaillit aussi le savoir authentique, au sens de la philosophie ; et des deux à la fois jaillit l'actualisation par l'État du *Dasein* d'un peuple en tant que peuple – la politique. Ce temps originel, historique des peuples est par conséquent le temps des poètes, des penseurs et des fondateurs d'État, c'est-à-dire de ceux qui, en fait, fondent et justifient l'existence historique d'un peuple ».

refus de toute détermination de la communauté en termes de « race ». Pas plus que la poésie ne sert à soumettre les masses à l'autorité de l'État, elle n'exprime le vécu collectif d'une « race »[1].

Mais surtout, nous dit Heidegger, s'il est vrai que tout ceci dessine le réquisit d'une nouvelle approche de la question « qui sommes-nous ? », c'est à dire de l'identité, celle-ci doit être rigoureusement distinguée de la question voisine « que sommes-nous ? ». Tandis que la réponse à la première désigne l'essence de la communauté (celle-ci fût-elle une communauté à venir, une communauté promise), la réponse à la seconde décrit divers modes d'appartenance culturelle. Dire *ce que nous sommes*, c'est dire ce que nous faisons, avec qui nous vivons et travaillons ou partageons des intérêts communs, c'est renvoyer *ipso facto* à la structure hétérogène de toute « culture nationale », à tout ce qui la divise ou la partage et rend infiniment complexe la détermination de son identité comme identité singulière. Musil ne s'y était pas trompé qui voyait dans ce mode d'approche la façon la plus efficace de lutter contre l'idéalisation de la nation ou de l'État :

> "Nous autres Allemands" : fiction d'une communauté entre manœuvres et professeurs, mercantis et idéalistes, écrivains et cinéastes, qui n'existe pas. Le véritable "nous" s'exprime par la formule : nous ne nous sommes mutuellement de rien. Nous sommes des capitalistes, des prolétaires, des intellectuels, des catholiques ... beaucoup plus liés, en fait, à nos intérêts particuliers, au delà de toute frontière – que les uns aux autres. Pour ce qui lui tient vraiment à cœur, le paysan allemand est plus proche du paysan français que du citadin allemand. Nous – chaque nation en elle-même – nous comprenons mal les uns les autres ; nous nous combattons ou nous flouons chaque fois que faire ce peut. Sans doute parvient-on à nous ranger sous un même bonnet quand il s'agit de l'enfoncer sur la tête d'une autre nation : alors, oui, nous connaissons la félicité de l'expérience mystique communautaire,

1. Cf. Heidegger, *Les Hymnes de Hölderlin*, *op. cit.*, p. 38 [GA, 39, p. 26-27] : « Ce vécu peut être conçu comme celui d'un seul individu – d'un point de vue « individualiste » – ou comme expression d'une âme de la masse – d'un point de vue « collectif » – ou avec Spengler, comme *l'expression de l'âme d'une race ou d'un peuple*. [...] Quand Spengler définit la poésie comme l'expression de l'âme propre à chaque culture, cela vaut aussi pour la fabrication de bicyclettes et d'automobiles. Cela vaut pour tout, c'est-à-dire ne vaut rien du tout. Cette définition, dès ses prémisses, place le concept de poésie sur un terrain qui exclut sans espoir la plus infime possibilité d'une saisie de l'essence ». On notera au passage la critique récurrente de Spengler, en rappelant que Musil lui a consacré aussi d'importantes pages (sauf que sa critique se fait à partir de tout autres principes, à commencer par la question de la rigueur scientifique). Voir « Esprit et expérience. Remarques pour des lecteurs réchappés du déclin de l'Occident », in *Essais*, *op. cit.*, p. 98-117.

> mais il est permis de supposer que, si cette expérience est mystique, c'est parce qu'elle devient si rarement pour nous réalité[1] ».

Cette voie, Heidegger se l'interdit. Comme s'il lui était impossible de renoncer à l'idée que « nous » sommes tous enracinés dans une identité communautaire. Comme si le travail de la pensée consistait à trouver ce qui donne sens à cet enracinement, voir à montrer que cet enracinement est précisément la condition d'une pensée authentique[2]. Resterait alors à savoir quelle en est la temporalité propre ? N'est-ce pas finalement parce que, dans la réalité quotidienne, ce « nous » est toujours perçu comme une fiction, aussi insuffisante que la race ou l'État, que Heidegger décline toujours ce « nous » au futur, comme une réalité à venir, comme une réalité promise ? Ce serait à ce titre alors qu'il reviendrait à la poésie d'indiquer la voie pour comprendre autrement l'essence de la communauté.

Le « nous à venir », une promesse de la langue

Ainsi les peuples ne peuvent-ils se comprendre mutuellement qu'à la condition de savoir répondre, de chaque côté des frontières, à la question « qui sommes-nous ? » dans un dialogue de créateurs – car c'est alors seulement qu'ils mesurent la mission historique dont ils sont investis. Or ce dialogue, c'est aussi celui de la philosophie et de la poésie. Ce n'est pas un hasard si la confrontation de Heidegger avec Hölderlin se fait dans les années 1930. L'auteur de l'*Introduction à la métaphysique* ne lit pas seulement *La Germanie* ou *Le Rhin* pour méditer sur l'essence de la poésie. Cette lecture est, pour celui qui vient de renoncer au rectorat, le moyen de reconduire la question principielle de la politique, celle de l'être ensemble ou de la communauté, à son fondement. Sur quel partage originaire celle-ci est-elle (ou doit-elle) être fondée ? Et quel est le temps de cette fondation ?

> Non, les bienheureux,
> Images divines apparues dans le pays antique,
> Je ne dois certes plus les invoquer, mais si,
> Ondes de la patrie, c'est avec vous
> Que retentit l'amour du cœur qui se plaint,
> Que veut-il d'autre dans son deuil sacré ? Car en attente
> Repose le pays, et lorsque par les chaudes journées,

1. Musil, « La nation comme idéal et comme réalité », *op. cit.*, p. 129, GW II, p. 1070.

2. La thématique de l'enracinement est de celles qui reviennent souvent dans les textes des années 1930, notamment dans les *Beiträge zur Philosophie*. Voir *infra*. Mais on la retrouve aussi, bien après la guerre, notamment dans la conférence « Gelassenheit » [« Sérénité », trad. fr. in *Questions III*, Paris, Gallimard, 1966].

Êtres de nostalgie ! le ciel abaissé nous entoure
Aujourd'hui d'une ombre prophétique.
Il est lourd de promesses, mais me semble aussi
Menaçant, pourtant je veux rester en sa présence,
Et mon âme ne doit pas s'enfuir en arrière
Vers vous, ô dieux passés ! qui me restez trop chers.
Car voir vos beaux visages
Comme si tout était comme autrefois, est mortel, je le crains
Et il est à peine permis de réveiller les morts [1].

Commentant cette première strophe de l'hymne de Hölderlin, *La Germanie*, Heidegger renvoie la question « qui sommes nous ? » au temps originel des peuples – au temps historique de leur création, un temps qui nous est caché, mais auquel nous devons néanmoins nous reporter, si nous voulons échapper à ces déterminations biologiques (la race), sociologiques (la société divisée) ou étroitement politiques (l'État), voire psychologiques (le caractère) de la communauté qui manquent l'essence du « nous ». Un tel geste a d'abord une conséquence politique. Il est une déclaration d'indépendance à l'encontre des réquisits douteux du pouvoir politique. Renvoyer à ce temps originel, c'est décider que la réponse ne se trouve pas dans le présent, c'est se soustraire même à la demande d'une réponse « actuelle » qui reproduirait tout ce qui, dans les années 1930, se dit et s'écrit en Allemagne sur l'identité du peuple [2]. Mais il implique surtout une décision fondamentale quant à la question de l'identité. Ce peuple originaire est sans identité assignable. Ou plutôt, il n'en a pas d'autre que celle que lui donne l'unité de son rassemblement. Cela signifie que, pour autant que nous remontions au temps originaire des peuples, nous ne tenons pas encore la réponse à la question « qui sommes-nous ? ». Le peuple originel n'est pas une communauté constituée, il est la promesse d'un « nous » à

1. De l'hymne de Hölderlin, nous reprenons la traduction française de François Fédier, incluse dans l'édition française du commentaire de Heidegger, *op. cit.*, p. 23-26.

2. Cf. Heidegger, *op. cit.*, p. 57 [GA, 39, p. 50] : « Le chiffre du temps des peuples nous est caché. Et si pourtant quelqu'un s'élance avec audace par-delà son propre temps, dont l'aujourd'hui est calculable, si, comme le poète, il est forcé de s'élancer et de gagner le champ libre, il doit en contre-partie devenir forcément étranger au groupe auquel il appartient dans le temps de sa vie. Il ne connaît jamais les siens, et est lui-même pour eux un objet de scandale. Questionnant pour son propre temps le temps vrai, il se met à chaque fois hors du temps de son aujourd'hui ». Si ces quelques lignes s'appliquent parfaitement à cet esseulement de Hölderlin que Nietzsche évoquait déjà dans la *Troisième considération inactuelle*, il n'est pas sûr que, sous la plume de Heidegger, elles ne décrivent pas aussi ce qu'il imaginait être l'attitude du penseur devant le régime nazi. Un retrait sans doute, mais aussi une remontée aux origines, dont on ne sait pas finalement si elle avait pour but de le critiquer ou de lui donner une légitimité dont il n'avait pas besoin.

venir. Ce à quoi nous reconduit la poésie est donc moins l'origine d'une institution ou une instauration que le commencement d'une attente.

On comprend mieux alors ce que, aux yeux de Heidegger, le repli de la communauté sur une identité de race ou une identité politique (le peuple encadré, organisé par l'État) a d'insatisfaisant. Elles sont toujours des réponses trop hâtives, trop ancrées dans un présent immédiat. Surtout, elles dérobent à la question sa dimension eschatologique – la certitude que le temps pour une réponse n'est pas encore venu, mais qu'il viendra un jour. Au contraire, ce rappel d'un temps originaire (que Heidegger entend dans l'hymne de Hölderlin) a pour effet principal de différer la réponse. Il la rend solidaire d'une révélation. Mieux, il fait de cette *différance* l'origine du rassemblement. Et c'est sans doute la seule chose que savent les créateurs évoqués par Heidegger – ceux, dit-il, qui « fondent et justifient l'existence historique d'un peuple »[1]. Ils savent que le temps de la réponse n'est pas encore venu, mais qu'il est possible de rassembler un peuple autour de la promesse d'une réponse à venir. Ils savent que la réponse à la question « qui sommes-nous ? » suppose la révélation de l'Être. Pour le dire autrement, la poésie fait signe vers un « nous à venir » (ce qui ne veut pas dire nécessairement une nouvelle forme de société ou d'organisation politique), parce que nous ne pouvons pas dire « nous » (nous montrer, nous désigner comme un ensemble homogène) tant que nous ne savons pas réellement qui « nous » sommes.

> Le temps des cimes est long, parce que règne sur les cimes une attente endurante et sans relâche de l'advenue, mais ni l'ennui ni le passe-temps. On n'y cherche pas à faire passer ni même à tuer le temps ; sa durée et sa plénitude y sont conquises de haute lutte et conservées dans l'attente. Le temps des cimes est long par essence, car la préparation du vrai qui doit advenir un jour ne se fait pas en une nuit ni sur commande, mais exige bien des vies humaines et même des générations [...] Mais ce temps long fait un jour advenir le vrai – la révélation de l'Être[2].

Mais aujourd'hui, qui sommes-nous ? Le propre de la démarche heideggérienne est qu'elle rend impossible toute autre réponse que le renvoi à cette communauté à venir (le « nous » qui se connaît comme tel), dont la promesse s'inscrit dans un passé originaire. Tout se passe comme si, entre l'origine des peuples et le « nous à venir », il n'y avait rien à dire, rien d'autre à exposer que l'attente (aussi riche que puisse en être la compré-

1. Heidegger, *op. cit.*, p. 58 [GA, 39, p. 51].
2. Heidegger, *op. cit.*, p. 62 [GA, 39, p. 56].

hension des modalités[1]). Or dès lors que la question du « nous » se trouve prise entre deux identités non assignables, non identifiables, toute remise en cause de l'idée même d'identité se trouve confisquée – toute prise en compte de l'hétérogénéité constitutive du « nous » n'a pas lieu d'être. En même temps qu'elle sort « le peuple » de son identification raciale ou étatique, la démarche heideggérienne préserve le dogme de son unité, de son homogénéité, de son identité. C'est même ce qui est le plus surprenant dans cette construction : elle n'inclut aucune interrogation, aucun questionnement de l'idée de « peuple » pour elle-même, c'est-à-dire comme un « tout ».

Mais sans doute faut-il aller encore plus loin. S'il n'y a rien à en dire, c'est que tout ce qu'on pourrait en dire avérerait l'existence d'une communauté hétérogène, telle que Musil pouvait l'évoquer, une communauté traversée par de profondes divisions, des luttes internes, des intérêts divergents, une communauté éclatée, dispersée qui se laisse difficilement saisir comme un tout identique à soi. Dans le présent, ce n'est pas seulement l'identification du « nous » qui est problématique, mais, pour Heidegger, son existence même. C'est pourquoi il en appelle, de façon récurrente, à la nécessité d'un enracinement ou d'un réenracinement[2]. Ce à quoi l'un et l'autre renverraient ne serait alors rien d'autre que l'homogénéité et l'unité de la communauté, comprises comme les conditions politiques nécessaires d'une écoute ou d'une entente de la promesse.

Il reste que c'est surtout lorsqu'on s'interroge sur les raisons pour lesquelles Heidegger trouve dans une méditation sur l'essence de la poésie et surtout dans une lecture attentive des œuvres de Hölderlin le pivot de sa pensée du « nous » que ce souci de l'unité (et donc aussi de l'homogénéité et de l'identité) est le plus explicite. L'écoute de la poésie est requise, parce qu'en elle seulement se concrétise une expérience de la langue (comme langue d'un peuple) qui donne à la promesse son fondement et son unité. Nous ne pouvons savoir qu'une communauté nous est promise (que nous saurons répondre un jour à la question « qui sommes-nous ? ») que dans et à travers une expérience poétique de la langue. Or le propre de la langue est aussi d'être, ici et maintenant, prise dans un entre-deux. D'un côté, toute langue renvoie à son essence la plus pure qui est d'être la langue primitive

1. Nous reviendrons sur ce point un peu plus loin, avec la question du ton fondamental.

2. Voir à ce sujet les extraits décisifs des *Beiträge zur Philosophie*, dont nous avons donnés un rapide commentaire dans *Le malin génie des langues* (p. 155-169) Et notamment celui-ci : « Le combat contre la destruction (*Zerstörung*) et le déracinement (*Entwurzelung*) est seulement le premier pas dans la préparation, le pas qui conduit dans la proximité de l'espace authentique de la décision. » (*Beiträge zur Philosophie*, GA, vol. 65, éd. Klostermann, Francfort, 1989, p. 101).

d'un peuple. Il existe donc une correspondance fondatrice entre le peuple originaire que la pensée (à l'écoute de la poésie) convoque et un passé originaire de la langue qui reste inconnu. D'un autre côté, la poésie fait signe vers un avenir de la langue qui reste en attente, tout comme la communauté à venir. La promesse d'un « nous » à venir est aussi la promesse d'une expérience de la langue conforme à son essence. Ce qui l'avère, une fois encore, c'est l'entre-deux, un présent diffus que caractérisent aussi bien le « déracinement » que les menaces sur la langue – signes, tous deux, de la détresse de l'Occident. De ces menaces, on connaît la description récurrente dans toute l'œuvre de Heidegger. Elles se conjuguent en termes de déclin et ont pour principal symptôme la platitude, le bavardage, etc.[1]. La poésie alors est cet événement exceptionnel dans les pratiques de langue qui indique le chemin pour sortir de cet état. Elle porte en elle cette double promesse d'une nouvelle expérience de l'essence de la langue et d'un « nous » à venir.

> On en viendrait presque à désespérer de faire triompher dans le *Dasein* historique d'un peuple une modification essentielle de l'expérience de l'essence de la langue. Et pourtant, il faut y parvenir si l'on veut réussir à transformer le *Dasein* en le resituant dans le royaume originel de l'Être[2].

Or, ce qui est présupposé à chaque pôle de cette double relation, vers un passé originel et vers un avenir « prophétique », c'est encore une fois une expérience de l'identité et de l'homogénéité de la langue. De l'un à l'autre se dessine une trajectoire qui n'est pas sans épreuves, sans péril et sans menaces. Sauf que précisément tout ce qui pourrait, dans cet entre-deux, se présenter comme une mise en question de l'unité de la langue, tout ce qui conduit la langue à différer d'avec elle-même est mis au compte de la contre-essence de la langue, c'est-à-dire de son instrumentalité (la diversité des usages, les sociolectes). Ainsi se trouve instaurée, comme objet de la promesse, la fiction d'une « langue sainte », c'est-à-dire restaurée dans sa pureté, à l'abri de toute expérience de l'altérité, en dépit des menaces qui pèsent sur elle. Il n'y aurait finalement d'expérience de l'essence de la langue que dans la quête toujours renouvelée d'un retour à l'origine, à l'identique et à l'homogène, un rappel de ce qui fonde l'être-ensemble.

Langue et communauté ont donc un destin commun. L'une et l'autre sont habitées par une promesse d'unité qui suppose la confiscation présente

1. Cf. Heidegger, *op. cit.*, p. 68 [GA, 39, p. 63] : « La langue qui fonde originellement l'Être est placée sous la fatalité d'un inévitable déclin, de la platitude qui s'instaure dans l'usure du bavardage auquel elle ne peut échapper, car il suscite justement l'illusion que dans sa façon de dire, si du moins c'est un dire, l'étant est atteint et saisi ».

2. Heidegger, *op. cit.*, p. 69 [GA, 39, p. 64].

de toute expérience de la diversité, de l'hétérogénéité, de la dissémination. Et s'il est vrai que c'est dans sa langue et par sa langue, en tant qu'elle instaure l'Être et qu'elle l'expose à l'étant, que l'homme est historique, on aboutit au paradoxe d'une historicité à ce point tendue par la promesse d'une Révélation que l'histoire – celle de la (des) communauté(s) et celle de la (des) langue(s) – disparaît. Tout ce qui, à chaque génération, fait bouger la langue, tout ce qui défait et dilue l'identité des « peuples » et qui est, sans conteste, sinon le fruit de leur entente, du moins celui des passages, des traductions, des échanges qui brouillent les frontières et donnent à chacun la dimension d'une figure singulière de l'hospitalité, tout cela est tenu pour accessoire, secondaire et superficiel.

Sans doute, la pensée de la traduction n'est pas étrangère à Heidegger. C'est même, de façon significative, dans le cadre d'un commentaire (une véritable traduction intra-linguistique) d'un autre hymne de Hölderlin : *L'Ister*, qu'il en donne les grandes lignes. S'il est vrai, nous dit-il, que la traduction appartient indiscutablement à ce qui se passe entre les peuples, elle n'a pas, pour autant, la fonction de les rapprocher ou de leur révéler ce qu'ils ont en commun. Il ne s'agit pas d'importer ou de transporter une langue dans une autre, et encore moins de révéler qu'un tel transport appartient à l'essence de toute langue (que son hétérogénéité donc est constitutive), mais de permettre une meilleure appropriation de sa langue propre – ou plutôt de révéler que cette « appropriation » n'est jamais achevée. Si, comme il l'écrit, « Un peuple historique n'existe qu'à partir de l'entre-langue de sa langue avec des langues étrangères (*Ein geschichtlisches Volk ist nur aus der Zwiesprache mit fremden Sprachen*)[1] », c'est parce qu'un peuple n'est jamais le maître ni le propriétaire de sa langue. Il n'est jamais « chez lui dans sa propre langue ». La traduction est nécessaire parce qu'elle est la promesse d'une telle appropriation (en réalité inachevable).

> Pensé à partir d'une méditation historiale, le traduire est la confrontation avec la langue étrangère (*die Auseinandersetzung mit der fremden Sprache*) en vue de l'appropriation de sa propre langue (*umwillen der Aneignung der eigenen*)[2].

De ce poids de l'appropriation dans la méditation heideggérienne de la traduction, trois signes supplémentaires peuvent être donnés.

– La traduction est soumise à une classification préalable des langues. Heidegger précise, en effet, que la traduction n'a une telle portée que si la

1. Heidegger, *Hölderlins Hymne "Der Ister", Gesamtausgabe*, 53, Francfort am Main, Klostermann, 1984, p. 80.

2. Heidegger, *Hölderlins Hymne "Der Ister"*, p. 80.

langue à traduire (celle avec laquelle il faut s'expliquer) « appartient au genre des langues essentielles (*die Art einer wesenhaften Sprache*)[1] ». Toutes les langues ne sont donc pas dignes d'entrer en dialogue avec la langue propre. Pour l'allemand, il est implicite qu'il s'agit principalement du grec. Selon un motif très hölderlinien, la traduction est le détour par l'étranger qu'il nous faut accomplir pour revenir au natal. Mais cet étranger doit être déjà préalablement repéré et désigné comme celui qui rend ce retour possible. Autrement dit, bien que promise, l'appropriation reste sans surprise. Elle est anticipée dans l'entre-langue de la langue propre (bien qu'encore inappropriée) avec la langue étrangère.

– Si l'on excepte la traduction du grec, l'exemple de traduction qui est, pour Heidegger, le plus significatif reste celui de la traduction intralinguistique – celle, par exemple, d'un penseur allemand dans une *autre* langue allemande, dans une langue plus appropriée. Et si tel est le cas, c'est que, précisément, la nécessité d'une telle traduction ne s'impose pas à tous avec la même évidence : il faut déjà qu'on se soit convaincu qu'une telle appropriation est nécessaire. Autrement dit, avant même que ne se dessine la perspective d'une explication avec une langue étrangère, il existe une expérience plus originelle de la traduction. L'expérience de la langue étrangère n'a d'autre fonction alors que de reconduire à cette confrontation (traduisante) de la langue avec elle-même.

– Il est significatif que Heidegger ne retienne finalement que deux façons de comprendre la traduction : celle qui la conçoit comme une confrontation ou une explication nécessaire à une appropriation et celle qui procède de l'instrumentalisation technique et pratique de la langue. L'appropriation est à ce point pensée comme l'envers d'une instrumentalisation toujours menaçante qu'aucune autre « figure de la traduction » (comme celles qu'on a pu découvrir, dans les chapitres précédents, dans les textes de Benjamin[2] et de Rosenzweig, qui, même si elles visent ou se réfèrent à une unité, prennent en considération la diversité comme telle) n'est imaginable.

Tel est donc, finalement ce qui ressort le plus de l'approche heideggérienne de « la compréhension mutuelle des peuples » : elle ne saurait être autre chose que la reconnaissance de ce qui donne à chacun son identité et son unité propres. S'entendre, explique Heidegger, suppose qu'on ait accès

1. *Ibid.*

2. Pour une confrontation des approches de la traduction, chez Benjamin et Heidegger, cf. Éliane Escoubas : « De la traduction comme "origine" des langues : Heidegger et Benjamin », *in* Les Temps modernes, n° 514-515, mai-juin 1989, p. 97-142.

à soi même. Et cet accès exige « l'épreuve de l'étranger »[1]. La compréhension n'est donc pas exempte d'une mise en question réciproque. Elle ne se produit pas sans que, de la confrontation mutuelle, chacun sorte transformé. Mais cette transformation n'est jamais autre chose qu'un approfondissement de l'originalité. L'épreuve ici n'est rien d'autre que la reconnaissance d'une altérité radicale qui conforte le sentiment de la différence. Elle ne consiste, en aucun cas, à découvrir en soi-même le travail de cette altérité, à reconnaître à même sa propre langue le travail des autres, comme une marque de son hétérogénéité constitutive ni dans « le peuple » une communauté en perpétuel mouvement, traversée de différences et d'oppositions. L'un et l'autre, l'un en face de l'autre sont nécessairement des entités identiques à elles-mêmes, homogènes, dressées comme des incarnations opposées de l'historicité du *Dasein*.

> L'entente, dans son sens authentique, c'est, à partir d'une nécessité réciproque, le courage souverain de reconnaître ce que l'autre a de propre. Une entente historialement créatrice n'est jamais un sentiment de gêne issu de la faiblesse, mais présuppose bien au contraire la fierté véritable des peuples. La fierté, qui est fondamentalement différente de la vanité, est la résolution mûrie de se maintenir à son propre rang essentiel, qui procède de la tâche que l'on s'est fixée[2].

Et pourtant, on est en droit de se demander s'il n'existe pas, dans ce qui rapporte chaque communauté à sa langue, quelque chose qui transcende ce face à face des identités ? N'y a-t-il pas, dans ce que « nous » sommes susceptibles de partager, grâce à la poésie, dans nos langues respectives, quelque chose qui rassemble les « peuples » dans une histoire commune ? La question à laquelle nous touchons ici est celle, extrêmement complexe, du « ton fondamental ». Elle se laisse formuler de la façon suivante : le « ton fondamental » est-il ce que tous les peuples ont en partage et qui leur donne une historicité commune, ou sert-il à définir (en lieu et place des qualités, caractères et autres modes de la caractérisation, tous récusés par Heidegger) ce que chacun a en propre ? La réponse n'est pas facile à donner. Dans *Chemins d'explication*, les « tonalités d'âme fondamentales » sont mises au compte de ce que chaque peuple doit comprendre des autres, en se mettant à l'écoute de sa littérature, des arts plastiques et de sa philosophie propre[3]. Dans le commentaire de *La Germanie*, l'approche est plus

1. Nous reprenons ici l'expression désormais classique qu'Antoine Berman retint pour titre de son livre sur la traduction.

2. Heidegger, *Chemins d'explication*, *op. cit.*, p. 72 [GA, 13, p. 16].

3. Cf. Heidegger, *op. cit.*, p. 73, trad. modifiée, [GA, 13, p. 17] : « Une telle compréhension [...] englobe la connaissance et l'appréciation de l'existence quotidienne, simple

complexe. Si chaque peuple se définit par un ton fondamental qui lui appartient, tous ont en commun que cette tonalité propre renvoie à une expérience partagée par tous les peuples historiques. Elle est la façon qu'ils ont de surmonter l'épreuve de l'Occident.

> La fuite des dieux doit d'abord faire l'objet d'une expérience, cette expérience doit d'abord heurter le *Dasein* dans ce ton fondamental selon lequel un peuple historique en son entier ressent et endure la détresse de son absence de dieux et de son déchirement. C'est ce ton fondamental (*Grundstimmung*) que le poète instaure dans le *Dasein* historique de notre peuple[1].

Si la notion de « ton fondamental » désigne la façon qu'a chaque peuple d'éprouver le deuil des anciens dieux comme un deuil sacré, elle doit être entendue selon une double direction. Elle est d'abord incompréhensible sans référence à une patrie. Elle est même ce sur quoi doit se focaliser en priorité le sentiment d'appartenance à la patrie. Le « ton fondamental », c'est ce qui rassemble les membres de la communauté, dans l'attente d'un accomplissement de la promesse – ce qui donne consistance au « nous » compris entre le peuple originaire et le « nous » à venir. C'est pourquoi, il est indissociable de la thématique de l'enracinement :

> À partir d'ici, un nouveau caractère essentiel du ton fondamental (*Grundstimmung*) devient plus clair. Ce deuil n'est pas l'errance sans espoir et sans but d'un ton déraciné (*einer bodenlosen Stimmung*), mais cette tonalité s'enracine dans le pays (*faßt Boden im Land*) et la met en attente sous un ciel menaçant[2].

Mais en même temps, les tons fondamentaux, propres à chaque peuple, sont ce qui, par-delà la diversité des patries, des pays et des ciels, fait l'unité de l'Occident. Ils sont le signe que, en dépit de tout ce qui les divise ou les déchire, les peuples traversent une épreuve commune[3]. Et c'est sans

des peuples, tout autant que l'appréhension et la compréhension de leurs attitudes et tons fondamentaux (*Grundstimmungen*), insondables et le plus souvent complètement impossibles à formuler directement. Ceux-ci acquièrent leur forme de référence et leur force fascinante dans la grande littérature, dans les arts plastiques et dans la pensée essentielle d'un peuple, c'est-à-dire dans la philosophie ».

1. Heidegger, *Les Hymnes de Hölderlin*, *op. cit.*, p. 84 [GA, 39, p. 80].

2. Heidegger, *op. cit.*, p. 94 [GA, 39, p. 93], trad. modifiée.

3. C'est ce qu'exposera Heidegger, quelques années plus tard, dans un texte prononcé le 27 juin 1945 (!), et intitulé *Armut* (texte publié dans les *Heidegger studies*, vol. 10, Berlin, Duncker und Humblot, 1994, p. 5-11). Une fois encore, il s'agit du commentaire d'une parole de Hölderlin : « Tout se concentre en nous sur le spirituel, nous sommes devenus pauvres, afin de devenir riches ». Le commentaire heideggérien consiste, en effet, à faire de la pauvreté (entendue comme un affranchissement des nécessités contingentes et une disponibilité pour l'être) le ton fondamental auquel doivent s'accorder les nations européennes

doute la raison pour laquelle, en dernier ressort, la compréhension mutuelle des peuples est tributaire de l'écoute des poètes. Écouter la voix des poètes, c'est, dans cette perspective, tenir le double fil de l'« enracinement » et de la promesse d'un salut qui doit sans doute le dépasser.

L'AMORPHISME HUMAIN

Pour que les peuples puissent s'entendre un jour, il convient de ne pas se focaliser sur les différences culturelles, de les suspendre pour remonter à une détermination plus essentielle : la forme de mission historique dont chaque peuple est investi. Tel est le principal réquisit du discours heideggérien. Il faut mettre entre parenthèses le concept de culture[1] pour accéder à ce qui fait l'essence des communautés humaines – une essence qui constitue malgré tout un pôle d'identité et d'unité. D'autant plus que ces différences, placées sous le signe du quotidien et du bavardage, d'une chute dans la banalité, n'avèrent rien d'autre que le déracinement commun aux hommes d'aujourd'hui. Pour Musil aussi, ces différences sont sujettes à caution. Mais son argumentation repose sur une méthode et des objectifs radicalement différents. Il s'agit d'abord de prendre acte de ce que l'observation des diverses manifestations de l'humain révèle.

Quatre ordres de faits doivent être constatés :

– Il faut d'abord reconnaître, explique l'auteur de *L'Homme sans qualités*, dans l'essai déjà mentionné : « L'Allemand comme symptôme » (1923), que la personnalité morale de l'homme est trop labile pour qu'une quelconque qualité morale puisse être indexée à un peuple donné. Nous passons si bien de la tendresse à la cruauté[2] que ni l'une ni l'autre ne peuvent mises au compte d'un caractère national.

pour devenir les riches peuples de l'Occident et permettre à celui-ci de se lever. Ce n'est pas la guerre qui décide du destin des peuples, mais leur capacité mutuelle à entrer dans une méditation réciproque sur leur propre situation spirituelle par rapport à ce ton. C'est ainsi, insiste Heidegger, et ainsi seulement que le communisme pourra être surmonté. Autant dire que l'effondrement matériel de l'Allemagne (en 1945) est un atout pour sa richesse spirituelle ! Je remercie Jean-Luc Nancy de m'avoir fait connaître ce texte qui nécessiterait, à lui seul, un ample commentaire.

1. Le concept de culture (comme celui de civilisation) est de ceux auxquels Heidegger refuse, de façon récurrente, toute profondeur philosophique. Il est vrai que dans les années 1930, il est largement connoté par les théories de Spengler, auxquelles Heidegger, tout comme Musil, ne manque jamais une occasion de s'opposer.

2. On remarquera, au passage, la lucidité de Musil qui fait de la cruauté l'un des objets privilégiés d'une réflexion sur les caractères nationaux.

– À supposer qu'on identifie des caractères constitutifs d'une communauté, ils ne lui appartiennent jamais en propre et sont tout aussi spécifiques de tel ou tel autre groupe humain.

– Toute tentative de comparaison révèle davantage de similitudes que de différences, à commencer par celles des formes esthétiques, y compris la poésie.

– En l'espace de quelques années, des communautés entières peuvent manifester des comportements radicalement opposés (les humanistes d'hier peuvent être les barbares de demain). D'un tel constat, relativement fréquent à l'époque de Musil, on pourrait attendre qu'il nourrisse la nostalgie du passé. L'impossibilité d'identifier la communauté serait attribuée à la dissolution de tous les liens qui la constituaient. Elle serait un signe de déclin ou de décadence. Or c'est précisément contre de telles conclusions que Musil s'inscrit en faux :

> On fuit le présent pour se réfugier dans n'importe quel passé, afin d'y retrouver la sécurité d'une fleur bleue perdue. Or on voit là, le plus souvent, la désagrégation d'un état antérieur supposé plus solide, la perte de tout dogme et de toute ligne directrice, la dissolution de tous liens, en un mot une décadence ; et ce que je souhaite précisément montrer, c'est que cette hypothèse sans courage ne s'impose pas. L'état actuel de l'esprit européen n'est pas, à mon sens, la décadence mais une transition encore en cours, non pas un excès mais une insuffisance de maturité[1].

Et si tel est le cas, c'est que la diversité et la réversibilité des manifestations de l'humain ne renvoient pas à une unité perdue ou oubliée. Elles ne font pas signe non plus vers une identité à reconquérir ou même à créer. Elles attestent bien davantage une structure fondamentale de l'être humain qui est d'être, pour l'essentiel, constitué par l'extériorité. Ce qui ne veut pas dire que le milieu le déterminerait unilatéralement, mais que l'existence est toujours la résultante d'un faisceau de circonstances imprévisibles. À supposer qu'on fasse abstraction de toutes ces circonstances (qu'on pourrait aussi bien définir comme des appartenances croisées), le restant n'est pas un substrat, un pôle d'identité, un fond commun et homogène, où se concentrerait la source de l'authenticité, mais quelque chose d'amorphe[2].

1. Musil, « L'Allemand comme symptôme », *op. cit.*, p. 346, GW II, p. 1367.

2. Et cela vaut aussi pour les poètes. On ne peut résister au plaisir de citer la boutade de Musil (*ibidem*, p. 351, GW II, p. 1372) : « Je prétends qu'un cannibale transplanté comme nourrisson dans un milieu européen donnerait probablement un bon Européen et que le frêle Rainer Maria Rilke aurait donné un bon cannibale, si un sort malencontreux l'avait jeté enfant, sur quelque île du pacifique ».

> Si nous essayons d'abstraire de nous-mêmes ce qui n'est que convention inhérente à l'époque, il reste quelque chose de tout à fait amorphe, car même ce que nous avons de plus personnel se rattache, sous forme de déviation, au système du monde environnant[1].

De cette théorie de l'amorphisme humain, trois conséquences doivent être tirées.

La première est qu'elle induit une théorie de l'histoire qui dissocie l'historicité de l'existence de toute appartenance à une communauté. Il s'agit, en réalité, de substituer la question du lieu à celle de l'identité. S'interroger sur l'historicité de l'existence, ce n'est pas répondre à la question de savoir qui nous sommes, ce n'est pas non plus projeter ce qu'il nous sera permis de devenir, c'est demander où nous nous trouvons, où nous en sommes de ces faisceaux de faits qui brouillent la carte de l'identité. C'est découvrir la complexité de notre situation, l'enchevêtrement des héritages et des appartenances qui prévalent un temps, peuvent disparaître ensuite et font que, dans une hypothétique géographie de la diversité humaine, nous n'occupons jamais la même place[2]. Avoir une histoire (et même être dans l'histoire), ce n'est donc pas donner sens à telle ou telle forme de l'être-ensemble. C'est, nous dit Musil, dans une métaphore météorologique[3] particulièrement éclairante, être comme pris dans un ensemble de nuages,

> lequel, tout en obéissant aux lois de la physique, se trouve soumis aussi à l'influence de quelque chose que l'on peut bien appeler une coïncidence de faits : car le vent souffle bien partout d'ouest en est, dès qu'il y a un maximum de pression à l'ouest et un minimum à l'est; mais qu'il y ait ou non une agglomération, un massif montagneux à proximité pour en modifier la direction, ou quelqu'autre influence concurrente, toutes ces circonstances qui font la météorologie restent dans leur coïncidence, même calculables, des faits et non des lois[4].

La deuxième conséquence de cette théorie est que l'approche de la diversité qu'elle propose court-circuite tout rappel de l'origine. Tant de circonstances extérieures sont intervenues pour déterminer cette situation

1. *Ibidem*, p. 349, GW II, p. 1370.

2. Cf. *ibidem*, p. 354, GW II, p. 1375 : « Il apparaît que la question que se pose l'homme européen : que suis-je ?, devrait être en réalité : où suis-je ? Il s'agit, non pas d'une phase d'un processus régi par une loi, non pas d'un destin, mais, simplement, d'une situation ».

3. On rappellera (ce n'est sans doute pas un hasard) que *L'Homme sans qualités* s'ouvre, à la première page, sur des considérations météorologiques.

4. *Ibidem*, p. 354, GW II, p. 1374.

que l'identification d'une origine, à condition qu'elle soit possible, ne nous apprendrait rien. Le groupe que nous formons avec d'autres est toujours trop hétérogène pour que nous puissions nous y rapporter.

Enfin la reconnaissance de l'amorphisme humain conduit à faire son deuil de l'idée même de promesse. Il n'y a pas de salut à attendre de l'accomplissement prophétique d'une révélation. L'histoire ne nous a pas donné de mission à remplir, dès lors que notre situation au carrefour de multiples appartenances, à l'intersection de nombreux faits, est imprévisible. La seule chose que nous puissions faire est d'essayer de modifier cette situation, de repérer, par exemple, tout ce qui relève en elle du fourvoiement, à commencer par les illusions de la foi dans l'avenir de la « race », du « peuple », de l'« État ».

Musil, Heidegger. Leur confrontation déplace le problème posé par l'idée de « philosophie nationale ». Il ne relève plus de la caractérisation de cultures opposées ni d'une identification des « caractères du peuple », mais de la possibilité pour la philosophie de formuler une promesse, du sujet et de l'objet, du destinateur et du destinataire de cette promesse. Avons-« nous » quelque chose à attendre de l'avenir ? Est-ce à « nous » de veiller à son accomplissement ? En sommes-« nous » responsables ? Qui « nous » le dira ? C'est parce qu'il est impossible de répondre à ces questions, sans s'interroger sur l'identité de ce « nous », que l'idée de « philosophie nationale » est si prompte à resurgir dans ce langage de la promesse. Et elle l'est d'autant plus que cette promesse est celle de la langue (ou des langues) – que le « nous » se trouve (ou se retrouve) dans sa langue et que c'est une certaine façon d'être en elle (de l'entendre) qui le charge de son accomplissement (qui fonde sa mission). Musil, comme Heidegger, reçoivent ces questions comme celles-là mêmes, dans lesquelles se concentre une méditation sur l'historicité de l'existence humaine. Mais de la réponse qu'on leur donne dépendent aussi les voies par lesquelles sera reconnue aux « peuples » la possibilité de se comprendre mutuellement.

CHAPITRE VIII

CE QU'ON DEMANDE AUX LANGUES [1]

AUTOUR DU *MONOLINGUISME DE L'AUTRE*

L'IMPOSSIBLE APPROPRIATION

S'il est une constante des discours qui font de la pratique d'une langue particulière (et notamment de la langue maternelle) l'objet d'une exigence politique, c'est bien celle de l'appropriation. Au « peuple », aux écrivains, aux savants, il est demandé de parler cette langue, de lui donner ses lettres de noblesse, de l'écrire, de la cultiver, de la perfectionner – c'est-à-dire de la défendre contre l'hégémonie d'une autre langue (le latin, le français, l'anglais, etc.). Parler, écrire, cultiver cette langue veulent dire alors se l'approprier, en faire la propriété d'une communauté donnée, le signe ou la marque de sa culture singulière (différente de toutes les autres) et la pierre de touche de son identification. S'approprier la langue et s'identifier à elle deviennent ainsi des enjeux politiques, à l'aune desquels se déclinent les motifs de la gloire (l'hommage rendu à ceux qui ont beaucoup servi, promu, perfectionné, voire purifié la langue) et de la trahison (la condamnation, à l'inverse, de ceux qui ont préféré les langues étrangères ou qui parsement leur discours de mots étrangers). Dans l'Allemagne du dix-huitième siècle, alors que le français s'est imposé comme langue officielle dans toutes les cours d'Europe, nombreux sont les auteurs qui s'érigent ainsi en juge suprême de l'usage de la langue allemande [2] : Klopstock,

1. Une version sensiblement différente de ce texte a paru dans le n°2 *de Raison politique*, « La république des langues », sous la direction de Astrid von Busekist, mai 2001.

2. Sur ce point, cf. Dariusz Adamski, Pierre Caussat, Marc Crépon : *La langue, source de la nation, messianismes séculiers en Europe centrale et orientale* Sprimont, Mardaga, 1996.

Lessing, Herder, et déjà Leibniz[1], autant d'auteurs qui font de l'appropriation de la langue maternelle comme langue propre, de la double possibilité de se reconnaître en elle et de la reconnaître pour sienne, l'objet d'un combat à la fois scientifique[2] et politique. Mais, au delà de ces quelques figures prises parmi tant d'autres, c'est à des époques diverses, et dans des contextes historiques chaque fois différents, l'ensemble des pays d'Europe qui furent, à un moment ou à un autre de leur histoire, concernés par la formulation d'un tel réquisit. Chaque fois que leur identité – ou ce qui était donné pour tel – put leur (à qui, au juste?) sembler menacée, chaque fois que leur position stratégique[3] parût compromise, le réquisit d'une telle appropriation et d'une telle identification refit surface. C'est ainsi qu'il fut partie prenante non seulement des discours patriotiques (des plus anodins aux plus enflammés), mais aussi de toutes les idéologies nationalistes qui embrasèrent, dans les siècles derniers (et jusqu'à un passé récent), telle ou telle partie du continent.

Or, quelle que soit la forme qu'il prenne, ce discours repose toujours sur trois présupposés.

– Le premier est qu'une telle appropriation est à la fois possible et nécessaire – autrement dit qu'on peut et qu'on doit s'imposer pour tâche (en même temps qu'on l'impose aux autres) d'être le maître de sa langue. La langue est un bien propre qu'on doit défendre, au même titre que tous ceux qui partagent cette maîtrise. Et c'est parce que ce bien et cette maîtrise sont communs que leur partage rend possible l'identification à une communauté qui est au minimum une communauté de langue, mais qui exige aussi, trop souvent, d'être en même temps une communauté politique.

1. Voir à ce sujet Leibniz : *Exhortation aux Allemands d'avoir à perfectionner leur entendement et leur langue, accompagnée de la proposition d'une société en faveur de l'identité allemande*, *in* Leibniz : *L'Harmonie des langues*, éd. cit., p. 117-141.

2. C'est, en effet, dans ce contexte, que naissent de nombreux projets de codification et d'étude des langues singulières, de dictionnaires, de grammaires, de lexiques, etc. Voir à ce sujet, entre autres, l'incessante activité déployée par Leibniz, dans ce domaine, *in* Leibniz : *L'Harmonie des langues*, *op. cit.*, *passim*.

3. Les analyses philosophiques de la diversité des langues se sont souvent présentées comme l'expression ou le reflet de véritables rapports de force – quand elles n'ont pas eu pour but de légitimer (ou d'appeler de leurs vœux) telle ou telle forme de domination et d'hégémonie. Ainsi souligne-t-on souvent au dix-huitième siècle (et au-delà) que la supériorité de la langue allemande (sa pureté, son antiquité ou la continuité de son développement, voire sa parenté avec la langue grecque) devrait valoir au peuple allemand une autre place dans le « concert des nations ». De même, il existe toute une prose, de langue française, qui invoque les droits que donnait à la France, comme puissance coloniale, le « rayonnement » universel de sa langue. Sur l'instrumentalisation coloniale de l'étude des langues, cf. Louis-Jean Calvet, *Linguistique et colonialisme, petit traité de glottophagie*, Payot, 1974.

L'appropriation commune de la langue se trouve ainsi au fondement de la constitution d'une identité commune qui permet de répondre à la question éminemment politique : qui sommes-nous ?

– Ce faisant, tout ce qui fait de cette maîtrise une maîtrise imposée se trouve occulté. La langue se trouve érigée en critère suprême d'identification et son appropriation en signe d'appartenance, sans que le caractère contraignant (institutionnel, scolaire, étatique) de cette appartenance et de cette identification se trouve mis en question. Or cette contrainte est d'autant plus gommée que la langue est présentée comme *une* et *commune*, identique à elle même et identique pour tous. L'*unidentité* de la langue constitue ainsi le second présupposé d'un tel réquisit.

– Mais ce qui, plus que tout, fait de la langue l'objet double d'une appropriation et d'une identification, c'est qu'elle est le support premier d'*une* culture (là encore une et identique à elle-même), homogène. Elle constitue même le creuset de cette homogénéité. Toucher à la langue, c'est menacer la culture dans son intégrité, à tel point que le fantasme de son absorption, de son assimilation, de sa disparition est ce qui nourrit les formes les plus extrêmes des revendications politiques concernant les langues. Pour le dire autrement, avec la reconnaissance, la défense, la promotion de telle ou telle langue, il y va toujours de la « survie » d'une culture, identifiable dans son unicité et sa différence, dans sa pureté et son homogénéité.

Tels sont donc les trois présupposés de l'appropriation, dont une réflexion sur la politique des langues, qui voudrait éviter les pièges du nationalisme cachés dans le sacre de la langue maternelle (et plus généralement l'invocation de l'appartenance, sous quelque forme que ce soit), devrait envisager préalablement la déconstruction. C'est ce que nous essaierons de faire, dans ce chapitre, en prenant pour fil conducteur les analyses qu'a proposées Jacques Derrida dans *Le Monolinguisme de l'autre*. Sans doute, son livre se présente d'abord comme l'exposition d'une situation singulière, d'un rapport particulier aux langues et, plus explicitement, à la langue française. Mais sa réflexion garde toujours en mémoire, par-delà les violences propres à cette situation, toutes celles qu'a pu nourrir l'invocation de la langue maternelle – c'est à dire la quête jamais satisfaite d'une appropriation et d'une identification collective toujours insuffisantes –, les discriminations qui toujours l'ont accompagnée et l'accompagnent encore :

> Voilà ma culture, elle m'aura appris les désastres vers lesquels une invocation incantatoire de la langue maternelle aura précipité les hommes. Ma culture fut d'emblée une culture politique. « Ma langue maternelle », c'est ce qu'ils disent, ce qu'ils parlent, moi je

> les cite et je les interroge. Je leur demande, dans leur langue certes, pour qu'ils m'entendent, car c'est grave, s'ils savent bien ce qu'ils disent et de quoi ils parlent. Surtout quand ils célèbrent si légèrement « la fraternité », c'est au fond le même problème, les frères, la langue maternelle[1].

D'autre part, cette situation singulière, la sienne propre, n'est pas décrite à des fins autobiographiques. Elle participe explicitement d'une déconstruction de la langue comme propriété (et sans doute aussi comme demeure). Elle donne à comprendre quelque chose du rapport à la langue – quelque chose qui permet à la fois de dénoncer les politiques linguistiques hégémoniques et de mettre en question les exigences d'appropriation et les revendications d'identification.

Cette situation, c'est d'abord celle des Juifs d'Algérie, à qui la citoyenneté française fut accordée par le décret Crémieux en 1870 et retirée par l'État français, en octobre 1940, avant d'être rétablie en 1943. Du point de vue de la langue, elle se traduit par une triple dissociation, une triple coupure. Être un Juif d'Algérie, cela voulait dire, raconte Derrida, n'avoir pratiquement aucun accès à la langue et à la culture arabe ou berbère. C'était aussi, à la différence de communautés juives d'Europe centrale et orientale, ne disposer d'aucun idiome intérieur à la communauté juive, comme le yiddisch, qui aurait pu constituer une langue commune familière et familiale[2]. C'était enfin recevoir le français comme la langue de la métropole, une langue qui trouvait de l'autre côté de la mer ses « lettres de noblesse » – c'est-à-dire : dont les règles du bien-parler et du bien-écrire trouvaient ailleurs qu'en Algérie leur référence.

> Cette communauté aura été trois fois dissociée par ce que nous appelons un peu vite des interdits. 1) Elle fut coupée, d'abord, et de la langue et de la culture arabe et berbère (plus proprement maghrébine). 2) Elle fut coupée, aussi, et de la langue et de la culture française, voire européenne qui n'est pour elle qu'un pôle ou une métropole éloignée, hétérogène à son histoire. 3) Elle fut coupée enfin, ou pour commencer, de la mémoire juive, et de cette histoire et de cette langue qu'on doit supposer être les siennes, mais qui à un moment ne le furent plus. Du moins de façon typique, pour la plupart de ses membres et de façon suffisamment « vivante » et intérieure[3].

1. Derrida, *Le monolinguisme de l'autre*, Paris, Galilée, 1996, p. 61.
2. Derrida rappelle ainsi que, dans l'Algérie qu'il a connue, le « ladino » n'était pas pratiqué, *op. cit.*, p. 91.
3. Derrida, *op. cit.*, p. 93-94.

De ces trois coupures, c'est à celle qui fait de la langue française une langue imposée d'ailleurs que Derrida accorde le plus d'attention. Elle interdisait le fait de considérer la langue française (pas plus qu'aucune autre langue) comme une langue maternelle. Il était impossible de se l'approprier, mais aussi de s'identifier à une quelconque communauté dont elle aurait assuré l'unité. Ainsi se trouvait défait (d'entrée de jeu) le paradigme qui veut que ce soit dans la langue et par la langue (objet de vénération et de respect) qu'on affirme son appartenance. Il était impossible de se réclamer de la langue pour dire « nous ». C'est bien davantage à un « eux » qu'elle renvoyait (ceux de la métropole). Le français, c'était toujours la langue maternelle des autres[1]. Et c'est à ce titre qu'elle s'imposait. D'où la formule dans laquelle se résument toutes ces analyses : « je n'ai qu'une seule langue et ce n'est pas la mienne[2] ».

En apparence, cette déclaration ne s'applique qu'à une communauté donnée, celle des Juifs d'Algérie, marqués, à ce moment là de leur histoire, par la triple coupure qui a été rappelée. Et pourtant, nous dit Derrida, n'importe qui devrait pouvoir le déclarer. D'où la question : qu'y a-t-il dans cette situation singulière qui vaille pour tout individu dans son rapport à la langue qu'il parle (à la langue qu'il dit « maternelle ») ? Comment peut-on, à partir de cette simple exposition, déconstruire les trois présupposés de l'appropriation ? Trois remarques s'imposent.

– Ce qui est vrai de la langue de la métropole imposée aux Juifs d'Algérie l'est, en réalité, de toute langue pour tout individu. La langue que je dis « mienne » et que je parle ne m'appartient jamais en propre[3]. Elle est toujours le fruit d'une éducation, le résultat acquis de contraintes scolaires, sociales et autres. Je ne puis jamais ni l'assimiler totalement ni m'assimiler à elle. Dans cette langue qui s'impose à moi, je reste bien davantage étranger à moi-même. La langue n'est donc pas une propriété naturelle qui exigerait des devoirs, qui imposerait sa loi, en tant qu'elle est naturelle, sous peine de trahison (à soi, à « sa » communauté, au « nous » qu'elle rend

1. Cf. Derrida, *op. cit.*, p. 61 : « Car jamais je n'ai pu appeler le français, cette langue que je te parle, "ma langue maternelle". ces mots ne me viennent pas à la bouche, ils ne me sortent pas de la bouche. Aux "autres", ma langue "maternelle" ».

2. Derrida, *op. cit.*, p. 42.

3. Dans un entretien récent intitulé « La langue n'appartient pas », (in *Paul Celan*, *Europe*, n° 861-862, janvier-février 2001, p. 85), Derrida est revenu sur le caractère universel de cette non-appartenance de la langue : « J'oserais prétendre que cette analyse vaut même pour quelqu'un qui aurait une expérience sédentaire, paisible et sans grande histoire de sa propre langue maternelle : à savoir qu'une langue n'appartient pas. Qu'elle ne se laisse pas approprier, cela tient à l'essence de la langue. Elle est, la langue, cela même qui ne se laisse pas posséder, mais qui, pour cette raison même, provoque toutes sortes de mouvements d'appropriation ».

dicible). C'est bien davantage, parce qu'il y a de la loi, des devoirs qu'on érige la langue en propriété naturelle. D'où que je vienne, mon monolinguisme (celui qui me fait désigner la langue que je parle comme une langue maternelle, à laquelle je devrais être indéfectiblement attaché) est toujours « le monolinguisme de l'autre ».

> Le monolinguisme de l'autre, ce serait *d'abord* cette souveraineté, cette loi venue d'ailleurs, sans doute, mais aussi et d'abord la langue même de la Loi. Et la Loi comme Langue. Son expérience serait apparemment *autonome,* puisque je dois la parler, cette loi, et me l'approprier pour l'entendre, *comme si* je me la donnais moi-même ; mais elle demeure nécessairement, ainsi le veut au fond l'essence de toute loi, *hétéronome* [1].

Faire de la langue une propriété naturelle, un bien propre, voire le bien le plus précieux (celui qui nous intègre naturellement dans une communauté, qui nous dit où nous sommes et qui nous sommes) c'est donc oublier tout ce qui en elle relève de la loi. Autant dire que Derrida rompt ici avec toute une tradition qui fait de la langue « maternelle », parce qu'elle est maternelle, la composante la plus naturelle, la plus irréductible de l'identité. La langue maternelle, ce n'est pas (pour reprendre l'une des métaphores les plus éculées) le sein qu'on a sucé depuis l'enfance, c'est la loi que d'autres nous ont imposée.

– Les discours qui imposent la protection, la promotion, le développement de la langue maternelle y trouvent, du même coup, un nouvel éclairage. Parce qu'on *demande* aux langues d'être un pôle d'identification (la propriété qui nous permet de dire qui nous sommes) et que cette demande ne peut jamais être pleinement satisfaite, les langues apparaissent comme des propriétés toujours menacées – des propriétés que leur altération possible (les mots oubliés, les mots étrangers, etc.). menacent de rendre impropres à cette identification. C'est pourquoi, faire de la langue une propriété naturelle (alors qu'elle ne l'est pas et ne peut pas l'être) revient toujours à imposer sa réappropriation, comme si tout défaut d'appropriation la menaçait dans son intégrité. La langue devient ainsi quelque chose qu'il ne s'agit pas seulement de promouvoir et de développer, mais qu'il faut aussi protéger, voire sauver. Elle ne devient pas seulement l'instrument du salut, mais son élément même (ce qui sauve en étant sauvé). Comprendre le caractère inappropriable des langues permet donc de saisir par quel mécanisme les passions nationalistes peuvent se focaliser sur les langues. La langue, c'est ce dont on voudrait faire une propriété sans jamais y parvenir, c'est donc ce qu'on n'a jamais fini de s'approprier. Et

1. Derrida, *op. cit.*, p. 69.

comme cette appropriation devrait aller de soi, tout ce qui lui semble contraire relève de la trahison.

> Parce que le maître ne possède pas en propre, *naturellement*, ce qu'il appelle pourtant sa langue; parce que, quoiqu'il veuille ou fasse, il ne peut entretenir avec elle des rapports de propriété ou d'identité naturels, nationaux, congénitaux, ontologiques; parce qu'il ne peut accréditer et dire cette appropriation qu'au cours d'un procès non-naturel de constructions politico-phantasmatiques; parce que la langue n'est pas son bien naturel, par cela même il peut historiquement, à travers le viol d'une usurpation culturelle, c'est-à-dire toujours d'essence coloniale, feindre de se l'approprier pour l'imposer comme la sienne. [...] Il n'y a pas de propriété naturelle de la langue, celle-ci ne donne lieu qu'à de la rage appropriatrice[1].

C'est dire si le travail entrepris par Derrida dans *Le Monolinguisme de l'autre* s'impose comme la clef de voûte de sa critique, entreprise depuis longtemps, des nationalismes philosophiques. Mais cette analyse ne doit pas, pour autant, conduire à tout mettre sur le même plan. Elle ne revient pas à nier qu'il existe paradoxalement des situations d'« expropriations déterminées[2] » – que telle ou telle communauté puisse être expropriée de ce dont précisément elle n'a pas la propriété. Au contraire le caractère inappropriable des langues fait apparaître les menaces hégémoniques que telle ou telle d'entre elles fait ou a fait peser sur les autres comme la manifestation d'un besoin fou d'appropriation. C'est parce que la langue n'est jamais une propriété naturelle que d'aucuns se mettront à comptabiliser le nombre de ses locuteurs, que des politiques tendront d'imposer telle ou telle d'entre elles par toutes sortes de contraintes. C'est aussi la raison pour laquelle elles pourront faire l'objet de classements, de hiérarchies – selon des critères qui désigneront leurs raisons ou leurs chances supplémentaires d'être appropriées (l'antiquité, la pureté, la

1. Derrida, *op. cit.*, p. 45.

2. Cf. Derrida, *op. cit.*, p. 121 : « Cette situation exceptionnelle [...] représente ou réfléchit une sorte d'"aliénation" originaire qui institue toute langue en langue de l'autre : l'impossible propriété d'une langue. Mais cela ne doit pas conduire à une sorte de neutralisation des différences, à la méconnaissance d'expropriations déterminées contre lesquelles un combat peut être mené sur des fronts bien différents. Au contraire, c'est là ce qui permet de re-politiser l'enjeu. Là où la propriété naturelle n'existe pas, ni le droit de propriété en général, là où on reconnaît cette dé-propriation, il est possible et il devient plus nécessaire que jamais d'identifier, parfois pour les combattre, des mouvements, des phantasmes, des "idéologies", des "fétichisations" et des symboliques de l'appropriation ».

richesse, l'expressivité, la prédisposition pour l'expression des vérités philosophiques, etc.)[1].

– Enfin la mise au jour de ce caractère inappropriable (c'est-à-dire des présupposés de l'idée même de langue maternelle) conduit aussi à interroger à nouveau frais le rapport entre langue et culture. Si la langue fait l'objet de demandes, d'exigences politiques, c'est, en effet, qu'elle est considérée, le plus souvent, comme une composante incontournable, la moins contestable, de l'identité culturelle. C'est même ce qui permet à la culture d'être érigée en valeur. Autrement dit, puisque la langue est une propriété naturelle et que la culture trouve en elle son sédiment, on ne pourra pas davantage « renier » sa culture que sa langue propre, comme langue « maternelle ». Au contraire, elle devra être à son tour protégée, préservée, gardée comme le trésor dans lequel est conservé l'histoire et la richesse de la langue – tout ce qui peut être rassemblé pour en avérer le caractère « naturel ». C'est à ce compte que, au moins depuis Leibniz, les discours de revendications linguistiques se sont toujours accompagnés de programmes de collations et d'inventaires (les antiquités de la langue, les mots rares, les vieux textes de loi, les poésies et les chants populaires, etc.[2]). Comprendre son propre monolinguisme comme monolinguisme de l'autre revient à inverser les termes du problème. Ce que la langue, comme langue de l'autre (qui m'impose sa loi), révèle de la culture, ce n'est pas son caractère naturel, mais son essence coloniale.

> Toute culture est originairement coloniale [...] Toute culture s'institue par l'imposition unilatérale de quelque « politique » de la langue. La maîtrise, on le sait, commence par le pouvoir de nommer, d'imposer et de légitimer les appellations[3].

Autrement dit, ce que je tiens pour « ma culture » n'est jamais ma propriété. Dans le rapport qu'on a à « sa culture », on doit bien davantage souligner cette part d'aliénation irréductible que révèle le caractère inappropriable de la langue. Mieux, on pourra même aller jusqu'à dire que tout discours sur l'identité culturelle (toute conception unidentitaire de la culture) qui présente celle-ci comme un tout homogène organisé autour de (et à partir de) la langue n'a d'autre fin que de masquer cette aliénation. Chaque fois que tel ou tel parle au nom de sa culture ou invoque son identité culturelle (quand bien même il serait dans sa pratique de la langue, de la religion, ou dans ses mœurs réellement opprimé), il oublie ou se cache à lui-même ce que cette identité implique d'aliénation – c'est-à-dire tout ce

1. Cf. *supra*, introduction.
2. Voir sur ce point les textes rassemblés dans *La langue, source de la nation*, *op. cit.*
3. Derrida, *op. cit.*, p. 68.

qui, à travers et dans cette culture et cette langue, fait figure de loi (d'une loi qu'on se donne à soi-même et qui pourtant vient d'ailleurs)[1].

Reste qu'alors une question s'impose. Si le monolinguisme est toujours monolinguisme de l'autre, quel est le sujet ou l'objet de cette aliénation ? Qu'est ce qui est aliéné ? Ou, pour le dire autrement, cette aliénation est-elle irréversible ? À supposer qu'on ne veuille plus demander aux langues une identification ni en espérer une appropriation impossibles, n'y a-t-il plus rien à attendre ? Comment peut-on continuer à parler ?

Les promesses de l'écriture

Répondre à ces questions, c'est partir en quête d'une double certitude. La première serait d'être sûr qu'on ne parle plus la langue de l'autre, alors que c'est toujours la même langue qu'on parle. La seconde serait de ne pas retomber pour autant dans les illusions de la maîtrise et de la possession[2]. Deux certitudes qui, au delà d'une expérience singulière de la langue, sont aussi une réponse politique à toutes les instrumentalisations idéologiques du rapport à la langue. Que ce soit là l'enjeu décisif de la réflexion de Derrida, un signe grammatical l'indique clairement : le recours à l'impératif :

> Invente donc ta langue si tu peux ou veux entendre la mienne, invente si tu peux ou veux la donner à entendre, ma langue, comme la tienne, là où l'événement de sa prosodie n'a lieu qu'une fois chez elle, là même où son chez elle dérange les cohabitants, les concitoyens et les compatriotes[3] !

Mais qu'est-ce qu'inventer sa langue ? C'est d'abord transformer la demande qu'on lui adresse. Ce n'est plus exiger d'elle qu'elle soit un signe d'appartenance (car celle-ci est toujours en même temps allégeance à l'autre). C'est lui demander, au contraire, de déjouer les pièges du monolinguisme : les illusions de l'identification et de l'appropriation. C'est se donner, avec elle, le moyen de n'être jamais la colonie d'un autre.

1. C'est à ce compte que Derrida peut parler de « la vérité a priori universelle d'une aliénation essentielle dans la langue – qui est toujours de l'autre – et du même coup dans toute culture », *op. cit.*, p. 113-114.

2. Cf. Derrida, *op. cit.*, p. 104 : « Comment peut-on dire et comment savoir d'une certitude qui se confond avec soi-même, que jamais on n'habitera la langue de l'autre, l'autre langue alors que c'est la seule langue que l'on parle, et que l'on parle dans l'obstination monolingue, de façon jalousement et sévèrement idiomatique, sans pourtant y être jamais chez soi ».

3. Derrida, *op. cit.*, p. 104.

Sans doute. Mais alors, à qui s'adresse au juste cette demande ? De quelle langue s'agit-il ? Ce ne saurait être la langue de l'autre. Ce n'est pas non plus une autre langue. C'est donc une langue qui n'existe pas, ou du moins pas encore. C'est cette langue que Derrida appelle « l'avant-première langue » – dont l'existence est en réalité anticipée. À ce compte, c'est une « langue promise ».

Car cette langue n'existe qu'en se traduisant dans la langue de l'autre, en la déformant, en lui faisant subir des transformations telles qu'elle ne peut plus être la langue de personne. Par le biais de cette traduction, le monolinguisme se trouve déréglé, la loi contrariée, la pseudo-propriété investie de corps étrangers. Ainsi se précise l'objet de la demande. Il s'agit de la désappropriation de la langue par elle-même – une désappropriation, à laquelle l'auteur de *L'Écriture et la différence* donne précisément le nom d'écriture.

> Inventer une langue assez autre pour ne plus se laisser réapproprier dans les normes, le corps, la loi de la langue donnée – ni par la médiation de tous ces schèmes normatifs que sont les programmes d'une grammaire, d'un lexique, d'une sémantique, d'une rhétorique, de genres de discours ou de formes littéraires, de stéréotypes ou de clichés culturels[1].

Et, parlant d'écriture, on ne s'éloigne pas de la politique. Longtemps, en effet, les écrivains et leur travail d'écriture auront été investis d'une mission : celle, justement, de réapproprier la langue, c'est-à-dire de donner au « peuple », ou à toute autre forme de communauté, les moyens de rendre à la langue ses lettres de noblesse, de leur inspirer un « effroi sacré[2] » devant la langue, sans lequel il n'est pas de culture possible, ou plutôt sans lequel celle-ci n'offre plus de salut. La fonction de l'écriture (celle plutôt qu'on lui demandait d'avoir, car, en réalité, ce n'est jamais de cette façon que les choses se passaient) était alors d'assurer le renforcement des liens entre la langue et la communauté dont celle-ci était supposé être la propriété. C'est ainsi que l'écrivain avait à charge d'exprimer (de retrouver) dans la langue le « génie » naturel de son peuple. Il pouvait même, par l'écriture, redonner à ce « peuple » conscience de la place que, grâce à sa langue, il occupait dans l'histoire. En faisant de l'écriture une désappropriation de la langue, Derrida en inverse donc radicalement la fonction. Écrire, ce n'est plus se plier à la loi d'un sol ou d'une communauté, c'est résister, par tous les

1. Derrida, *op. cit.*, p. 124.

2. Parmi de nombreux textes qui reproduisent ce geste, l'un des plus significatifs reste les cinq *Conférences sur l'avenir de nos établissements d'enseignement* de Nietzsche.

moyens de l'invention (transformations, greffes, dérégulations, anomalies) à ce pli.

Reste à comprendre comment « ce phénomène singulier de traduction » relève d'une promesse[1]. C'est certainement le point le plus difficile des analyses de Derrida, celui aussi qui offre peut-être, par-delà *Le monolinguisme de l'autre*, un fil conducteur pour suivre le travail qu'il poursuit depuis de nombreuses années. Car avec l'idée de promesse aussi, on ne déserte pas la politique. C'est, en effet, bien souvent, au nom de sa langue (de sa particularité, voire de son exceptionnalité) que telle ou telle communauté s'est vue investie d'une mission historique particulière. L'idée de promesse (celle d'un salut ou d'une renaissance) ne fut donc jamais très loin de la sacralisation de la langue maternelle. Exalter dans la « langue maternelle » un bien sacré, cela revenait à voir en elle (à condition de la pratiquer, de la chanter, de la louer d'une certaine façon) la seule chance d'espérer encore un salut (celui de l'Occident, de la civilisation ou d'une culture donnée)[2].

Ce n'est donc pas sans risque qu'on fait de la langue (peut-être même de la façon d'être dans la langue) le lieu ou l'objet d'une promesse. Ce peut être même le moyen le plus radical d'exacerber la « rage d'appropriation » qu'on a exposée plus haut. Derrida en a conscience lorsqu'il précise que « cette singulière promesse ne livre ni ne délivre ici aucun *contenu* messianique ou eschatologique. Aucun salut qui sauve ou promette la salvation[3] ». Mais alors, qu'est-ce qui est promis ? Ce sont précisément ces événements qui arrivent à la langue et la désapproprient[4]. Ils donnent au « monolinguisme de l'autre » une toute autre signification. La langue

1. Pour une analyse plus développée de la promesse (qui constitue, en réalité, le foyer de cette analyse), cf. Derrida : *Avances*, préface à Serge Margel : *Le tombeau du Dieu artisan*, Paris, Éditions de Minuit, 1995.

2. Là encore, il faut se reporter aux textes de Nietzsche, mais aussi en amont aux *Discours à la nation allemande* de Fichte ou au commentaire heideggérien des hymnes de Hölderlin. Dans une autre « aire culturelle », c'est un motif qu'on retrouve aussi dans les nombreux textes de Constantin Noica consacrés à l'exceptionnalité de la langue roumaine.

3. Derrida, *op. cit.*, p. 128.

4. Il faut rappeler ici ce que cette pensée des événements qui arrivent à la langue doit à la lecture des poèmes de Paul Celan. Voir, à ce sujet, *Schibboleth, pour Paul Celan* (Galilée, 1986), ainsi que l'entretien déjà cité : « La langue n'appartient pas », *op. cit.*, p. 83 : « Ce que j'essaye de penser c'est un idiome (et l'idiome veut dire *le propre* justement, ce qui est propre) et une signature dans l'idiome de la langue qui fasse en même temps l'expérience de l'inappropriabilité de la langue. Je crois que Celan a essayé une marque, une signature singulière qui fût une contre-signature de la langue allemande et en même temps quelque chose qui *arrive* à la langue allemande – qui *arrive* aux deux sens de ce terme : qui l'approche, qui s'y rende, sans se l'approprier, sans se rendre à elle, sans se livrer à elle, mais en même temps en faisant que l'écriture poétique *arrive*, c'est-à-dire soit un événement qui marque la langue ».

promise, ce n'est plus la langue de l'autre en tant qu'il l'impose, mais en tant qu'elle s'offre à lui et que, ce faisant, elle vient de lui [1]. C'est donc une langue qui est à la fois la signature de celui qui l'invente, sans être pour autant sa propriété, ce que Derrida appelle, depuis déjà de nombreuses années, un idiome [2].

C'est pourquoi elle est promise chaque fois que nous parlons ou écrivons. Ce qu'il y a de plus illusoire dans le fantasme de la langue comme propriété (et dans toutes les tragédies historiques de l'appropriation – les désastres qu'évoque Derrida), c'est qu'il implique toujours un déni de la parole. Il suppose une parole qui ne promet rien – c'est à dire qui ne fait rien d'autre que répéter la loi. À supposer qu'on souscrive à l'exaltation de la langue comme un bien sacré, plus aucune invention n'est possible, plus aucune parole qui n'ait pas pour fin d'imposer, dans sa répétition même, une pratique homogénéisante et hégémonique de la langue (et de la culture). Retrouver le sens de la promesse inscrite dans chaque parole – ce qui revient à donner au monolinguisme une dimension messianique – devient ainsi la seule alternative à l'impossible appropriation et à toutes ses dérives politiques. Et c'est alors une toute autre figure de la langue qui s'impose [3]. D'abord de ce qui la menace. L'enlisement dans la quotidienneté, l'usure, la banalité, l'affadissement (autant de thèmes récurrents des invocations et des revendications linguistiques, qui donnent aux discours de langues ou sur les langues le ton d'une déploration sans fin) ne sont pas la conséquence

1. Sur ce point, il faudrait montrer comment cette réflexion sur la langue rejoint, inévitablement, celle que Derrida consacre depuis plusieurs années à l'hospitalité. Voir, entre autres : *De l'hospitalité*, Paris, Calmann-Lévy, 1997, mais aussi *Politiques de l'amitié*, Paris, Galilée, 1994. Et surtout *Apories* Paris, Galilée, 1996, qui lie explicitement la question de « l'identité de la langue » et celle de l'hospitalité. Cf. p. 28 : « La babelisation n'attend pas la multiplicité des langues. L'identité d'une langue ne peut s'affirmer comme identité à soi qu'en s'ouvrant à l'hospitalité d'une différence à soi ou d'une différence d'avec soi ».

2. Voir, entre autres, *Schibboleth*, mais aussi : « Desceller ("la vieille neuve langue") », in *Points de suspension*, Paris, Galilée, 1992. À la question : « qu'entendez-vous par idiomatique ? », Derrida répond : « Une propriété qu'on ne peut pas s'approprier, elle vous signe sans vous appartenir, elle n'apparaît qu'à l'autre, elle ne vous revient jamais sauf en des éclairs de folie qui rassemblent la vie et la mort, qui vous rassemblent mort et vif à la fois. Vous rêvez, c'est fatal, l'invention d'une langue ou d'un chant qui soient vôtres, non pas les attributs d'un « moi », plutôt le paraphe accentué, c'est-à-dire musical, de votre histoire la plus illisible », *op. cit.*, p. 127.

3. Mais aussi de la culture qui, du même coup, peut être repensée, à l'opposé de cette essence coloniale qu'on soulignait plus haut. Sur cette autre approche de la culture qui, là encore, est liée à une réflexion sur l'hospitalité, voire, parmi de nombreux textes, Derrida : *L'Autre cap*, Paris, Éditions de Minuit, 1991, p. 16 : « Le propre d'une culture, c'est de n'être pas identique à elle-même. Non pas de n'avoir pas d'identité, mais de ne pouvoir s'identifier, dire "moi" ou "nous", de ne pouvoir prendre la forme d'une sujet que dans la non-identité à soi ».

d'un défaut d'appropriation authentique. ils sont au contraire ce qui menace chaque fois qu'on veut croire qu'une telle appropriation est possible. Ensuite ce qui l'attend (et ce qu'on en attend). Son unicité à venir n'est synonyme d'aucune homogénéité ni d'aucun processus d'homogénéisation. Promise dans chaque acte de parole, elle est, au contraire, ce dont la venue, à chaque instant possible, préserve de toute hégémonie.

> Cette traduction intraduisible, ce nouvel idiome *fait arriver*, cette signature fait arrivée, elle produit des événements dans la langue donnée à laquelle il faut encore donner, parfois des événements non constatables : illisibles. Événements toujours promis plus que donnés. messianiques. [...] Chaque fois que j'ouvre la bouche, chaque fois que je parle ou écris, je promets. [...] Et cette promesse annonce l'unicité d'une langue à venir. C'est le « il faut qu'il y ait une langue », [qui sous-entend nécessairement « car elle n'existe pas », ou « puisqu'elle fait défaut »], « je promets une langue », « une langue est promise », qui à la fois précède toute langue, appelle toute parole et appartient déjà à chaque langue comme à toute parole[1].

Mais si tel est l'objet de la promesse, c'est aussi la traduction qui doit être repensée. Dans les chapitres précédents, on a rencontré, presque à chaque pas, le traduire au cœur des espérances dont la langue se trouvait investie. Nietzsche, Benjamin, Rosenzweig, Heidegger ne réfléchissent pas sur le langage sans trouver, à un moment ou à un autre, dans la traduction, l'essence du travail que la(les) langues appellent. S'il est vrai que chacun de ces auteurs est de ceux avec lesquels Derrida a engagé le dialogue, c'est donc aussi avec leur pensée du traduire que se confronte, au moins de façon implicite, sa réflexion sur l'idiome. Sans doute, l'explication ne se laisse pas aisément restituer. Et on ne se risquera pas à préjuger ce qui, en elle, est encore suspendu. Tout juste dessinera-t-on, en guise de conclusion, quelques questions ouvertes.

Si l'on confronte, sur ce point, la pensée de Derrida à celle de Heidegger, une convergence et un abîme apparaissent. Comme Heidegger, Derrida décèle dans la traduction l'essence du rapport à la langue. Penser, écrire, et sans doute aussi lire, autant d'actes qui exigent que l'on traduise. À ce compte, l'invention de l'idiome (à plus forte raison quand cette invention procède de la confrontation avec un autre penseur) n'est pas très éloignée de ce que Heidegger affirme dans son commentaire de *L'Ister de Hölderlin* :

1. Derrida, *op. cit.*, p. 125-126.

> Tout interpréter est un traduire. dans la mesure où nous sommes contraints d'interpréter les œuvres poétiques et pensantes de notre propre langue, il est clair que chaque langue historique ressent, en elle-même et pour elle-même, et pas seulement dans son rapport à une langue étrangère, le besoin d'une traduction (*übersetzungsbedürftig ist*)[1].

Sauf que, comme nous l'avons vu[2], dans la pensée de Heidegger, cette traduction n'a d'autre fin qu'une appropriation de la langue et, avec elle, d'un élément natal. Elle est indissociable d'une pensée de l'enracinement (et même du réenracinement) – et de la philosophie de l'histoire qui en sous-tend l'exigence) ; alors que, dans le travail de Derrida, l'invention de l'idiome (le mouvement de la traduction) a pour stratégie de rendre impossible toute appropriation, tout enracinement, tout enfermement de la langue dans un sol, dans une culture – ceux-ci fussent-ils à redéfinir. C'est pourquoi, cette invention se situe, bien davantage, dans un horizon cosmopolite – celui-là même que Derrida semble partager avec Benjamin et Rosenzweig. Mais alors, c'est une autre question qui se pose. Pour Benjamin, la traduction n'ouvre à la révélation de l'harmonie des langues que parce qu'elle renvoie à un langage pur[3], un langage originel. Pour Rosenzweig, il n'y a de promesse d'une humanité réconciliée dans le langage que par référence à une langue sainte. L'un et l'autre renvoient donc à quelque chose d'unique – une unicité qui n'est pas de même nature, mais qui, à chaque fois, donne son sens à la diversité. Est-ce une condition indispensable ? Ne peut-on penser l'accord ou l'harmonie des langues que sous le signe de l'unité. Ou encore, n'y a-t-il de promesse du langage et des langues qu'a la condition de reproduire de tels « privilèges » (la sainteté, l'origine) ? Comment penser la désappropriation (la dénationalisation, la déterritorialisation) des langues, sans les reconduire à une unité originelle ou garantir leur harmonie par référence à une langue sainte ?

1. Heidegger, *Hölderlins Hymne "Der Ister"*, p. 79.
2. Cf. chapitre 7.
3. Cf. chapitre 6.

Chapitre IX

DONNER LA PAROLE

Langues, cultures, territoires[1]

Pour Catherine Lépront et Marc de Launay

Des multiples expériences qui sont liées au rivage, à ce lieu singulier, objet de désir et de crainte à la fois, c'est celle du naufrage qui pose le plus la question de l'avenir. Tout voyageur échoué, par hasard et, le plus souvent, par malheur, sur une terre dont il ignore tout ne connaît pas d'autre interrogation que celle-ci : quel avenir me réserve ce nouveau rivage ? Est-ce en ami ou en ennemi qu'il m'accueillera ? Ulysse, Robinson, Gulliver, autant de naufragés pour lesquels le rivage ne se présente pas autrement que sous la forme d'une alternative dans laquelle s'engage et se concentre précisément tout leur avenir : celle de l'hostilité et de l'hospitalité. Mais cette alternative elle-même n'a de sens que par la situation singulière qui est la leur : démunis de tout, de nourriture et de vêtements, de parents et de compagnons, ils n'ont de relation avec rien ni personne et nulle autre volonté que celle de survivre. Enfin, dès lors que ce rivage n'est pas une île déserte, rien ne les protège – aucun droit ni aucune institution – tant qu'ils n'ont pas été reconnus par les occupants du lieu comme un être auquel s'appliquent les lois de l'hospitalité; tant qu'ils n'ont pas su dire eux-mêmes qui ils sont, amis ou ennemis, et quelles intentions les animent. De Homère à Swift, tous les récits concordent pour dire cette vulnérabilité absolue (c'est-à-dire sans rapport à rien qui puisse sauver) de celui qui échoue.

1. Une première version de ce texte a été préparée en vue d'un colloque tenu à Nice en 2000 et dont le thème était : « L'avenir est-il sur les rivages ? ». Cette version a été publiée dans Jocelyn Benoist et Fabio Merlini (éd.) : *Historicité et spatialité, le problème de l'espace dans la pensée contemporaine*, Paris, Vrin, 2001.

Mais cette expérience peut être plus radicale encore. Et c'est ce qui distingue, sans doute, Gulliver des autres naufragés célèbres dont on citait le nom à l'instant. Celui-ci, en effet, n'est pas un étranger au sens ordinaire du terme. D'abord, dans la majorité des rivages sur lesquels il échoue, sa forme physique le distingue absolument des occupants du lieu, géant chez les nains, nain chez les géants, homme chez les chevaux doués de raison, son altérité excède celle de l'étranger, régie par tel ou tel texte de loi. Personne ne sait à l'avance quelles obligations lui sont dues, quelles lois s'appliquent à lui. Il est celui pour lequel il n'y a pas de loi. Il n'a pas non plus de nom, ou du moins, il est à ce point différent qu'on ne songe pas à lui demander comment il s'appelle, ou qu'on l'affuble d'un nom qui ne renvoie à aucune identité déterminée (dans laquelle il puisse se reconnaître), aucun pays, aucune famille. Pour emprunter à Jacques Derrida une expression éclairante, il est, par opposition à l'étranger, dont l'accueil est régi par un devoir d'hospitalité, « l'arrivant absolu » – celui pour lequel rien n'a été prévu, codifié. Celui aussi dont la première expérience est l'aphasie absolue, l'impossibilité de parler, de se faire comprendre, de dire sa détresse, son abandon, sa solitude et sa douleur. Les rivages sont alors le lieu d'une expérience éthique et politique singulière : celle d'une relation à créer, c'est-à-dire tout aussi bien d'une relation qui peut aisément ne jamais exister, qui peut se trouver entravée, faussée, biaisée, confisquée, de telle façon qu'aucun droit, aucune protection, aucune sécurité, aucune paix ne puissent se fonder sur elle. Or la création de cette relation est antérieure à tout droit (notamment au droit des étrangers), antérieure même au devoir d'hospitalité. Elle définit les grandes lignes non plus d'une hospitalité conditionnelle, soumise à des impératifs économiques, géopolitiques ou de politique intérieure, mais une hospitalité absolue[1]. Elle inverse l'idée même de condition. Ce n'est plus à l'étranger de remplir des conditions (dont l'ordre varie selon les régimes). C'est au contraire leur suppression sans réserve qui donne à l'hospitalité son caractère absolu. Elle en est la

1. Voir à ce sujet, entre autres textes : Jacques Derrida : *De l'hospitalité*, Paris, Calmann-Lévy, 1997, p. 29 : « L'hospitalité absolue exige que j'ouvre mon chez-moi et que je donne non seulement à l'étranger (pourvu d'un nom de famille, d'un statut social d'étranger, etc.) mais à l'autre absolu, inconnu, anonyme, et que je lui donne lieu, que je le laisse venir, que je le laisse arriver, et avoir lieu dans le lieu que je lui offre, sans lui demander ni réciprocité (l'entrée dans un pacte) ni même son nom. La loi de l'hospitalité absolue commande de rompre avec l'hospitalité de droit, avec la loi ou la justice comme droit. L'hospitalité juste rompt avec l'hospitalité de droit ; non qu'elle la condamne ou s'y oppose, et elle peut au contraire la mettre et la tenir dans un mouvement incessant de progrès ; mais elle lui est aussi étrangement hétérogène que la justice est hétérogène au droit, dont elle est pourtant si proche et en vérité indissociable ».

condition, complexe et difficile à cerner, sans laquelle cette relation ne peut exister.

C'est à cette condition qu'on aimerait s'arrêter dans les pages suivantes. Il s'agirait, en quelque sorte, de transformer la question des rivages, de demander non pas « l'avenir est-il sur les rivages? », mais « à quelles conditions le rivage offre-t-il un avenir à celui qui y échoue? ». Peut-être, d'ailleurs, faudrait-il dire plutôt « notre rivage » ou « nos rivages ». Toute la question serait alors de savoir ce que recouvre ce pronom décliné à la première personne du pluriel. À quelles conditions est-on l'occupant, le propriétaire d'un rivage? Sur quoi se fondent ces droits de propriété? La mémoire, la langue, la culture?

Ces questions, il nous faut les poser pour au moins deux raisons. La première est qu'il est difficile d'évoquer l'avenir de nos rivages, sans se rappeler que leur histoire récente est habitée par un nombre toujours croissant de naufragés, chassés de leur pays, privés de leur famille, démunis de tout, dans une situation de demande absolue – sans évoquer les camps de réfugiés qui sont aujourd'hui, parmi les visages qu'offre tel ou tel rivage, celui qui exige avec le plus d'urgence une réflexion éthique et politique. À bien des égards, ces naufragés-réfugiés, qui ont tout perdu, auxquels on a tout pris, et dont on met en doute parfois, faute de preuves (de papiers) l'identité dont ils se réclament – ces réfugiés auxquels on ne sait quel droit appliquer – s'apparentent à cet arrivant absolu. Sauf qu'alors, ils ne sont pas un, mais le plus grand nombre, et que la souffrance de chacun s'en trouve démultipliée[1]. La seconde est que cette relation suspendue, en attente (exposée à tous les risques de refus, à toutes les fins de non-

1. Sur ce point, on renverra d'abord au chapitre 5 du livre de Hannah Arendt : *L'Impérialisme*, Paris, Fayard, 1987. Voir aussi les articles suivants : Pierre Hassner, « L'émigration, problème révolutionnaire », *Esprit*, juillet 1992, p. 96-100, Pierre Hassner, « les intrus, théorie et pratique des relations internationales devant le problème des réfugiés », *Esprit*, février 1995, p. 105-122. Et enfin Catherine Wihtol de Wenden, « Droit d'asile et droit de la personne humaine », *Esprit*, février 1995, p. 97-104. Dans ce texte, Catherine Wihtol de Wenden met en évidence à quel point, depuis 1974, la figure du demandeur d'asile s'est modifiée « non plus individuel, mais collectif, pour lequel la preuve de menaces personnelles est parfois difficile à établir devant la dictature de plus en plus insidieuse des papiers et la suspicion de fraude ». Surtout, elle met en évidence les caractéristiques suivantes de la politique de l'exercice contemporain du droit d'asile : « Celles-ci peuvent être ramenées à trois : l'assimilation de la politique de l'asile à un instrument parmi d'autres de la maîtrise des flux migratoires ; l'harmonisation européenne qui a pour effet de réduire la marge de manœuvre des États dans l'appréciation du bien-fondé de la demande, au profit d'une politique restrictive de convergences de vues décidée dans le secret ; enfin, le peu de place fait à des demandeurs de type nouveau, victimes de la société civile plus encore que de leur État (ex-Yougoslavie, Algérie), pour lesquels les États bricolent des statuts temporaires dépourvus de droits (réfugiés humanitaires, résidence temporaire, asile territorial). », *op. cit.*, p. 100.

recevoir), cette alternative d'une hostilité et d'une hospitalité que rien ne fonde préalablement, qu'aucune histoire commune n'oriente dans un sens ou dans un autre constituent certainement l'un des objets privilégiés (et peut-être prioritaires) d'une réflexion sur les langues, les cultures, les territoires, l'espace et l'histoire.

Les conditions de l'hospitalité

À quelles conditions un rivage offre-t-il un avenir à celui qui y échoue? Pour répondre à cette question, nous suivrons tout d'abord le fil d'un roman qui offre certainement l'une des plus profondes réflexions jamais écrites sur l'hospitalité et l'hostilité : *Les voyages de Gulliver.* Et si tel est le cas, c'est qu'à chaque nouveau voyage, à chaque naufrage et à chaque rivage, la question de son avenir se pose à Gulliver et les réponses ne sont jamais les mêmes. Or ce qui diffère de l'une à l'autre, ce sont d'abord les conditions de l'hospitalité qui lui est accordée, les premiers gestes, les premiers mots. On aurait presque envie de dire (et cela nous reconduirait à une actualité trop récurrente) les premiers secours. À chaque fois, il s'agit à nouveau d'une première fois (de quelque chose d'inaugural, d'initial), du commencement d'une relation. Ces conditions sont donc ce qui gouverne la progression du roman, de l'expérience la plus hostile à la plus idéale, c'est-à-dire aussi du régime le plus autoritaire (des lois les plus contraignantes, les plus restrictives) au plus parfait. Ainsi l'œuvre de Swift se présente comme une véritable typologie des différentes figures de l'accueil de l'étranger, en même temps qu'elle dessine les contours d'une hospitalité idéale. La pluralité des voyages et leur discontinuité (la multiplication des expériences) y trouvent leur sens. Elle désigne et accuse toutes les fausses figures de l'hospitalité pour mieux marquer l'irréductibilité de l'hospitalité absolue à ce que les États donnent pour tel.

Or toutes ces expériences peuvent être rapportées à un seul et même fil conducteur qui permet de suivre toutes les étapes de ce parcours : la langue. Que celle-ci occupe une position centrale ne doit pas surprendre. Elle est, dans les expériences de l'hospitalité, le lieu de tous les partages, mais aussi de tous les conflits. Pour l'hôte (qui a le pouvoir de recevoir ou de chasser), elle est l'instrument de son pouvoir. Mais elle peut être aussi l'instrument de sa fierté, de sa vanité (ce que Vico appelait la *boria*) ou de son mépris (le rejet de la langue de l'autre comme une langue inférieure, barbare, inculte, etc.). Tandis que, pour le naufragé qu'est Gulliver, sa propre langue est ce dont il ne peut plus se servir (ce qui ne lui est plus d'aucun secours) et celle de l'hôte, à chaque fois, le premier obstacle à surmonter. L'absence de relation, la vulnérabilité absolue de l'un et la puissance des autres se traduisent dans l'absence de langue commune et dans l'impossibilité première de la traduction.

Ainsi de l'arrivée à Lilliput :

> Sa majesté impériale voulut plusieurs fois me dire quelque chose et je lui répondis, mais sans qu'aucun de nous comprît une syllabe aux discours de l'autre. Il y avait là des prêtres et des hommes de loi, à en juger par leur costume, qui reçurent l'ordre de m'adresser la parole. Je leur parlai dans toutes les langues dont j'avais quelques notions : haut et bas-allemand, latin, français, espagnol, italien, et lingua franca – mais sans résultat[1].

Tout dépend alors de la façon dont la langue se donne à connaître, des conditions et des motivations de son apprentissage – des premiers mots, des premières phrases répétées, retenues. Ils imposent un rapport à la langue qui constitue le premier et le plus visible signe du pouvoir auquel Gulliver est confronté. Dans le cas du voyage à Lilliput, deux expériences sont fondatrices, qui constituent l'envers de ce qui apparaîtra, bien plus tard, comme un rapport idéal. La première concerne la nature du premier discours que Gulliver reçoit dans la langue dont il apprend les balbutiements. Ce n'est pas, en effet, pour dire qui il est et d'où il vient, pour raconter ses malheurs et décrire son pays qu'il est invité à apprendre la langue, mais simplement pour entendre les règles qui régissent son droit de séjour. Première violence, premier détournement de la loi de l'hospitalité. La langue est reçue sous la forme d'une série de commandements, dont l'énoncé a peu varié depuis le dix-huitième siècle : l'assignation à résidence, la restriction de la liberté de circulation, l'allégeance, la mise à disposition de sa force physique, voire la restriction de son identité à un travail quantifiable. Autrement dit l'inscription de l'accueil dans un ordre qui est immédiatement celui de l'échange limité, de la dette, de la contre-partie, voire de la rentabilité. De l'arrivant qu'est Gulliver les autorités de Lilliput n'attendent rien d'autre. Elles ne veulent rien entendre ni apprendre. Elles n'ont rien à partager. La relation se limite à l'observation d'un règlement. Et la langue est en même temps l'instrument d'un pouvoir arbitraire et l'enjeu d'une allégeance.

Mais de cette signature de la soumission inscrite dans le rapport à la langue (dans l'obligation de l'entendre et de la parler) témoigne encore une deuxième expérience de langue, caractéristique du voyage à Lilliput. Elle ne concerne plus Gulliver directement, mais les ambassadeurs de l'île

1. Swift, *Les voyages de Gulliver*, trad. : Émile Pons, La Pléiade, Paris, Gallimard, 1965, p. 42.

voisine de Blefuscu – c'est à dire des étrangers auxquels s'applique d'entrée de jeu, à la différence de Gulliver, tout un code de lois – des étrangers pour lesquels les lois de l'hospitalité sont, depuis longtemps, bien réglées. Le traitement qui leur est réservé (quant à la langue) est un autre signe de l'écart qui sépare l'accueil des étrangers à Lilliput de l'hospitalité absolue. Elle est aussi le trait par lequel se désigne le plus explicitement et le plus densément [et il n'est pas surprenant que ce condensé d'exercice du pouvoir se concentre sur une expérience de langue(s)] la nature hostile, belliqueuse, guerrière du régime de Lilliput.

> Je dois faire remarquer que ces ambassadeurs me parlaient avec l'aide d'interprètes, car les langues des deux empires sont tout aussi différentes l'une de l'autre que celles de deux nations d'Europe, et chacun des deux peuples vante l'ancienneté, la beauté et le pouvoir expressif de sa langue, tout en professant le plus grand mépris pour celle de son voisin. Cependant notre empereur, fort de sa victoire navale, obligea les ambassadeurs à présenter leurs lettres de créance et à faire leurs discours en langue lilliputienne[1].

De fait, contraindre l'autre à parler dans sa langue inscrit dans l'échange une première inversion et perversion de l'hospitalité : celle qui la transforme en rapport de force. Et ce n'est pas un hasard si, avec la langue, apparaissent aussi les premiers signes du mépris et de la domination qui accompagnent si souvent la rencontre de l'étranger. Ma langue vaut mieux que la vôtre, dit l'empereur des Lilliputiens aux ambassadeurs de Blefuscu ; ma langue, c'est-à-dire aussi mon peuple et ma culture – ou du moins ce qui s'impose à moi et ce que j'impose aux autres (de toute mon autorité) comme leur identité. Peut-être est-ce là d'ailleurs l'une des premières pistes sur lesquelles pourrait nous conduire cette réflexion sur l'hospitalité, au fil conducteur des pratiques de langue, à savoir que l'identité (supposée, et peut-être fabriquée) de la langue, et celle de la culture, comme l'intégrité du territoire, ont toujours à voir avec l'autorité, avec des institutions, des pratiques et des gestes autoritaires, qu'elles portent toujours, outre les pratiques d'exclusion qui la constituent, l'ombre d'une soumission exigée.

Pour le moment, c'est un autre fait singulier que nous devons retenir de ce premier voyage de Gulliver, de cette première expérience de la langue de l'autre (de ces mots dont Swift joue si abondamment). À aucun moment, il ne lui est donné la possibilité de dire qui il est, de se faire connaître, de se raconter. Contrairement à ce qui est peut être l'une des plus antiques composantes de l'hospitalité, il n'a pas les moyens de faire le récit de ses aventures. La parole ne lui est jamais vraiment donnée. C'est l'exploitation

1. Swift, *op. cit.*, p. 65.

de sa force de travail qui s'y substitue. Et c'est cette absence de récit, ce défaut d'une parole partagée qui empêchent toute relation (toute mise en commun) de prendre corps. Elles autorisent les craintes, les rumeurs et les fantasmes. Elles font de Gulliver une menace (qui permet toutes les accusations) en même temps qu'elles accroissent sa vulnérabilité – étrange vulnérabilité, en réalité, puisqu'elle est celle d'un géant, face à une armée de nains. Du défaut d'une parole donnée à la condamnation de l'hôte, la conséquence est donc implacable.

C'est pourquoi, le voyage à Brobdingnac (le pays des géants) présente un progrès sensible. Le paradoxe est que, là où les conditions physiques lui sont le plus défavorables (il est un nain au pays des géants), Gulliver est davantage en sécurité – même si celle-ci reste toute relative – que chez les lilliputiens. Les frontières entre la force et la faiblesse sont brouillées, l'échelle de la vulnérabilité est inversée. Mais c'est aussi que les conditions de l'hospitalité sont différentes. Une fois encore, elles se jouent autour de la langue. Comme à Lilliput, Gulliver se heurte d'abord à la barrière d'une double incompréhension. Aucune des langues qu'il parle n'est entendue et lui-même ignore tout de celle dans laquelle on s'adresse à lui :

> Il m'adressa plusieurs fois la parole, mais le bruit de sa voix me cassait les oreilles, comme celui d'un moulin à eau, et pourtant son langage était bien articulé. Je lui répondis en plusieurs langues, criant de toutes mes forces, tandis qu'il approchait son oreille souvent à moins d'une toise de moi. Mais tout fut vain, nous ne pouvions absolument pas nous comprendre[1].

Mais, tandis qu'à Lilliput, il avait des prêtres et des juges, voir les gardiens de sa prison pour lui apprendre les rudiments de la langue, c'est, à Brobdingnac, une enfant qui s'en charge. Tandis qu'au pays des nains, il lui fallait d'abord apprendre, comprendre et accepter les conditions de l'hospitalité (les règles de son droit de séjour), on lui demande, au pays des géants, de raconter ses aventures, de dire qui il est, de décrire son pays. Sans doute, c'est encore au roi, à la figure de l'autorité (au pouvoir institué) qu'il faut rendre des comptes. Mais ces comptes ne sont plus les mêmes. Ce n'est plus à Gulliver de donner sa parole (de signer un engagement), c'est au roi de la lui accorder. Reste que ce récit échoue – et que les raisons de cet échec décrivent un nouvel écueil de l'hospitalité. Rien de ce que Gulliver raconte ne passe, et il se voit opposer comme une fin de non-recevoir à tout ce qu'il dit de lui et de son pays. Ce qu'il en avoue, ce qu'il en révèle, sans ménager ses critiques, se retourne contre l'hospitalité qui lui est accordée. Elle accroît la distance. Entre le monde des géants et l'Europe

1. Swift, *op. cit.*, p. 99.

du voyageur, la parole donnée au naufragé n'abolit aucune frontière. De fait, ce n'est pas sans réticence que Gulliver prend la parole, c'est même contraint et forcé qu'il consent à faire ce récit, comme on déclinerait son identité devant un tribunal. Tout se joue alors dans l'écart entre des paroles extorquées et cette parole donnée, dont nous n'avons rien dit encore, mais qui constitue certainement la toile d'horizon (le rivage ultime) du roman de Swift. Le résultat du voyage à Brobdingnac n'est pas surprenant. C'est avec une grande violence que le roi met fin à l'entretien :

> D'après les données que m'ont fournies à la fois votre propre récit et les réponses que je vous ai *extorquées*[1] à grand peine, je ne puis tirer qu'une conclusion : c'est que les gens de votre race forment, dans leur ensemble, la plus odieuse petite vermine à qui la nature ait jamais permis de ramper à la surface de la Terre[2].

Au cours des voyages suivants, la même expérience se reproduit. Ainsi à Laputa :

> Au bout d'un mois à peu près, j'avais fait assez de progrès en leur langue pour répondre à presque toutes les questions que me posait le roi, quand j'avais l'honneur de le voir. Sa majesté ne montrait pas la moindre curiosité pour les lois, les institutions, l'histoire, la religion et les mœurs des pays que je connaissais ; il se bornait à m'interroger sur l'état des mathématiques et accueillait les renseignements que je lui donnais avec beaucoup de dédain et d'indifférence[3].

Dans cette île habitée par des savants – des savants que leur savoir ferme à toute autre pratique de langue, à toute écoute (c'est-à-dire à tout accueil) –, plus qu'en tout autre lieu, la parole donnée se heurte aux certitudes de l'hôte, à son sentiment de supériorité, à sa raison (mathématique), au bon droit de sa raison, à l'ordre qu'il impose aux êtres et aux choses. Le refus d'entendre trouve sa justification dans le manque d'intérêt pour tout ce qui pourrait déranger, perturber, inquiéter cet ordre savant. Et c'est ce qui inverse la parole accordée en parole confisquée (confisquée par défaut d'écoute), et transforme du même coup l'autorité du savant, de l'érudit mathématicien en exercice arbitraire du pouvoir. Et pourtant Gulliver a appris la langue. C'est dire que l'étranger qui a accompli cet effort n'en a pas encore fini avec les barrières de langue ; que, du sein d'une seule et même

1. Nous soulignons.
2. Swift, *op. cit.*, p. 142.
3. Swift, *op. cit.*, p. 175. Voir aussi p. 183 : « J'avais fini, à force de travail, par savoir vraiment leur langue. J'étais las d'être ainsi reclus dans une île où l'on avait si peu d'égards pour moi, et bien résolu à la quitter, à la première occasion favorable ».

langue (qui en abrite en réalité plusieurs) il se heurtera encore à tous les sociolectes qui se dresseront sur son chemin comme autant de nouveaux obstacles. C'est dire qu'avec l'apprentissage de la langue, la traversée des exclusions linguistiques n'a pas encore trouvé son terme. C'est dire aussi, à l'encontre de tous ceux qui font de la langue le bien commun le plus précieux d'un « peuple », qu'on peut se trouver, dans maintes circonstances, étranger à sa propre langue – qu'elle est moins souvent un ciment d'unité qu'un instrument de division.

À chaque nouveau voyage, c'est à de semblables frontières que se heurte Gulliver. Elles sont celles de langues, de cultures, de territoires repliés sur eux mêmes (Ce n'est pas pour rien qu'il s'agit, presque toujours, d'îles, de territoires, de langues et de cultures insulaires, cernées par l'immensité des océans). La force du roman de Swift est de rendre ses frontières visibles dans le prisme de l'hospitalité, de ses ratages, de ses manquements. Donner la parole ne suffit pas, si, à l'avance, tout effet de cette parole est improbable – si on l'écoute par curiosité, d'une oreille distraite, sans y accorder d'importance ; s'il est admis, par principe, que, de la parole de l'étranger, il n'y aura rien à retenir, qu'elle est parole de « sauvages », de « barbares », d'êtres incultes – ou du moins qui n'ont pas accès à l'autre culture (à celle des autochtones, des « propriétaires », des occupants, des ayant-droit de la culture).

Et c'est ce qui donne toute sa force utopique au quatrième et dernier voyage de Gulliver. Avec la rencontre des Houyhnhnms, ce sont d'abord, en effet, tous ces manquements à l'écoute qui disparaissent. Swift met beaucoup d'insistance à en signaler tous les progrès. Il décrit, étapes par étapes, la construction d'une relation – cela même qui manquait à tous les voyages précédents. Ici encore, l'apprentissage de la langue est décisif. Mais ses conditions diffèrent du tout au tout. Il procède exclusivement (de la part de l'hôte) d'un désir sans cesse renouvelé d'entendre le récit de Gulliver – un désir inépuisable qui ne saurait trouvé sa raison d'être dans une simple curiosité.

> Mon maître désirait vivement savoir d'où je venais et comment j'avais acquis cette apparente raison que je mettais dans mes actes. Il voulait l'apprendre de ma propre bouche, et avait l'espoir que ce serait pour bientôt, étant donné les progrès que je faisais, tant en prononciation qu'en vocabulaire et en syntaxe. Pour soutenir ma mémoire, je notais tous les mots en orthographe anglaise et j'en faisais des listes avec leur traduction[1].

1. Swift, *op. cit.*, p. 241. Citons les autres passages significatifs de cette construction : (p. 242) « Au bout de dizaines de semaines, j'étais capable de comprendre la plupart de ses questions ; au bout de trois mois, je savais donner quelques réponses intelligibles. Il voulut à

Or cette construction est d'autant plus remarquable qu'aucune relation n'est, au départ, plus improbable. Dans ce dernier voyage, Swift s'ingénie, en effet, à brouiller les frontières. Avec les Houyhnhnms, il s'entend à décrire une « humanité idéale » – des êtres dont la conduite et les institutions sont de part en part conformes à la raison. (Dans leur langue, leur nom générique signifie « perfection de la nature »). Sauf que, précisément, cette perfection n'est pas humaine. Les Houyhnhnms sont des chevaux doués de raison – persuadés aussi d'être seuls à l'incarner. L'autre, pour eux, ce sont ces créatures d'un rang inférieur qui ne valent que par la quantité de travail qu'elles sont capables de fournir : les Yahoos – des êtres aux mœurs brutales et aux instincts violents qui, une fois domestiqués, leur servent d'esclave et ressemblent étrangement, du moins physiquement, à des hommes. Ainsi se trouve déplacée, dans un geste initial, une première frontière : celle qui sépare l'humanité et l'animalité. Le lieu de la raison n'est plus dans l'homme. Dans l'esprit des Houyhnhnms, il s'agit d'un dogme aussi solidement établi que n'importe lequel des partages qui gouvernent nos consciences, à commencer par celui entre l'humanité et l'animalité, mais aussi toute autre frontière – un dogme qui semble avoir pour lui la caution de la nature.

L'effet du récit de Gulliver en est d'autant plus remarquable. S'il revêt une telle importance aux yeux des Houyhnhnms (s'il est à ce point désiré), c'est qu'il interroge et dérange cette frontière constitutive de leur identité. Pour les Houynhnhms, Gulliver, l'étranger échoué sur leur rivage, est celui qui les conduit à réviser leur jugement sur ce qui faisait jusqu'alors figure d'autre absolu : les hommes, les Yahoos. Le voyageur en a conscience qui interromprait volontiers son récit, au moment où il lui faut apprendre à ses hôtes comment les chevaux sont traités dans son propre pays.

> Je priai son honneur de bien vouloir me dispenser de poursuivre plus loin, car j'étais certain que le récit qu'il attendait lui serait

tout prix savoir de quelle région du monde je venais et comment j'avais appris à imiter les créatures douées de raison. » ; (p. 243) « Je dis à mon maître que je manquais de vocabulaire, mais que je tâcherais de faire tous les progrès possibles, et que j'espérais être bientôt à même de lui conter des merveilles. Il eut donc la bonté de dire à la jument, son épouse, à son poulain, à sa pouliche et à tous les gens de sa maison de saisir toutes les occasions de m'enseigner la langue – et lui-même consacrait à cette tâche deux ou trois heures par jour. » ; (p. 243) « Ils se plaisaient à parler avec moi, ils me posaient de nombreuses questions auxquelles je répondais, aussi bien que je pouvais le faire. En profitant de ces circonstances, je fis de tels progrès que, cinq mois après mon arrivée, je comprenais tout ce qu'on me disait et je m'exprimais moi-même assez correctement. [...] Il attendait avec impatience le moment où il pourrait ouïr les merveilles dont je lui avais promis le récit ».

hautement désagréable. Mais il maintint son ordre : je devais lui révéler le meilleur comme le pire[1].

« Le meilleur comme le pire ». Dans une étude du don de la parole, comme forme première de l'hospitalité, cette formule a une portée décisive et elle appelle plusieurs remarques :

– C'est avec ce dernier voyage (dans un lieu dont Gulliver ne voudra plus partir et qu'il quittera bien malgré lui) que le récit de l'étranger trouve enfin sa véritable fonction : déranger l'ordre des certitudes, déplacer les frontières. D'où vient cette ligne de démarcation que nous avons toujours dressé entre nous et les autres ? L'hospitalité, qui se concentre ici dans l'accueil du récit étranger, n'a pas d'autre sens que de la ramener à la fragilité de son origine. Et c'est à la seule condition d'en courir le risque qu'elle n'est pas le nouvel avatar d'une hostilité réelle.

– Ce déplacement inscrit la différence au cœur de l'identité. Différer d'avec soi-même, telle est finalement l'opportunité qu'offre à son hôte le récit de l'étranger auquel il accorde l'hospitalité.

> Je crois que vos paroles ont produit dans mon esprit un trouble auquel j'étais jusqu'ici complètement étranger : ne puis-je penser qu'à force d'entendre ces mots abominables, mes oreilles vont peut-être les admettre avec moins de détestation [...] Puisqu'une créature se prétendant douée de raison peut commettre de telles abominations, il faut craindre que la corruption de cette faculté ne soit pire que l'animalité elle-même[2].

Ce que le récit dérange ici, c'est moins la possibilité de tracer une frontière déterminée entre le bien et le mal, la raison et la déraison, que celle d'identifier chaque côté de la frontière à une « race », un peuple, une langue ou une culture. Mais surtout le risque partagé de l'hôte et de l'étranger dans le récit (le meilleur et le pire livrés à l'écoute) révèlent la véritable nature de l'hospitalité. Si elle est, en son essence, création d'une relation inédite que rien ne présuppose (et qu'aucun cadre ne saurait limiter), elle n'est pas possible sans une exposition mutuelle – une exposition antérieure à toute forme de protection. C'est même ce qui distingue cette relation, au sein de toute celle qui structurent l'existence (la relation amoureuse, la filiation, l'amitié) et qui exigent une protection. Dans tous ces cas de figure, la relation ne peut faire l'objet d'une demande. Elle est, ou elle n'est pas. Mais dès lors qu'elle existe, elle peut être violée et, à ce compte, demande

1. Swift, *op. cit.*, p. 248.
2. Swift, *op. cit.*, p. 256.

une protection[1]. C'est la relation, elle-même, qui demande à être protégée, et non son désir. C'est elle qui peut être blessée. Au contraire, dans l'hospitalité que demande, attend ou espère l'étranger, la vulnérabilité est antérieure à toute relation. Elle réside dans le désir même qui peut se heurter à un refus, à une fin de non recevoir, à telle ou telle exclusion déguisée sous les masques d'un accueil réservé. C'est pourquoi, préalablement à toute protection (et même à l'encontre de tout geste, de tout réflexe de protection), elle exige une exposition mutuelle de l'hôte et de l'étranger. Pour reprendre la distinction précieuse de Jacques Derrida entre *la* loi de l'hospitalité, inconditionnelle, et *les* lois de l'hospitalité, il est probable que c'est cette exposition (qui est en même temps don de soi) que les secondes réduisent, atténuent, voir suppriment au détriment de ce que la première exigerait, dans son inconditionnalité.

Et c'est aussi cette exposition que signifie, en son fond, le don de la parole (l'accord, l'offrande, quel qu'en soit le rituel) de l'hôte à l'étranger. Toute la force du roman de Swift est alors de donner à cette exposition (à ce risque impossible à mesurer, car nul ne sait où l'hospitalité trouvera ses limites et si ce don de la parole n'aura pas pour sanction l'irritation de l'hôte, la condamnation, voire la mise à mort de celui qui s'est risqué à parler) – de lui donner donc le visage de la traduction. S'exposer, pour Gulliver, c'est d'abord se traduire, s'imposer le passage d'une langue à l'autre, dans une autre culture et sur un autre territoire. Mais l'exposition vaut aussi pour les Houynhnhnms qui accueillent dans leur langue, dans leur culture et sur leur territoire, l'expérience de l'étranger, c'est-à-dire qui courent le risque majeur de voir se déplacer, au fil de son récit, dans l'accueil de la parole qu'ils lui ont donnée, toutes les frontières qui limitent et ordonnent leur existence.

1. C'est à Frédéric Worms qu'on doit, dans une étude récente, l'analyse du sentiment de violation comme origine du problème du mal et de la protection publique qu'il exige. Ce que nous apprend ce texte, en effet, c'est que le sentiment de violation porte toujours sur une relation qui loin d'être abstraite est constitutive des individus : « Ce que nous révèle le sentiment de violation, comme sentiment même, c'est que les relations entre les individus tissent des liens temporels et individuels qui ont une consistance et comme une valeur propre, et dans lesquels la violation introduit une discontinuité irréversible allant jusqu'à défaire le individus eux-mêmes et pas seulement leurs rapports », (« Penser la violation », in *Esprit,* février 2000, p. 69). L'amitié, la citoyenneté, la paternité sont au nombre de ces relations qui, nous dit Frédéric Worms, « unissent des êtres humains singuliers dans le cours de leur vie » (p. 75). À ce compte, elles appellent des institutions spécifiques qui déterminent le seuil au delà duquel elles sont violées – un seuil qui appelle une protection politique. Or ces relations sont précisément celles dont « l'arrivant absolu », le naufragé, l'étranger qui a tout perdu figurent l'absence. Pour ceux là tout ce qui pourrait être protégé est déjà perdu. La question du seuil est bien plutôt alors celle du minimum qu'il faut consentir (cette partie de soi qu'il faut exposer) pour donner à ces relations la possibilité d'exister à nouveau.

TRADUCTION ET HOSPITALITÉ

Et de fait, la formidable leçon d'hospitalité qu'offre, de naufrage en naufrage, et jusqu'à l'ultime retour en Angleterre, *Les Voyages de Gulliver* est aussi une réflexion décisive, éthique et politique, sur la traduction. Mieux, le livre de Swift est, par essence, le roman de la traduction. À tel point que, si nous voulons élargir notre réflexion et nous interroger sur ce que sont l'identité non seulement d'une langue, mais encore d'une culture et d'un territoire, les expériences de la traduction que le roman met en scène constituent un paradigme décisif, un paradigme dont on aimerait suivre ici le fil. Mais auparavant, il faut revenir, encore une fois, sur le roman de Swift. La tâche de traduire se joue à plusieurs niveaux. D'abord l'épreuve de la traduction est celle que, à chaque fois et sous des figures différentes et progressives, Gulliver doit surmonter. Il lui faut d'abord (à Lilliput) traduire dans sa propre langue les ordres qu'il reçoit, le règlement auquel il doit se soumettre. Traduire est alors, de la façon la plus brutale qui soit, la condition de la survie. De ce point de vue, rien n'a changé. Nul doute que cette expérience est la plus communément partagée par tout étranger (cela ne vaut pas seulement de l'« arrivant absolu ») qui affronte, ici ou là, l'administration du pays qui l'« accueille ». Ensuite, il lui faut se traduire lui-même pour se faire connaître et se faire accepter. Or « se traduire » veut dire le plus souvent se censurer, s'auto-censurer. Ce qui ne signifie pas préserver une part de son étrangeté, garder son quant-à-soi, mais craindre que celle-ci, telle qu'elle se traduit dans le récit, dans les mœurs, dans la culture, ne soit plus supportable à l'hôte qui garde le pouvoir d'exclure, quand ce n'est pas (comme c'est le cas dans certaines reconduites à la frontière) un pouvoir de vie et de mort. Gulliver, presque toujours, doit rester sur ses gardes. Il prend soin de ne pas heurter ses hôtes, leur culture, leurs mœurs. Ses récits font le tri entre ce qui peut être dit et ce qui ne saurait être compris. Traduire, c'est alors (selon l'une des plus anciennes définitions de la traduction) trahir délibérément (se trahir soi-même), au sens d'un accommodement, d'une adaptation – cette adaptation qui semble à tant d'autochtones, d'occupants, de citoyens, d'ayant-droit, d'hôtes conditionnels la condition minimale et première de leur hospitalité. Et c'est sans doute l'une des formes extrêmes que prend la vulnérabilité de l'étranger (en demande, en attente de relation – que celle-ci prenne ou non, ultérieurement, la forme d'un droit) que cette obligation de la trahison. Ici encore, c'est à l'hospitalité des Houynhnhnms d'en apporter le contre exemple. Demander qu'on parle *pour le meilleur et pour le pire*, c'est inviter l'hôte absolu à ne pas se trahir. La parole donnée à l'étranger est donc toujours une parole qui traduit. Mais cette traduction peut-être aussi bien un simple signe d'allégeance (à la langue de l'autre, à sa culture, à son autorité), l'acception de ses conditions, que le risque réel d'une relation inédite dont la langue et plus généralement la culture de celui qui accueille ne sortent pas intactes.

De fait, si l'on en croit telle ou telle de ces théories de la traduction qui nous donnent tant à penser, celles de Walter Benjamin, de Franz Rosenzweig[1] ou de Antoine Berman, par exemple, nous savons qu'il existe au moins deux mauvaises façons de traduire. Il y a d'abord des traductions qui donnent tout à la langue d'arrivée. Rien de ce qui fait la singularité de la langue de départ ne doit transparaître dans cette langue – c'est à dire la bouleverser, en déranger l'ordre et les dispositions. Elles sont, précisément, ce qu'on appelle des adaptations. Elles sacrifient aux habitudes littéraires et langagières du « peuple » ou de « la culture » liés à la langue qui « reçoit » – qui devrait, à ce compte, accueillir la langue de départ comme un autre et comme un hôte, et qui, en réalité, ne reçoit et n'accueille qu'elle même. Il y a ensuite des traductions qui ne parviennent pas à sortir de la langue de départ. Elles butent sur les mots et les tours de cette langue, réputés intraduisibles. Il leur semble que toute traduction de la langue de départ est une insupportable trahison. Dans la langue d'arrivée, elles conservent des mots de cette langue (des mots qu'on dira justement « étrangers »). Mais pour autant qu'elles instaurent cette curieuse cohabitation entre les langues (au sein d'une seule et même langue), elles ne modifient pas davantage la langue d'arrivée. Elles n'adaptent rien, mais rien non plus ne passe (ne se passe dans les langues) – rien ne se traduit. Elles ne trahissent rien, sinon la traduction elle-même. Pour reprendre la belle expression d'Antoine Berman, elles contournent « l'épreuve de l'étranger », davantage qu'elles ne s'y exposent (c'est-à-dire y exposent les langues et les cultures). Elles sacralisent à ce point l'une ou l'autre des langues que chacune reste repliée

1. Voir notamment ce qu'écrit Rosenzweig dans « L'écriture et Luther », traduction française in *L'écriture, le verbe et autres essais*, p. 56 : « Si tout langage est acte de traduction, alors l'impossibilité théorique de traduire dont nous prenons connaissance et acte ne peut avoir pour nous que la signification qu'ont par la suite, dans la vie même, toutes les impossibilités théoriques de ce genre, repérées à ras de terre : dans les compromis impossibles et nécessaires dont bout à bout le fil s'appelle vie, elle va nous donner le courage de la modestie qui d'elle même exige non pas la chose reconnue impossible, mais celle nécessaire donnée à tâche. Et exige ainsi, quand on parle et entend, non que l'autre ait mes oreilles ou ma bouche, ce qui assurément rendrait la traduction inutile, mais exige aussi que l'on parle et entende. Ni, s'agissant de se parler et de s'entendre de peuple à peuple, que la traduction ne soit pas une traduction, mais ou bien l'original, par quoi le peuple qui entend serait alors superflu, ou un nouvel original, par quoi c'en serait fait du peuple qui parle. Seul pourrait le vouloir un fol égoïsme qui s'imaginerait trouver son content dans son existence propre, individuelle ou nationale, aspirant tout autour de lui au désert ». Sur ce point, cf. notre essai « Traduction et Rédemption », in *Le malin génie des langues*, Paris, Vrin, 2000.

sur l'illusion de sa singularité – illusion dont l'une des figures les plus récurrentes reste la croyance au « génie de la langue »[1]. Ce qui fait de ces traductions en retrait une nouvelle forme du refus de traduire.

Or à chacun de ces refus correspond un déni d'hospitalité. Si tout accueil de l'étranger implique (ordonne, exige, encourage, favorise – autant de verbes qui en dessinent des figures différentes) une certaine façon de traduire (de traduire la langue de l'autre, mais aussi de se traduire), ces façons de ne pas traduire se retrouvent dans des façons de ne pas accueillir. Deux phénomènes opposés – qui excèdent de loin ce qu'on peut lire dans *Les Voyages de Gulliver* – permettent de le comprendre : l'assimilation forcée et la ghettoïsation. Ils nous font franchir un pas dans l'analyse, car ils ne concernent plus tel ou tel individu singulier (du moins plus seulement), mais des familles entières (ou ce qu'il en reste), la population de villes ou de villages entiers, toutes générations confondues (ceux, du moins, qui se sont échappé ou qui ont survécu). C'est par leur étude qu'il nous faut poursuivre, si nous voulons rejoindre notre question initiale : Qu'en est-il de l'identité d'une langue, d'une culture, d'un territoire ? Mais aussi : de quel avenir les rivages sont-ils porteurs ?

– L'assimilation est un phénomène complexe qui appelle des distinctions (celles-ci dussent-elles, par la suite, être mises en question). On sera tenté de distinguer, en effet, l'assimilation qui se fait au fil des années, qui procède de la volonté répétée, conjuguée et transmise de plusieurs générations, et celle qui procède de l'intervention brutale d'un État. Cette distinction, il nous faut la faire, car la nier serait supposer que les individus sont enfermés dans une langue et dans une culture (ou du moins dans ce qui se donne à eux pour tel), qu'ils lui sont liés affectivement à un point tel qu'ils ne peuvent éprouver le désir d'en sortir (de renoncer volontairement et de leur plein gré à ce qui les constituent en appartenance). Elle appelle pourtant deux réserves : 1) Si l'assimilation est une affaire de « générations », elle se heurte à un difficile travail de mémoire. Il est difficile de savoir ce que la perte progressive des éléments d'une culture autre (la langue, les vêtements, les mœurs) doivent, plusieurs générations en amont, à un choix propre et ce qui a pu peser sur elle (cette perte ou cet oubli) de contraintes politiques et sociales ; quels maillage et quadrillage institutionnels (l'école, les services sociaux) l'ont imposée comme une condition de l'hospitalité. Difficile de savoir au prix de quelles souffrances, de quels renoncements, de quelle nostalgie effacée, des grands parents aux parents puis aux enfants, cette condition fut « librement » consentie. 2) On est forcé de se demander quelle idée de la culture suppose

1. D'un tel parti pris, la confiscation de la traduction de l'œuvre de Heidegger, en français, donne trop souvent un exemple désolant.

le concept d'assimilation. N'est-ce pas à une conception unitaire et identitaire (un-identitaire) de la culture qu'on se réfère, chaque fois qu'on utilise une telle notion – c'est-à-dire, comme nous essaierons de le montrer un peu plus loin, à cette conception de la langue et des mœurs qui est le plus opposée à l'hospitalité sans condition, dont l'arrivant absolu invite à penser le modèle ? Tout se passe comme si, parlant d'assimilation, nous avions déjà accepté comme une vérité incontournable, comme le fait même de l'hospitalité, les présupposés les moins avoués des conditions, des restrictions dont s'accompagne sa codification (sa réglementation dans un droit d'hospitalité). Ce présupposé, ce serait celui de l'unité. Ce seraient *une* langue, *une* culture qui accueilleraient l'étranger. Et l'hospitalité serait un devoir tant qu'elles ne sont pas menacées (tant que l'accueil de l'étranger est compatible avec leur protection). Dans l'assimilation, ce seraient cette langue, cette culture qu'on ferait siennes. Nous verrons que l'intérêt de penser les conditions du don de la parole dans l'hospitalité absolue (notamment en termes de traduction) – et de substituer au concept de protection celui d'exposition – est de rompre avec cette figure identitaire et unitaire de la langue et de la culture.

Et pourtant, cette distinction (entre les deux formes d'assimilation) a son prix. Car la volonté hégémonique des États sût imposer l'assimilation avec une violence qui n'a rien de comparable à la nostalgie qu'on évoquait à l'instant. S'assimiler voulait dire alors se fondre dans un tout, sans que rien ne vienne rappeler, dans la langue, les mœurs, la culture une extériorité. Et tout était fait pour que ce rappel, à l'échelle de populations entières, soit rendu impossible. Il n'était plus question de se raconter ni de se traduire. Tout récit, au sens de celui que les Houynhnhnms attendaient de Gulliver, (un récit qui perturbe les frontières, comme toute traduction désorganise la langue) se trouvait, de ce fait, confisqué. S'assimiler, c'était précisément ne pas prendre la parole, comme étranger ; c'était même refuser de la prendre, au cas où elle serait donnée. Et cela valait aussi (vaut encore) comme principe d'évaluation. La parole était donnée en priorité à celui qui pouvait proclamer haut et fort qu'il n'était plus un étranger, qu'il n'avait plus rien d'un étranger[1]. De quelqu'un qui toujours éprouvait le désir de parler de son pays (d'en évoquer le souvenir), qui en avait la nostalgie, on disait (et on dit toujours) qu'il ne pouvait pas, ou ne voulait pas s'assimiler.

1. C'est ainsi que les empires coloniaux formaient leurs élites dans les capitales des métropoles. Et la décolonisation devint possible le jour où ces élites, qu'on avait tout fait pour « assimiler », commencèrent par la refuser, et affirmèrent qu'envers et tout ce que la métropole leur avait « donné » (à commencer par la parole, les moyens et le droit de parler), elles lui restaient « étrangères ».

– La ghettoïsation est, en quelque sorte, l'inverse de l'assimilation. mais elle procède au moins autant (et au prix d'une tout autre violence) d'un semblable refus de voir les cultures se traduire les unes dans les autres. Rien, en effet, n'assigne autant une langue et une culture à se replier sur elles-mêmes que leur enfermement dans un ghetto – un repli tel qu'il finit par créer une culture, voire une langue autre (la langue et la culture du ghetto). C'est pourquoi le ghetto, autant que le camp de réfugiés, sont les figures extrêmes de l'hospitalité conditionnelle. Ils vident celle-ci, autant que faire ce peu, de toute forme d'échange, de partage et de don. Ils réduisent l'accueil de l'arrivant à la concession d'un territoire restreint, clôturé – un territoire auquel nul n'a accès, sinon pourvu d'autorisations diverses. Or ce que cette clôture et ces autorisations rendent délibérément impossible, c'est précisément le don de la parole. Le ghetto, c'est d'abord un lieu où, sauf à être accrédité, il n'est pas possible de rentrer pour recueillir le récit de l'arrivant. C'est aussi un lieu d'où nulle parole n'est censée sortir, sinon sous condition.

Langues, cultures, territoires

L'avenir est-il sur les rivages ? La réponse ne peut être positive que si le risque (éthique et politique) majeur qui menace tout rivage et appartient à sa mémoire se trouve conjuré – un risque dont le nom fut souvent synonyme de destruction de la diversité des cultures et des langues et d'uniformisation du territoire : celui d'empire. Car c'est un fait que les rivages ne furent souvent rien d'autre que la bordure des empires – le lieu où les différences n'étaient plus acceptées qu'au prix de la fabrication d'une image un-identitaire de la culture, le lieu où se construisait une frontière qui était en même temps le rempart d'une forteresse politique et culturelle. La politique des rivages se résumait alors à l'ensemble des stratégies nécessaires pour faire de cette bordure le filtre de la diversité et un laboratoire où s'expérimentaient l'assimilation forcée et/ou la ghettoïsation – c'est-à-dire la protection de l'empire. Le rivage, c'était le lieu où, par définition, la culture un-identitaire de l'empire pouvait faire semblant de s'exposer pour mieux se protéger, le lieu où toute occasion était bonne pour construire et renforcer le mythe de l'unité impériale. Il y allait de sa survie même. L'empire ne pouvait faire oublier l'histoire de ses conquêtes et se donner une autre légitimité qu'à la condition de construire un tel mythe. Il lui fallait, par exemple, mettre en avant la supposée force d'attraction de sa langue et de sa culture, érigées en modèle de civilisation – son rayonnement. Tout individu échoué sur le rivage devait prendre acte de ce rayonnement. Il devait prendre conscience que sa propre culture (autant qu'elle pouvait être tolérée ou respectée) était sans commune mesure avec celle de l'empire. C'est ainsi que s'imposait à tout étranger, à tout arrivant l'autorité impériale. Et c'est au prix d'une telle reconnaissance (d'une telle allégeance) que son avenir se trouvait assuré. Penser l'hospitalité en termes de traduction, ce serait donc une façon (la seule peut-être) de faire en sorte que le rivage ne soit pas d'abord et avant tout le lieu où l'empire fait sa police – que la protection de l'hôte (dans les deux sens du terme) ne soit pas une façon déguisée d'imposer son autorité, de s'arroger la place d'une puissance tutélaire.

Mais c'est aussi se donner les moyens d'une tout autre pensée de la diversité des cultures. Si l'hospitalité est accueil de la traduction, et si cet accueil est forcément exposition, c'est le mythe de l'unité originaire des cultures qui se trouve battu en brèche. S'exposer à la parole dérangeante de l'arrivant, c'est, en effet, éprouver l'inconsistance de cette origine – l'éclatement, la dispersion originelle de son identité culturelle. Le propre de cette parole donnée/reçue est de nous ramener toujours à la différence à soi, ou plutôt à ce mouvement de différenciation qui fait la vie de toute culture. À la vision un-identitaire d'une pluralité de cultures opposées les unes aux autres dans des rapports de force qui font de toute protection une tutelle et de cette tutelle une nouvelle forme d'oppression, l'hospitalité oppose une autre vision de l'unité. Elle impose l'idée que toute culture est en elle-même et originairement cette puissance d'accueil qui la destine à se mêler aux autres. Les cultures n'ont pas pour destin de se replier sur elles-mêmes, de se protéger, dans le culte d'une histoire factice – mais de manifester, dans leur diversité même, l'unité de la culture. C'est pourquoi le métissage culturel ne vient pas après coup. Il n'est pas la conséquence d'une uniformisation, d'un nivellement ou d'un arasement de la diversité, mais le mouvement par lequel toute culture est ramenée à son essence qui est d'exprimer, dans sa façon propre de s'exposer aux autres, l'unité de l'humanité.

Et c'est ici que le paradigme de la traduction se révèle le plus fructueux. On se souvient[1] que, dans *La tâche du traducteur*, Walter Benjamin soutient la thèse selon laquelle la traduction exprimerait un rapport originel entre les langues. Elle mettrait en évidence leur apparentement profond. Elle aurait pour fonction (et même pour portée historique) d'inverser le mouvement de la séparation (qui est aussi un repli) qui les a rendu étrangères les unes aux autres, en même temps qu'il les instrumentalisait en les réduisant à de simples moyens de communication. Or, quoiqu'on pense de cette visée (de cet horizon messianique), elle n'est pensable que parce

1. Cf. chapitre 5.

que la traduction est une double exposition : exposition de l'original qui se modifie et de la langue qui l'accueille et dont les frontières se trouvent élargies. Se faisant, la traduction « dé-nationalise » la langue. Elle l'inscrit dans une histoire qui ne se réduit pas à celle de ses locuteurs.

C'est d'une même puissance de décentrement que se trouve investie l'hospitalité, dès qu'on fait du don de la parole, de la possibilité accordée de (se) traduire le signe de son inconditionnalité. S'exposer à cette parole, c'est reconnaître que *sa* culture n'est pas un bien propre, qu'elle n'a pas pour fonction d'exprimer l'identité d'une communauté donnée qui se retrouverait en elle pour mieux s'opposer aux autres. Telle qu'elle se donne, sous le masque d'une identité factice, chaque culture a en propre d'être la culture de tous et de personne. Elle est celle de personne, car notre identité culturelle est toujours trop complexe pour qu'aucun « nous » puisse lui correspondre. Nous sommes, en vérité, toujours plus métissés que nous ne le pensons. Nous ne pouvons résister à la parole qui, au bout du compte, s'est toujours donnée et se donnera toujours, que nous le voulions ou non, et quand bien même nous nous persuaderions du contraire. Le choix du repli est un choix perdu d'avance, car il n'a pour lui aucune caution, pas même celle de l'histoire. Les frontières des empires n'ont jamais tenu longtemps. L'hospitalité, comme exposition et comme traduction, révèle ainsi la vocation propre à toute culture : témoigner non pas d'une cohabitation possible, ni même d'une convergence ou d'un accord futur des cultures du monde, mais de la capacité propre à chacune d'elle de retrouver ou de reconnaître toutes les autres dans le mouvement de différenciation de soi avec soi qui n'avère d'autre identité, peut être, que celle de l'humanité même.

APPENDICE

LES IDENTITÉS HÉTÉROGÈNES

RÉFLEXIONS SUR LA (LES) CULTURE(S) DE L'EUROPE

Pour Daniela Grikalovskaia, Anna Zlatova,
Rodica Şenic et Elena Zoubkou

Qu'est-ce qu'une identité culturelle collective? Lorsque la question concerne l'identité de l'Europe, elle se dédouble inévitament. Il s'agit à la fois de cette « hétéro-identité[1] » que serait l'identité européenne et des « identités » qui la constituent – identités qui (parce qu'elles sont précisément constitutives de cette identité hétérogène) ne peuvent plus être pensées dans un cadre traditionnel, comme celui d'un État-nation qui serait chargé d'en garantir précisément l'identité, au sens de son unité et de son intégrité (à supposer qu'il ait jamais été légitime de les penser dans un tel cadre). C'est pourquoi, il est sans doute nécessaire de prendre un autre biais pour répondre à ces questions : celui d'une analyse des différents types de discours qui concernent l'existence de sociétés multiculturelles. Et ce pour au moins deux raisons : La première est que, s'il existe une identité européenne, elle est forcément multiculturelle. Quand bien même il existerait une culture européenne (les institutions, les administrations, la monnaie unique, etc.), quand bien même on parviendrait à donner à l'Europe une identité politique (sous la forme d'une constitution), et même si tout cela transcende la diversité des cultures de l'Europe; ces cultures font malgré tout partie, sur un mode qui reste à interroger, de l'identité européenne.

1. *hétero-identité* n'ayant d'autre sens ici que de désigner le caractère non homogène de cette identité, son caractère nécessairement composite. Il invite à se demander si le préjugé identitaire, le caractère fictif de toute identité ne consistent pas justement à mettre de l'homogénéité là où il n'y en a pas.

L'identité collective de l'Europe n'existe pas sur le mode exclusif d'une transcendance par rapport à cette diversité (avec tout ce qu'elle implique de frontières – d'identités et d'histoires de frontières). Il faut donc comprendre sur quel (autre) mode cette diversité d'« identités » est constitutive de cette « hétéro-identité ». Ensuite, sans préjuger de ce que serait (ou de ce qu'est déjà) l'identité européenne, l'étude des différents genres de discours qu'on rencontre, à propos des sociétés multiculturelles, permet de poser trois types de question concernant la notion même d'identité collective.

Quels sont ces trois genres de discours ? Il s'agit :

– de discours qui décrivent doublement l'identité collective – qui prennent acte de l'existence de sociétés multiculturelles et se demandent ce qui fait l'identité de chacune de leurs composantes, mais aussi du tout qu'elles constituent ;

– de discours (ce ne sont pas les mêmes) qui déplorent dans l'existence de sociétés multiculturelles la disparition de toute identité collective ou, en tout cas, une menace pour l'intégrité de ces identités ;

– de discours qui s'interrogent sur les mesures politiques nécessaires pour que, dans les sociétés multiculturelles, aucune des identités collectives qui les composent ne s'estime lésée, sans que, pour autant, l'identité du tout disparaisse – des discours, donc, qui doivent prendre la question de l'identité collective à un double niveau (celui des composantes et celui de la « totalité »).

La description

Le premier donc, d'ordre descriptif ou sociologique, concerne l'existence avérée de sociétés multiculturelles – c'est-à-dire de sociétés dans lesquelles les individus se reconnaissent dans et se réclament d'identités (et notamment d'identités culturelles) différentes. La principale question est alors de savoir quels sont les critères qui permettent de parler d'identités ou de « cultures » différentes et de les identifier. D'entrée de jeu, cette question se heurte à des concepts problématiques. Dira-t-on qu'il s'agit de l'origine ? Mais alors de quoi parlera-t-on ? D'une origine ethnique ? Si tel est le cas, quel sens faut-il accorder à « ethnie » ? Celui d'une communauté de sang ? Cela reviendrait à donner à la différence culturelle un fondement naturel, à figer les identités dans cette « différence », à nier, par conséquent, que la ou les « identités culturelles » puissent introduire la moindre distance, le moindre écart par rapport à cette différenciation naturelle. Encore faudrait-il admettre – ce qui est loin d'aller de soi – qu'on puisse trouver à cette différenciation le moindre fondement, fût-ce biologique. Car un tel usage revient, d'entrée de jeu, à nier une histoire accomplie, celle des brassages de populations qui, depuis des millénaires, ont, de toutes façons, brouillé la carte originaire, à supposer que celle-ci ait jamais existé. Mieux, le simple fait de souscrire à l'hypothèse d'une telle carte revient à cautionner l'hypothèse polygéniste d'une pluralité de « sangs » originaires. Si l'on veut encore donner le moindre sens au concept d'origine ethnique, c'est, en réalité, tout l'inverse qu'il faut faire : déconstruire les constructions idéologiques de l'ethnie, démontrer et démonter son usage dans des contextes historiques et politiques bien précis.

Car le concept d'ethnie ne s'est pas appliqué (et ne s'applique toujours pas) à toutes les populations, de façon égale, mais, de façon privilégiée, à celles dont on a nié le plus souvent, et dont on nie encore, précisément, le caractère historique, faute d'un savoir suffisant ou d'une mémoire écrite. L'identité ethnique toujours construite, imaginée ou fantasmée (sauf à supposer qu'on puisse contrôler « génétiquement » la totalité d'une population, sans aucune exception, et que cela puisse produire le moindre résultat probant) pallie au défaut d'histoire, au fait qu'on ne soit pas en mesure de savoir qui, dans le temps, s'est déplacé, qui est venu et qui est parti – ou qu'on ne veuille plus le savoir. Ou encore, elle vise à transformer en données naturelles le produit d'une histoire et d'une différenciation sociale[1]. On parlera donc d'autant plus volontiers d'ethnie qu'on s'imaginera, à la façon de Hegel, la population concernée sans histoire. Du concept d'ethnie, il faut donc rappeler, d'entrée de jeu, la connotation péjorative, au moins dans cette langue, particulièrement sensible dans la description des conflits africains des vingt dernières années. Désigner ces conflits comme des conflits ethniques, c'était renvoyer à une « sauvagerie », contre laquelle on ne pouvait rien et surtout qui ne pouvait pas s'expliquer à partir des mêmes catégories politiques que les conflits « européens ». C'était refuser de voir que, quand bien même les acteurs auraient eux-mêmes recours au concept d'ethnie, cet usage ne renvoie pas à un sentiment « naturel » de l'identité, mais à une construction, dans laquelle le discours colonial et l'anthropologie universitaire qui l'accompagnait ont eu une large part. Rien ne garantit, en effet, que, dans la perception que telle ou telle communauté peut avoir d'elle-même comme d'une « ethnie » ne se manifeste pas l'effet en retour (le *feed back*) non pas simplement d'un discours idéologique, mais d'une superposition de discours, d'histoires, d'intérêts, dont le démêlage apparaît aujourd'hui comme l'une des tâches les plus urgentes de

1. L'exemple le plus significatif est la transformation des catégories sociales : hutus et tutsis, qui désignaient initialement des fonctions sociales différentes, en catégories ethniques. On sait que ce fut là le premier pas du génocide ; et que les « anciennes » autorités coloniales y prirent une part considérable.

l'ethnologie[1]. Et nul doute que, lorsque ces dernières années ces mêmes catégories ont été utilisées pour décrire les conflits qui ont embrasé les Balkans, c'est la même « sauvagerie » qui se trouvait connotée et qu'elle servait à masquer l'impuissance et l'aveuglement politiques et l'absence de compréhension des différentes strates idéologiques qui induisaient la perception que les acteurs de ces conflits avaient d'eux-mêmes.

Ce n'est donc pas dans le concept d'ethnie, au sens « biologique » douteux du terme ni dans un aucun autre sens, qu'il faut chercher le fondement de la différence des cultures. Peut-on alors parler encore d'origine ? Et en quel sens ? De quoi parle-t-on quand on décrit ces identités collectives qui composeraient des sociétés multicuturelles ? De communautés qui parlent une même langue, qui se reconnaissent une histoire commune, un destin commun – comme on a eu tendance à l'affirmer pour les « identités nationales » ? Les concepts ne sont pas moins problématiques. Qu'est-ce qui fait qu'une histoire est commune, qu'elle est celle d'*Une* communauté ? Y a-t-il davantage de communauté entre l'histoire des seigneurs allemands et des paysans allemands au Moyen-Âge ou entre celle des paysans « allemands » et des paysans « français » – à supposer que ces adjectifs aient, dans ce contexte, le moindre sens ? Et quels destins se ressemblent le plus ? Sauf à dire, bien sûr, que seigneurs allemands et paysans allemands étaient engagés sous la même bannière (ce qui est déjà une approximation historique). Mais rien n'empêche alors de porter un regard critique sur cette prétendue communauté d'histoire et de destin, de défense du sol qui faisait servir les uns aux intérêts des autres. Faire de la communauté de destin et de la communauté d'histoire le fondement de l'identité culturelle (au détriment d'autres formes de solidarité) revient toujours à nier les phénomènes d'exploitation et de domination qui donnent à cette communauté, à cet engagement, à cette histoire partagée un tout autre visage. Reste la langue qui constitue un critère d'identification tout aussi fragile et aléatoire – un critère aussi dont l'instrumentalisation politique et idéologique ne fait pas de doute. La langue, en effet, est d'autant plus invoquée comme ciment d'une unité culturelle (d'une solidarité et d'une communauté) que d'autres formes de solidarité pourraient s'avérer menaçantes. Elle est l'argument

1. Sur ce point, voir l'ouvrage décisif de Jean-Loup Amselle et Elikia M'Bokolo : *Au cœur de l'ethnie, ethnie, tribalisme et État en Afrique*, 2e édition, La découverte, 1999. C'est dans une telle perspective déconstructionniste (qui met au premier plan le constructivisme des catégories ethniques, aux dépens du primordialisme) que se situe leur travail : « Plutôt que de concevoir les ethnies comme des univers clos situés les uns à côté des autres, les systèmes politique précoloniaux comme des entités nettement séparées, les conceptions religieuses comme des mondes bien délimités, les types d'économie comme des régimes distincts, nous fîmes le choix d'étudier des interrelations, des chevauchements et des entrelacs », *op. cit.*, p. III.

idéal pour resserrer des rangs qui se clairsèment, au profit d'autres unités plus contestataires et plus dangereuses. Tout se passe comme si le discours qui invoquait la communauté de langue revenait à dire : c'est avec nous que vous pouvez vous entendre, puisque nous parlons la même langue, [sous entendu : et non avec ceux qui partagent votre sort (qui subissent la même oppression) mais parlent une autre langue]. En ce sens, la fiction d'une langue commune qui transcende les divisions sociales (communément appropriée et appropriable, dans un même élan) participe de ce que Étienne Balibar appellerait « la crainte des masses [1] ».

Voilà qui complique singulièrement ce premier ordre de discours. On ne peut prendre tels quels ces différents critères d'appartenance culturelle identitaire (et d'identification) : l'ethnie, l'histoire, la langue, sans s'interroger sur leur construction et sur leur usage idéologique. La difficulté de la description est donc la suivante : comment faire pour ne pas reproduire dans un travail qui se voudrait non-idéologique une conception de l'identité qui ne l'est en aucun cas – une conception que, si l'on en croit les chapitres précédents, on pourrait appeler (nous reviendrons sur ce terme) unidentitaire et homogène de « l'identité collective ». On ne peut décrire les sociétés multiculturelles, comme si les critères qui permettent de différencier des identités collectives allaient de soi, comme s'ils n'avaient pas été de tout temps instrumentalisés. Cela ne veut pas dire que doive être nié le sentiment d'attachement que telle ou telle communauté, au sein de cette société, éprouve pour ces critères (le sentiment d'une histoire, d'un patrimoine linguistique communs). Mais l'attachement est toujours plus complexe et plus diversifié que la construction idéologique qui l'instrumentalise en critère d'identification. De fait, c'est sans doute, en dernier ressort, ce qu'il y a de plus problématique dans une telle description : l'identification à une identité collective donnée nie la diversité et la pluralité des attachements. À supposer que ce soit l'attachement à l'histoire d'une communauté (ou à sa langue) qui constitue un critère d'identification culturelle, tous les individus n'ont pas la même façon d'y être attachés – pas plus que cet attachement n'est exclusif. Et il ne saurait être une obligation.

C'est ici qu'apparaît le motif de la trahison. Décrire une société multiculturelle n'est pas sans risque. On doit prendre garde de ne rien avancer dans la description qui puisse nourrir la rhétorique de la trahison. À supposer qu'on dise que le sentiment d'une histoire commune est le principal critère de l'appartenance culturelle, que deviendra celui qui porte

1. Cf. Étienne Balibar, *La crainte des masses*, Paris, Galilée, 1997. Voir aussi comment cette question se trouve au cœur de sa réflexion sur la citoyenneté européenne dans *Nous, citoyens d'Europe, les frontières, l'État, le peuple*, Paris, La découverte, 2001.

sur cette histoire un regard critique – qui en déboulonne les monuments, qui raconte, au prix de risques majeurs, que les glorieuses batailles, les éclatantes victoires n'ont pas été aussi glorieuses et éclatantes qu'il est nécessaire de le dire pour en faire le ciment d'une histoire culturelle ? Ce n'est pas un hasard si de tels récits sont souvent perçus comme un objet de scandale. Ils ont toujours pour effet de sortir l'histoire de son cloisonnement culturel, de déranger son instrumentalisation, de l'ouvrir à des investigations et à des discours qui perturbent l'ordre des appartenances.

L'IDÉOLOGIE

Le second ordre de discours est plus ouvertement idéologique[1]. Il se présente comme un jugement porté sur les sociétés multiculturelles. Il se prononce sur l'heur ou le malheur (plus souvent le malheur) que présente pour une société le fait d'être ou de devenir multiculturelle. Le plus souvent réactif, il se fait au nom d'une « identité » qui dénonce dans la réalité multiculturelle une menace pour son intégrité. C'est la raison pour laquelle il est à la fois descriptif, prescriptif et programmatique. Descriptif d'abord : la description se fait dans un registre très particulier : la perte des usages, le déclin des mœurs, la disparition des traditions – la baisse du nombre des locuteurs de la langue – l'invasion de l'étranger sous toutes ces formes. Il est programmatique, voire prophétique, parce qu'il pronostique la décadence, le déclin, l'effacement. Il adopte donc volontiers un ton catastrophiste, voir apocalyptique. Enfin, il est prescriptif, parce qu'au delà du diagnostic, il « prescrit » des remèdes, des solutions souvent radicales et violentes. D'un tel régime de discours, les dix dernières années ont rappelé brutalement le déchaînement de violences qu'il peut engendrer, si l'on veut bien admettre que l'idéologie de la purification ethnique en est l'exemple le plus tragique. Il repose toujours sur un double principe : – les sociétés multiculturelles sont impossibles, parce qu'elles se traduisent toujours par la domination d'une identité collective sur toutes les autres ;

1. Même si de tels discours n'utilisent pas nécessairement le mot « multiculturalisme », il nous semble indispensable de les prendre en compte, dès lors qu'ils se prononcent effectivement sur l'existence, la viabilité, les effets de sociétés dont ils déplorent d'abord le caractère multiculturel. C'est la raison pour laquelle notre description des ordres de discours est légèrement différente de celle que propose Christine Inglis dans *Multiculturalism : new policy responses to diversity*, Most, Unesco, 1996, reprise par Michel Wievorka dans « le multiculturalisme comme réponse », in *La différence culturelle en question*, *Cahiers internationaux de sociologie*, vol. CXV, PUF, 1995.

– le rapport entre ces identités est donc forcément un rapport concurrentiel et conflictuel[1].

Mais surtout, de tels discours présentent, de l'identité collective, une vision toujours repliée sur le mythe d'une unité originaire et d'une homogénéité constitutive. L'identité serait garantie par l'appropriation toujours recommencée (parce que toujours menacée, jamais assez protégée) d'un sol, de lieux de mémoire, mais aussi d'une langue. Dans le cadre d'une réflexion sur les identités collectives, ces discours (qui sont toujours des instrumentalisations politiques du sentiment de propriété – propriété de la langue, du sol, de tel ou tel lieu) permettent de formuler la question de l'identité européenne dans les termes suivants : comment penser une identité collective sans appropriation – une identité qui ne repose pas sur la construction et l'invocation de quelque chose comme de la propriété – mais qui sache en même temps entendre les besoins d'appropriation des individus qui composent sa diversité et y répondre ? Pour tenter de répondre à de telles questions, il faut passer au troisième genre de discours :

La politique de la reconnaissance

Avec celui-ci, on entre, en effet, plus directement dans le domaine de ce qu'on désigne ordinairement sous le nom de « multiculturalisme ». Il s'agit de théories philosophiques qui s'interrogent sur le type de politique nécessaire pour qu'aucune des identités collectives définies par leur « culture » et composant une société multiculturelle ne s'estime lésée par les autres. Prenant acte du préjudice qu'une absence de reconnaissance fait subir à telle ou telle communauté ou collectivité au sein de la société – des sentiments de haine de soi à la perte d'identité qu'elle induit[2] – elles placent au premier plan de leur réflexion les catégories de reconnaissance de la pluralité et de la diversité des identités collectives et de respect des différences. Nourris des débats de l'*affirmative action* aux USA ou, plus encore, des questions concernant les droits de la minorité francophone au Québec[3], la caractéristique commune de la plupart de ces théories est que, prenant acte de la force des sentiments d'appartenance culturelle (et des revendications qu'ils induisent), elles ne remettent pas en cause le fait

1. Au delà des partis-pris idéologiques, cette logique peut prendre la forme fallacieuse de théories géopolitiques : c'est le cas du livre éminemment discutable de Samuel Huntington : *Le choc des civilisations*, trad. fr., Paris, Odile Jacob, 1997.

2. Sur ce point, voir l'œuvre fondatrice de Franz Fanon : *Les Damnés de la terre*.

3. Les textes de Charles Taylor, Michael Walzer ou Will Kymlicka sont certainement les illustrations les plus probantes de ce type d'approches.

qu'une « société multiculturelle » est composée d'une pluralité d'identités culturelles collectives identifiables, ou du moins séparées les unes des autres par des caractéristiques propres qui en font autant d'unités. Elles s'appuient donc sur ce que, dans les chapitres qui précèdent, on a pu se risquer à appeler, à plusieurs reprises, une conception « unidentitaire » et homogène de l'identité – une conception qui fait l'économie d'une discussion critique de ces critères d'identification : l'histoire, la langue, les mœurs, les traditions, l'occupation (voire cette première occupation commune du sol, qui fait l'objet de tant de revendications et qui est la source de tant de conflits). Elles se demandent comment faire en sorte que ces *autres* langues, mœurs, traditions, histoires soient reconnues pour ce qu'elles sont, sans s'interroger sur la nature réelle de cette altérité. C'est pourquoi, avant de nous demander comment reconnaître l'existence d'une pluralité d'identités collectives au sein d'une « hétéro-identité » – comme le serait, par exemple l'identité européenne –, ou encore jusqu'où cette reconnaissance doit aller, et même comment elle est compatible avec l'égalité des droits, ou encore si elle est une condition psychologique nécessaire à l'admission de principes politiques communs, voir d'une constitution, nous nous proposons de nous interroger sur la nature de ce qui est reconnaître, sur l'objet même de la reconnaissance. Qu'est-ce qu'une identité collective, en tant qu'objet de reconnaissance ? Il n'est pas sûr, en effet, qu'en répondant à ces questions, la notion de reconnaissance apparaisse encore comme la plus appropriée pour définir le type de politique qu'exige les sociétés composées d'une pluralité d'identités collectives, ni même que l'adjectif « multiculturel » convienne toujours pour les décrire.

Ainsi que le rappelle Charles Taylor, dans son essai *Multiculturalisme, différence et démocratie*, les politiques de reconnaissance trouvent leur justification dans le fait que toute personne ou tout groupe de personnes qui ne voit pas son identité (et notamment son identité culturelle – c'est à dire son appartenance à une identité collective) reconnue par les autres se trouve atteint dans le sentiment qu'il peut avoir de sa propre valeur. L'existence des identités collectives dépend ainsi, aux yeux mêmes de ceux qui les reconnaissent pour leurs, du regard que d'autres portent sur elles. C'est ainsi qu'elles prennent une dimension dialogique. Elles sont tributaires de tous ceux qui sauront reconnaître à la langue, aux mœurs, aux traditions (aux œuvres enfin) qui décrivent cette identité une valeur égale.

Cela est sans doute vrai, sauf qu'il y a deux façons de l'entendre :

– La première, la plus couramment reçue, réduit le caractère dialogique des identités collectives à leur reconnaissance. Celle-ci devient alors l'élément indispensable de leur coexistence : pour qu'elles coexistent, il faut qu'elles existent, telles qu'en elles mêmes, dans le regard de tous, et que leur existence ait une même valeur. Or cette existence ne peut être reconnue comme telle que dans l'affirmation de la différence. L'exigence de reconnaissance a donc pour corollaire le respect des différences – différences entre les histoires, les mœurs, les langues, les traditions, sans compter les religions. Toute la question est alors de savoir jusqu'à quel point ce « respect des différences » ne revient pas à figer des « constructions » dans une coexistence qui est en même temps un cloisonnement (une répartition dans des compartiments culturels bien définis). Une telle politique suppose toujours une description minimale (ou, au contraire, exponentielle) des « identités culturelles » à la quelle il lui faut apporter un crédit maximal. Ce n'est pas seulement des identités qu'il lui faut « reconnaître ». Elle doit prendre pour argent comptant, de façon plus ou moins explicite, toute une gamme de discours qui définissent ces identités : des récits fondateurs, des mythes, des spéculations sur l'origine [origine de la langue, de l'occupation du sol, etc.], et leur accorder une valeur indiscutable. Entendue dans ce sens, la politique de la reconnaissance s'engage dans une spirale sans fin, qui peut la conduire à cautionner le pire des discours – celui-là même qui, au nom du respect sacro-saint des différences, pourra légitimer ultérieurement le déchaînement des violences identitaires, dès que ces identités s'estimeront menacées. En même temps, c'est la possibilité même de penser une autre identité (une « hétéro-identité », comme l'identité européenne) que ce principe restreint d'une simple coexistence, garantie par une mutuelle reconnaissance, fait disparaître. On comprend que, face à un tel piège, la tentation soit grande de se réfugier dans un universalisme abstrait, pour lequel la reconnaissance des différences et leur prise en considération, sur un plan politique, sera toujours la boîte de Pandore. Mais alors l'identité collective qui transcende ces différences (conçue comme une supra-identité) risque fort de rester étrangère aux identités particulières qui la constituent et de les dresser contre elles.

– Et pourtant, il existe sans doute un moyen d'échapper à cette alternative. À condition d'entendre autrement la dimension dialogique de l'identité. Dans le cas de figure précédent, toute la difficulté vient de ce que le dialogue est un dialogue pour la reconnaissance. Il s'adresse à des identités culturelles censées être déjà constituées. Il évalue des langues, des religions, des traditions, des œuvres qui sont déjà identifiées à une culture *une et identique à elle-même* – qui constituent donc un patrimoine, avec tout ce que cela implique d'héritage et de dette (le devoir de la faire connaître et reconnaître) pour ceux qui en sont les dépositaires. Ce faisant, il omet de s'interroger sur le caractère mythique (toujours fictif) de cette conception *unidentitaire* et homogène de la culture. Ou encore, il privilégie le mythe sur l'histoire.

Ou du moins sur une certaine (une autre) histoire – une histoire qui ne serait pas celle des « historiens nationaux », des faiseurs de monuments et de patrimoines, qui ne prendrait pas les identités culturelles comme l'expression d'un « caractère ethnique » ou d'un « génie populaire », mais comme le résultat toujours provisoire d'un dialogue plus ou moins permanent avec d'autres identités, elles-mêmes résultat d'une semblable ouverture. Il s'agirait, autrement dit, de comprendre que le dialogue ne commence pas avec la question de la reconnaissance, mais qu'il est consubstantiel à la constitution des identités elles-mêmes [1]. Le dialogue ne vient pas après coup (une fois que tel ou tel peuple aurait exprimé son essence dans sa culture). Il appartient à l'origine des identités culturelles, autant qu'il en constitue le devenir. Du même coup, il donne à cette origine une dimension plurielle, une hétérogénéité fondatrice qui fait voler en éclat tout repli de la culture sur un caractère identitaire homogène [2]. Plusieurs apories rencontrées plus haut trouvent ainsi leur solution. a) D'abord celle du rapport, si problématique et conflictuel, entre identité culturelle et « ethnie ». L'idée reçue selon laquelle telle culture donnée exprimerait les caractères propres d'une « ethnie » déterminée, mais aussi d'un peuple ou d'une nation, présuppose toujours, en effet, un certain type d'histoire culturelle. Elle fait de la culture la propriété d'une communauté qui trouve

1. C'est un tel programme que dessinent Jean Louis Amselle et Elikia M'Bokolo dans *Au cœur de l'ethnie*, *op. cit.*, p. VII : « Étudier des relations entre des peuples voisins qui entretiennent depuis des siècles des rapports politiques, économiques et culturels suivis constitue le modèle de ce que doit être la recherche en sciences sociales, à savoir une recherche qui pratique un comparatisme tempéré se limitant à l'observation de variations de formes sociales à l'intérieur d'un cadre géographique relativement bien délimité. Toutefois, ce type d'approche pluriethnique qui consiste à appréhender un ensemble de groupes dans sa juxtaposition doit être lui-même dépassé. Bien que généreuse, une telle attitude multiculturaliste ne résout en effet rien au plan des principes méthodologiques puisqu'elle reproduit l'aplatissement qui est au principe de l'établissement des cartes ethniques de l'Afrique ou d'autres régions du monde, soulignant ainsi la faiblesse du modèle de F. Barth, qui tout en situant la frontière au centre de sa démarche laisse intacts les groupes qui la traversent ».

2. C'est pourquoi le concept de « tolérance » est si problématique, dès qu'il s'agit de penser la diversité des cultures. L'idée de tolérance suppose l'existence de cultures unidentitaires, en attente d'une telle relation. Significatif de ces ambiguïtés est le *Traité sur la tolérance* de Michael Walzer, qui peut avancer : « Même une société libérale ne requiert pas la présence d'une multiplicité de groupes ethniques ni de communautés religieuses, son existence et même son développement sont parfaitement compatibles avec l'homogénéité culturelle », Michael Walzer, *Traité sur la tolérance*, trad. : Chaïm Hutner, Paris Gallimard, 1998, p. 25. Sauf que précisément, l'idée d'une homogénéité culturelle relève du mythe. C'est en commençant par montrer que toute culture est, par essence, hétérogène qu'on peut lutter contre l'intolérance. Car cela revient à montrer qu'à vouloir se protéger des « autres » cultures, au nom de sa « propre culture », de son intégrité, de son homogénéité, on ne fait rien d'autre que nier sa propre essence au profit d'une fiction.

en elle non seulement le sentiment de son identité, mais aussi des motifs d'attachements : aimer sa langue maternelle, respecter (voir sauver) les traditions, préserver les coutumes. L'identité culturelle apparaît alors comme ce que la communauté en question a fait (son œuvre) et ce dans quoi elle s'est faite (le creuset de son unité). Elle constitue le bien qu'il appartient à chaque génération de faire fructifier, une fois qu'elle se l'est approprié. Tout individu qui naît, au sein de la communauté, y a droit, à condition que, par le biais d'une éducation (à la charge des ayant-droit : la famille, l'État) on lui donne accès à ce qui lui appartient. Il revient donc à la charge des institutions de veiller à ce que cette transmission et cette fructification s'effectuent dans les meilleures conditions.

C'est alors que l'équation qui lie, par un sentiment d'appartenance et de propriété, culture et « communauté » devient problématique, notamment dans les sociétés multiculturelles. Si plusieurs cultures et plusieurs « communautés » sont en relation (sur le mode d'une bijection) au sein d'une seule et même société, la question se posera de savoir quelle(s) culture(s) devra(ont) être favorisée(s) dans la transmission et la promotion assurées par les institutions d'une seule et même société. Quelle que soit la répartition, chacune s'estimera lésée de ce que l'autre se verra attribuée et menacée par ses progrès quantifiables (le nombre des locuteurs de la langue, des fidèles, etc.). Plus les cultures seront pensées en termes de patrimoine et de propriété, selon cette approche « unidentitaire » et homogénéisante des cultures, plus les conflits seront multipliés. Tout deviendra un enjeu concurrentiel : le contrôle des institutions, l'occupation du sol (lieux de mémoire partagés, lieux saints). Ils le deviendront d'autant plus que l'assimilation de la culture à une propriété (un patrimoine) exigera que tout soit cloisonné, réparti, séparé sur le mode : ce qui est à moi (telle œuvre, telle tradition, telle invention, tel lieu) n'est pas à toi.

C'est à cette logique de propriété que s'oppose cette « autre histoire » qu'on évoquait à l'instant. Dès lors que toute culture se voit assignée une origine à la fois plurielle, hétérogène et disséminée et que son devenir est régi par une suite ininterrompue d'échanges, d'interactions, de transferts (dont on définit plus loin la nature), l'équation entre culture et communauté se trouve doublement invalidée. D'abord toute culture se trouve (et ce dès l'origine) pénétrée d'éléments empruntés, assimilés – dont la communauté qui s'identifie à elle n'a pas la « paternité ». Elle ne peut donc à aucun titre en faire sa propriété. Bien davantage, son devenir obéit à une logique de désappropriation. À chaque fois que cette culture se nourrit d'éléments extérieurs (des œuvres traduites, des traditions, des fêtes, des pratiques assimilées) sa culture est un peu moins exclusivement la sienne.

Semblablement, tout ce qui se *traduit* (nous reviendrons sur ce terme) de son « fonds » dans une autre culture ne lui appartient plus exclusivement.

Mais, au delà de cette autre histoire, c'est à une véritable déconstruction à la fois du concept d'identité collective (culturelle) et du concept de communauté que cette mise au jour de son devenir comme désappropriation aboutit. Elle révèle, en effet, que l'idée d'une identité collective homogène, une et identique à elle-même, une identité dont telle ou telle « communauté » serait le dépositaire et le gardien, relève du mythe (voire de l'idéologie – dès qu'elle se trouve instrumentalisée à des fins politiques)[1]. Une identité collective n'existe que dans la mesure où son ouverture aux autres lui permet de se différencier. Son essence est dans cette différenciation d'avec elle-même – et non dans l'expression d'un caractère, d'une propriété ou d'une qualité mythique (celles du peuple, de la nation, de la race, de l'ethnie ou de quelque nom qu'on essaie encore de donner à cette « communauté »). Comprendre l'identité (et notamment l'identité culturelle) comme un tel mouvement est même la seule façon qu'on puisse trouver de faire l'économie de tels supports aussi problématiques, c'est-à-dire de la penser sans la référer à une essence commune particulière, qu'il s'agirait d'identifier et de qualifier, voire (comme ce fut si longtemps le cas) de caractériser[2].

Dans le cas de l'identité européenne, un tel constat vaut de deux façons. Il vaut d'abord pour chacune de ces composantes. L'identité européenne n'existe que dans la mesure où les identités qui la constituent ne sont pas comprises comme des touts homogènes qui coexistent (et ont coexisté) les uns à côté des autres – mais sont saisis chacun dans cette hétérogénéité constitutive qui les a mis toujours, de façon chaque fois singulière, en contact les unes avec les autres, qui les a nourris d'emprunts, d'échanges, de traductions – quand bien même ces passages ne se seraient pas faits sans résistance, sans ruse et sans conflit. Mais il vaut aussi pour l'autre de l'Europe. L'identité européenne, comme telle, n'est pas l'identité de la

1. On pourrait sans doute montrer que le succès de ce mythe est lié à la prégnance du modèle de l'État-nation. Dans son *Traité sur la tolérance* (*op. cit.*, p. 44) qui distingue cinq formes de tolérance, celles des empires multinationaux, de la société internationale, des consociations, des sociétés d'immigration et des États nations, Michael Walzer caractérise cette dernière dans les termes suivants : « Un groupe dominant unique organise la vie commune selon *son histoire et sa culture propres*, avec pour objet de voir, dans l'éventualité la plus favorable, se poursuivre cette histoire, se pérenniser cette culture. » Sans doute, sauf que, précisément, il faut souligner là encore que *cette histoire et cette culture propres* sont toujours réductrices. Elles procèdent d'une fiction qui vise à renforcer la cohésion de la société, en gommant tout ce qui, dans cette culture, relève de sa pluralité constitutive. Pérenniser cette histoire et cette culture veut dire pérenniser le mythe de leur « unidentité ».

2. Sur ce point, voir notre ouvrage : *Les géographies de l'esprit*, Payot, 1996.

communauté européenne, elle n'est pas référée à un substrat ou une substance qui serait « le peuple européen ». Elle n'est pas l'expression d'une communauté dont il s'agirait de définir des critères ou des caractéristiques identitaires. Elle aussi se définit par une façon singulière d'avoir assuré (ou manqué) des passages, des traductions, des transferts, des échanges avec l'autre de l'Europe. Et c'est sans doute ce qui manque le plus dans les définitions traditionnelles de l'Europe, à partir de ses « sources » helléniques, chrétiennes et judaïques – c'est ce que manquent Nietzsche, Husserl, Cohen, Heidegger, Patoçka, ou tant d'autres. C'est ce qui leur donne, en dépit de leur grande profondeur et de leur dimension souvent tragique, un caractère encore fictif. Comment pourrait-on s'interroger sur l'identité de l'Europe, sans rappeler d'abord l'importance qu'a eu, dans la genèse de la conscience européenne, le fait qu'elle a rassemblé (et opposé) en son sein une diversité d'empires coloniaux ; qu'elle s'est rapportée donc au reste du monde sur le mode de la domination et de l'exploitation coloniales ?

Reste alors une objection qu'il est d'autant plus nécessaire d'écarter qu'en y répondant, on résoud une seconde aporie posée par les « politiques de reconnaissance ». Elle se formulerait de la façon suivante. À exhiber l'origine plurielle des cultures (ce qui revient à déconstruire le concept d'origine, origine de la langue, du peuple, etc.), à penser chacune d'elle dans la pluralité et l'hétérogénéité qui la constituent (en mettant en question les concepts d'unité, d'homogénéité et même finalement d'identité), ne risque-t-on pas une confusion générale qui interdirait toute distinction ? Que répondra-t-on à celui qui nous dira : « à vous entendre, rien ne distingue *ma* culture des autres, puisqu'elles sont toutes appelées à s'entre-traduire. Ce que vous décrivez et « annoncez » à la fois relève d'une vision cosmopolitique de la culture, dans laquelle toutes les différences se résorbent, d'abord à l'intérieur de l'Europe, puis au delà même, entre l'Europe et le reste du monde. Vous ne répondez pas à mon besoin d'identité, au sentiment que je garde, malgré tout, d'appartenir à une « communauté », d'avoir une identité séparée ?

Ou, pour formuler la question différemment : y a-t-il encore des frontières entre des identités collectives différentes, une ligne réelle ou imaginaire qui les circonscrit ? Comment contourner le fantasme propre à toutes les sociétés multiculturelles d'un espace dans lequel tout se fond et se confond – sous la domination avouée ou implicite d'une culture déterminée (d'une langue aussi) qui, sous couvert d'ouverture et d'échanges, réduit tout au même ? Comment échapper au spectre d'un « empire » homogénéisant et uniformisant ? L'hypothèse qu'on voudrait avancer ici (et sur laquelle s'achèvera cette étude) est que les identités collectives (et plus spécialement les identités culturelles) ont pour essence d'être, de façon singulière, à aucune autre réductible, des figures de l'hospitalité. Ce qui ne veut pas dire qu'elles seraient particulièrement généreuses. Il ne s'agit pas de nier le caractère souvent conflictuel des relations qu'elles entretiennent les unes avec les autres. L'hospitalité qu'elles accordent ne procède d'aucune vertu morale. Elle n'est rien d'autre qu'un principe constitutif des identités, un principe qu'elle ne peuvent ignorer, quand bien même elles lui opposent toutes sortes de résistances – comme ces discours catastrophistes qu'on évoquait plus haut (la rhétorique de la décadence et du déclin).

Ce qui distingue les identités culturelles, ce n'est pas le fond propre dans lequel elles trouveraient leurs racines, ce n'est pas le « peuple », l'« ethnie », la « race » ou quelque communauté que ce soit qui les supporteraient, c'est la façon qu'elles ont eu (et qu'elles ont toujours) de s'ouvrir aux autres. Et cela doit être entendu dans les deux sens : c'est à la fois la façon dont elles « s'importent » (et se sont depuis toujours importées) et celle dont elles « importent » les autres, c'est-à-dire dont elles se différencient (et se sont depuis toujours différenciées) d'elles mêmes. Ce qui distingue les identités, dans leurs histoires respectives et croisées, n'est alors rien d'autre que leur propre mode de différenciation. Dans ce mode, plusieurs choses doivent entrer en ligne de compte. Interviennent d'abord des motifs qui circonscrivent, dans le temps et dans l'espace, l'étendue de ces « importations » – des motifs qui sont aussi bien d'ordre technique (les moyens de communication et de transmission) que géopolitiques (les contacts et les échanges avec les communautés voisines). Intervient aussi l'histoire des voyages et celle des migrations de populations.

Qu'est-ce que « mon » identité, en tant qu'identité partagée avec une communauté ? Rien qui m'enferme dans cette communauté. Tout au contraire : une fenêtre singulière ouverte sur toutes les autres – une fenêtre au même titre que toutes les autres. Avec une telle hypothèse de travail, c'est, en effet, l'aporie de l'évaluation des cultures qui trouve peut-être sa solution. Pour les « politiques de reconnaissance », la question se posait dans les termes suivants : toutes les cultures se valent-elles ? Faut-il accorder de l'intérêt à une œuvre médiocre, sous prétexte qu'elle procède d'une culture différente et qu'à dire le contraire, on pourrait être taxé d'impérialisme culturel ? Et surtout, tout doit-il être accepté, « toléré » et même accueilli, au nom de l'égalité des cultures ? La définition de la culture comme figure de l'hospitalité permet d'apporter quatre éléments de réponse :

– Ce qui fait la valeur d'une culture, à un moment donné, est sa « réceptivité » et sa « disponibilité » – à savoir l'étendue de ce qu'elle est capable d'accueillir, de traduire (nous retrouvons ici le motif de la traduction), et aussi l'étendue de ce qu'elle peut donner.

– Cette double étendue a toujours des raisons objectives qui n'engagent en rien l'« esprit », le « génie » ou le « caractère » d'un peuple. Qu'une communauté soit moins réceptive ou disponible ne veut pas dire qu'elle est moins douée ou moins développée, mais qu'un certain nombre de raisons d'ordre technique, géopolitique ou autre s'y sont opposées. Voire des raisons plus politiques encore : oppression, exploitation, esclavage, colonisation – autant de phénomènes qui se trouvent alors intégrés de plein droit à une histoire des « identités » culturelles. La différence entre les cultures n'est donc pas d'ordre substantiel. Elle ne s'enracine ni dans le sol ni dans le sang. Elle n'a d'autre fondement que cosmopolite – puisqu'elle dépend des conditions historiques et objectives universelles de ce rapport aux autres.

– La valeur des cultures n'a pas de signification esthétique, morale ou politique. Elle n'a de sens que dans un système de circulation, dont chacune est partie prenante.

– Enfin, toutes les pratiques culturelles ne peuvent être mises sur le même plan. Certaines s'excluent elles-mêmes de cette circulation. Une ligne de partage pourrait être recherchée entre des pratiques et des phénomènes qui affichent, par essence, leur ouverture, leur disponibilité à la traduction et d'autres qui l'excluent par principe. Tels seraient, par exemple, les discours de haine et les pratiques discriminatoires. Mais alors ce n'est pas une culture, *une et identique à elle-même*, qui se trouve exclue de ce jeu d'échanges, une culture homogène prise dans sa totalité. Ce sont des pratiques (des fragments) qui doivent en être dissociés. Et rien n'est plus préjudiciable que leur identification à une culture. Rien n'est plus contraire à cette histoire plurielle des identités collectives que la focalisation, le repli de l'identité sur telle ou telle de ces pratiques singulières. L'idée qui prévaut ici est qu'au sein de telle ou telle culture peuvent s'introduire des éléments qui s'affichent comme des dénis d'hospitalité. Des éléments qui ne sont pas jugés au nom d'une culture singulière qui s'érigerait en norme universelle, mais à partir d'un principe cosmopolite universel (qui reste à déterminer) de circulation et de traductibilité. De ces éléments (appels au meurtre, à la discrimination, à l'apartheid, à l'épuration, etc., discours de haine et de violence, mais aussi théories, en apparence plus anodines, sur la diversité des langues et des peuples, sur l'excellence ou la supériorité de l'un ou l'autre), on pourrait dire qu'ils forment une culture transversale – qui traverse toute les cultures et menace le réseau ou le diagramme de leurs échanges (leur configuration plurielle et hétérogène) – une culture qu'on pourrait appeler : « la culture de l'ennemi ». Ce qui distinguerait cette culture, c'est que, précisément, rien n'y communique. Elle se présente comme une collection de discours ou de pratiques qui n'ont rien d'autre en commun que le fait de n'être nulle part transposables, nulle part traductibles – une collection d'îlots, de blocs repliés sur eux-mêmes d'inhospitalité. Et puisqu'il est ici question de l'Europe, il faut souligner que rien ne la menace davantage que d'intégrer à sa construction de telles pratiques et de tels éléments – c'est-à-dire de participer, à sa façon et sous la protection de ses institutions, d'une semblable culture[1].

Importation, exportation, réceptivité, disponibilité, ce n'est pas en vain que ces termes ont été avancés avec des guillemets. La réserve désigne ici la tâche à accomplir. L'emploi de tels termes est provisoire, tant que n'est pas davantage explicité de quelle façon les identités collectives sont des figures singulières de l'hospitalité. Mais on peut sans doute tirer déjà deux conclusions de ce qui a été avancé :

– C'est moins l'absence de connaissance et de respect qui fait problème (même si c'est en ces termes que la souffrance est formulée) que l'idée d'identité (et plus précisément d'identité culturelle) communément reçue. À supposer qu'on puisse parler d'un échec toujours possible de la reconnaissance[2], celui-ci n'a de sens que rapporté à ce qui en constitue la première raison – une raison qu'aucun accommodement juridique ne suffit à remettre en question : la représentation unidentitaire et homogénéisante de l'identité elle-même, celle-là même qui nie son origine plurielle et la différenciation propre à son devenir.

– La critique de cette représentation permet d'échapper à l'alternative entre la politique de la dignité universelle qui entend simplement lutter contre toute forme de discrimination entre les cultures, indépendamment du sentiment d'injustice et de l'exigence de réparation que peut formuler telle ou telle communauté lésée, et la politique de la différence qui fait de ce sentiment et de cette exigence le principe d'une nouvelle répartition de ce que la société peut offrir[3]. Reconnaître l'égale dignité n'est rien, si sub-

1. Cela ne vaut pas seulement de la vigilance qu'il lui faudrait exercer à l'encontre de tel ou tel gouvernement européen (comme le gouvernement autrichien), cela vaut aussi de la violence qu'elle pratique à ses frontières – c'est-à-dire de la façon dont elle organise son rapport au reste du monde sur le mode d'une hospitalité conditionnelle (en refusant notamment la citoyenneté à ceux qu'elle héberge). Sur ce point, cf. Étienne Balibar, *Nous citoyens d'Europe*, *op. cit.*, notamment le chapitre 3 : « Le droit de cité ou l'apartheid ».

2. Cf. Charles Taylor : *Multiculturalisme, différence et démocratie*, Aubier, 1994, p. 55 : « Ce qui est apparu à l'époque moderne n'est pas le besoin de reconnaissance, mais les conditions dans lesquelles la tentative, pour être reconnue, peut échouer ».

3. Sur cette alternative, cf. Charles Taylor, *op. cit.*, p. 59 : « Alors que la politique de la dignité universelle a lutté pour des formes de non-discrimination qui étaient parfaitement « aveugles » aux façons dont les citoyens diffèrent entre eux, la politique de la différence

sistent encore des mécanismes qui privent telle ou telle identité collective de cette circulation, de ces possibilités de traduction, sans lesquelles elle se trouve à la fois privée de son devenir-autre et soustraite au mouvement de différenciation des autres identités[1]. À l'inverse, la politique de la différence aboutit au résultat inverse de ce qu'elle recherche si, pour mieux défendre une identité, elle la replie sur elle-même, exacerbant sa singularité au détriment d'une histoire et d'une reconnaissance raisonnées de son devenir différencié[2]. Dresser une clôture autour d'une identité [en cherchant désespérément, dans sa (ses) langue(s) ou dans ses traditions, ce qui la distingue absolument et lui ferait mériter une autre place dans l'histoire – ou lui accorde déjà une place d'exception] ne corrige aucune injustice et ne rétablit aucune vérité[3]. Cela vaut pour chacune des « identités collectives » qui composent l'Europe. Mais cela vaut aussi (et peut-être surtout) pour l'identité européenne, elle-même.

redéfinit souvent la non discrimination comme requérant que nous fassions de ces distinctions le fondement même d'un traitement différentiel ».

1. C'est ce double effet de soustraction et de privation qui justifie l'accusation portée contre la politique d'égale dignité (et de neutralité face aux différences) d'être toujours l'instrument d'une (ou d'un ensemble de culture(s) hégémonique(s). Ce que la soit-disant neutralité cautionne toujours, ce sont les conditions injustes de la circulation et de la traduction, ce sont des dénis d'hospitalité, dont les formes varient de l'exclusion (ou du refoulement) des personnes aux restrictions budgétaires et à la promotion (politique et médiatique) d'un type bien déterminé de produits culturels – le reste étant réduit à la marge au titre du folklore, sur le mode de « brèves nouvelles de l'étranger ».

2. De cette impasse témoigne, entre autres exemples, ce que la génération des années 30, en Roumanie : Cioran, Eliade, Noica ont décrit comme la « tragédie des petites cultures » – réclamant le droit de ne plus être « les villageois de l'histoire ». Sur ce point, cf. notre essai : « Culture(s) de l'Europe. Noica et Patoçka. Deux voies contradictoires », in *Le malin génie des langues*, Paris, Vrin, 2000.

3. Dans l'essai déjà cité (*op. cit.*, p. 83), Charles Taylor a bien vu, à propos du Quebec, comment la politique d'égale dignité pouvait poser le problème de l'hospitalité : « Il existe une politique de respect égal, enchâssée dans un libéralisme des droits, qui est inhospitalière à la différence, parce qu'elle repose sur une application uniforme des règles qui définissent ces droits, sans exception ; [...] Je la qualifie d'inhospitalière à la différence, parce qu'elle ne peut accepter ce à quoi les membres des sociétés distinctes aspirent réellement et qui est leur survivance ». Mais il oublie de signaler que la politique de la différence peut l'être tout autant, si elle refuse de voir ce qu'il y a de pluriel, d'éclaté, de multiculturel, de perpétuellement différencié dans chaque culture.

INDEX

TABLE DES MATIÈRES

ACHEVÉ D'IMPRIMER
EN SEPTEMBRE 2001
PAR L'IMPRIMERIE
DE LA MANUTENTION
A MAYENNE
N° 293-01

Dépôt légal : 3e trimestre 2001